生之奧義

MANIÈRES D'ÊTRE VIVANT

目次

Cet ouvrage, publié dans le cadre du Programme d'Aide à la Publication
« Hu Pinching », bénéficie du soutien du Bureau Français de Taipei.
本書獲法國在台協會《胡品清出版補助計劃》支持出版。

致讀者言

本書是由六篇性質各異的文章組成的文集。讀者或許會以為其中幾篇文章已經在別處的雜誌或期刊照原樣發表過了。情況其實更複雜。

作家尚－克里斯多夫・巴伊（Jean-Christophe Bailly）曾與我討論寫作的奧祕。他對我說，寫散文的時候，他是有一定的迴旋餘地的，可是寫詩的時候，文字不由分說降臨於他，由不得他說三道四，彷彿是別人口授，他聽寫。他的原話深深銘刻在我心中，確切是這麼說的：「我寫詩的時候，有人在話筒的另一端。」我常常在類似的狀況下寫作。當我寫作，我總有種奇異的感覺：某些想法選擇了我，要求我給予它們公道。這些想法從話筒的另一端傳了過來。在我的情形裡，話筒另一端說的是某種我想我聽不懂的外語，但對方又迫切地懇求著，彷彿生命全然繫在這條線上，他要求我盡可能準確翻譯他雜糅了種種語言的話音。我必須持續調整、修改、重寫，直到我感覺到，自己已然光榮了這個想法、這個觀點、這個突破，儘管它們總是令我痛苦地不完美（至少以它們的觀點來看不完美）。不幸的是，這些想法、觀點、突破是完全不在乎什麼公訂規格的。依它們的要求寫出的文字，當成一篇文章的話總是太長，當成一本書卻又太短。就這樣，我受「話筒的另一端」約制，怎麼寫都沒辦法符合期望中的規格（這倒是作家與研究者滿平常的一個問題）。所以，我就寫出一個充分發揮的完整版本，在我眼中，這是唯一「真實」的版本，只有這個版本真正給予想法一個公道，然後，我不得不大刀闊斧刪減，有時甚至把它砍成原來的四分之一或三分之一（非常令人心碎），讓它能塞進出版所須的規格裡（我在這裡不是要批評這些出版格式，它們的規格源於種種合理要求）。

本書收錄的這六篇文字，就是我所說的充分發揮、澈底開展的版本。有點像是電影的導演剪輯版。

小說家吉姆．哈里遜（Jim Harrison）有一天意識到，他創作的故事當短篇小說太長了，當長篇小說卻又太短了：他發現，在短篇小說與長篇小說間，還有一個奇異的、宛如混種奇獸的文類，稱為中篇小說（novella）。我閱讀吉姆．哈里遜時，找到了一個詞，用來形容您即將閱讀的文本：這些文本是中篇哲學（novella philosophique）。

我選了這六篇文章，布置安排了它們，讓它們共同將其中一以貫之的旨趣發揮出更大的效果，此一旨趣乃是：致力發展另一種注意力的風格，以此為邂逅自身之內、之外的生物做好準備——這類似於，為各種生命方式（manière d'être vivant）騰出資源。我先就此打住。

導論：生態危機之為感受力危機

INTRODUCTION
LA CRISE ÉCOLOGIQUE COMME CRISE DE LA SENSIBILITÉ

世界仰賴如此紛繁的物種，每一種都是令人顛倒夢想的原型[1]。

——理察・鮑爾斯（Richard Powers）

我們身處爭戰鞍部（col de la Bataille）*。暮夏時分，寒意襲人；勁烈的北風於此衝撞南風、粉身碎骨。這座鞍部觸目皆荒涼，時光在此滯留於舊石器時代，一小條常常封閉的柏油路從中穿行而過。然而，荒寂處並不荒寂：此處乃是身屬蒼穹的生命的聖地。確實如此，數量浩瀚、物種豐繁的鳥類動身往赴非洲、展開漫長的遷徙旅程時，經過的正是這座鞍部。此地是轉赴世界另一端的傳說之門。我們廁身於此，是為了計算牠們的數量。我們持著舞廳與劇場用來數算人頭的手動計數器，每當燕子飛過，我們就在某種歡悅的亂迷中，瘋狂地按著、按著；而燕子，燕子飛過了幾千隻、幾萬隻。三小時的點算之間，我女友就數到了三千五百四十七隻：家燕（hirondelle rustique）、毛腳燕（hirondelle de fenêtre），還有岩燕（hirondelle de rochers）。燕子從北方來，成群結伴、列隊飛行，隨而隱入鞍部下方的山毛櫸森林中，等待那對我們來說奧祕難解的訊號。燕子衡量風況、衡量氣象、衡量群燕數量，還有什麼呢，在小歇時分，牠們補充自己微薄的脂肪儲藏。而在某個精確的時刻，原因為何我們並不知曉，整群燕子在電光石火之間蜂擁前翔，在合宜的時刻，就在那合宜的時刻，群燕飛越了鞍部。牠們星羅棋布於天空。群燕一旦越過南邊迎接牠們的風牆，就抵達另一頭了，大功告成，通過了一扇門，還有其他一扇扇門。低處，緊貼地面的所在，雀形目的鳥類（passereaux）正進行匍匐的遷徙：牠們杳無形影，從這棵樹飛舞到那棵樹，像是在閒逛蹓躂；然而，這樣從一棵樹到另一棵樹的流轉，將會帶牠們到天涯海角。為了從強風下通過，某些藍山雀（mésange bleue）用走的走過鞍部這條小徑；牠們得執拗不撓走上一分鐘，才能走完這條柏油路；無有遲疑，也不匆忙擠攘，牠們開展著旅途，有朝一日將抵達非洲北部。十一公克的生命，要怎麼裝得下一整座大陸的勇敢？這裡也有猛禽——魚鷹（balbuzard），江河的祕密王者，牠把自己的爪子變成了捕魚的熊那強而有力的掌，成為了「行動」的純粹化身：一雙從空中猛撲而下的翅膀與一雙永不力竭的手掌結合在一起。紅隼（faucon crécerelle）與燕隼（faucon hobereau）成隊翱翔，獵食者與獵物共伴相隨，宛如群獅與瞪羚（gazelle）結夥漫遊。這只是從地球這端到那端的漫長隊列的一個起點：這長長的隊伍，是恐龍贈餘給我們的所有物種的遷徙行列。有些人很天真，以

*（譯注）爭戰鞍部，位於法國本土東南部的韋科爾（Vercors）山脈。一說該鞍部即得名於南風、北風於此激烈衝撞。

為恐龍滅絕了，其實牠們依然活力充沛，只不過變成了麻雀而已。這遷徙的行列中，有鷚屬（pipit）的鳥、鶺鴒（bergeronnette）、林岩鷚（accenteur mouchet）、巨大的胡兀鷲（gypaète géant）、嬌小的金絲雀（serin）、戴菊（roitelet）、雀科鳴禽（venturon）、紅翅旋壁雀（tichodrome），還有紅鳶（milan royal），牠們就像一個個披掛五顏六色旗幟的高盧部落，各自有各自的風尚、言語、無我亦無雙的驕傲——各自有各自的堅持。這一種種生命形式，每一種都以自己獨一無二的觀點看待這萬有共享的世界，每一種都精通如此藝道：牠們能讀出其他生命形式視若無睹的訊息。

好比說，燕子必須在飛行中持續進食；牠們以專家之姿，接收氣候訊息、捕捉到一天中昆蟲群會落在牠們航線上的時刻，以便邊飛邊攝食昆蟲，同時不改道、不停佇、不減速。

忽然，引擎聲轉移了我們的注意力。下方的道路上，一隊古董車正魚貫攀登鞍部。那是古董車收藏家的聚會，他們在星期日出動，把自家的破銅爛鐵妝點得漂漂亮亮，讓它們在山路上閃閃發光。他們在鞍部上停了下來。他們下車個一兩分鐘，拍幾張馬戲團般高難度的自拍，企圖把引擎蓋、微笑與風景全都裝進螢幕中。還真有魅力啊他們，他們在這裡很開心。然後他們離開了。在我身邊，我女友分享了她之所見，震駭了狂風中的我們——「他們沒有注意到，」她說，「他們沒有注意到，他們身在地中海最熱鬧、最國際化、最多采多姿的港口一般的地方，無數民族正動身前往非洲[2]。」一支支部族與自然環境戰鬥，穿梭在能量的流動之中，為陽光而歡欣，以風的力量滑翔。

確實如此。身為社會性的靈長目動物，正如我們所深知的，他們念茲在茲就只是自己的同類，他們只看見了荒寂的鞍部、空無的環境、瘖啞的風光、電腦螢幕的布景。意識到這件事，絕非意在責難這群人。他們不折不扣就是我們自己。多少次了，生命在某處蠢蠢欲動，我們卻視而不見？恐怕是每一天。是我們的文化傳承、我們的社會化讓我們變成這樣的，這自有緣由理據。但這並非不挺身戰鬥的理由。沒有責備之意，有的只是一種哀傷，一種面對如此的盲瞽、如此盲瞽的影響規模及其天真的暴力，所生發的憂愁。至關緊要的，乃是整個社會重新學習去看見：這世界住滿了比車輛收藏與美術館展品更秀逸非凡的一個個實體；乃是去肯認：這些實體需要我們變革共同的生活與居住方式。

感受力的危機

從上述經驗出發，可以得出一個觀點。我們面臨的生態危機正是人類社會的危機：它危及未來世代的命運，連我們自己的生存基礎都因之搖搖欲墜，它還危害了我們處於汙染環境中的生命品質。它也是生物的危機，以如下形式展現：第六次物種大滅絕、動物消失，還有，損害了生物圈生態活力與演化潛能的氣候變遷。但這也是另一種更隱微、也恐怕更為根本的危機。針對此一盲點，我做出如下推論：當今的生態危機，一方面是人類社會的危機，另一方面是生物的危機，更是我們與生物關係的危機。

首先，此一危機驚心動魄地，是我們與生物世界的生產關係的危機——這從主流政治經濟學對於開採主義（extractiviste）以及金融化的狂熱已能窺知一二。不過，此一危機也是我們集體與存有關係的危機、我們對生物界的連結與歸屬的危機；如此的連結與歸屬左右了生物的重要性，決定了牠們是屬於、還是外於我們的感知世界、情感世界、政治世界。

這場危機難以命名、難以理解。然而，人人都能準確感受到它所曉諭我們的：我們與生物的關係必須改變。

種種政治實驗讓我們的時代對與生物共居、與生物發展關係的新方式充滿熱情。群體生活形式的新選擇一樣接一樣興起了。各種生態農業以及顛覆性的科學受到喜愛；它們另出機杼，重新定義了活生生的、有著豐饒交流與意義的自然界。以上種種，就是我們身處的局勢裡，此一支點微弱卻有力的訊號。

不過，這場危機的另一個面向卻比較少人注意到，因為它的政治面，亦即它政治化的可能性，是較不引人注目、幾近靜默無聲的。此一面向乃是：將這場危機思考為一場感受力的危機（crise de la sensibilité）。

我們與生物關係的危機是感受力的危機，因為我們習慣與生物維持的關係，是與「自然」（nature）的關係。一如巴西人類學家艾督瓦多・維威洛斯・德卡斯特羅（Eduardo Viveiros de Castro）所言，我們這樣的西方現代性承繼者認為自己與人類以外全體生物世界的關係是與「自然」的關係，因為與牠們的任何其他關係都是不可能的。現代人的宇宙裡，可能的關係有兩種：要嘛是自然的，要嘛是社會與政治的，社會與政治的關係專門保留給人類。如此一來就表示，我們主要把生物視為環境布景、視為生產可用的資源庫、視為尋根溯源之所，或視為情感與象徵投射的載體。身為環境布景與投射的載體意味著，其已失去了本體論的實質。當我們失去了關注一件事物，並將之視為群體生活裡占有一席之地的整全存在的能力，該事物就失去了其本體論的實質。為感受力的危機鳴鑼開道的事件正是：生物世界墜至集體的、政治的關注範圍以外，墜至「重要事物」的邊界以外。

我所說的「感受力的危機」指的是：我們感知得到的、察覺得到的、能夠理解的、得以締造為我們與生物關係的，都日漸貧乏了。連結我們與生物的那些情感、感知、概念與實踐，它們的種類減少了。我們有繁多的詞彙、關係種類、情感種類來形容人與人的關係、群體與群體的關係、組織與組織的關係、與工藝製品的關係或與藝術品的關係，而用來描述我們與生物關係的詞彙卻遠少得多。我們對生物的感受力，亦即我們對生物的關注形式與我們保留給生物的關注品質，其範圍品類日漸貧瘠，這既是我們遭逢的生態危機的結果，亦是其一部分的原因。

此一感受力危機的第一個、可能也是最怵目驚心的症狀，表現在作家、鱗翅目昆蟲學家羅伯特．派爾（Robert Pyle）提出的「自然經驗的絕滅」[3]的概念裡：我們日常生活所經歷、體驗的那些與生物的關係，已日趨消亡。近來有項研究就揭露了，四到十歲的北美兒童眨眼間就能以專家之姿認出超過一千種品牌標誌，卻沒辦法辨別所居地區的十種植物葉片[4]。區辨人以外生物之形態與生存方式的能力，大幅移轉到人造物上，而這又因為我們對與我們同居地球的生命極度缺乏感知而變本加厲。抵抗經驗的絕滅、抵抗感受力的危機，就是去豐富我們面對浩瀚豐繁的生物時，能擁有的感知、能掌握的理解、能編織的關係。

在科學研究證實的當代田野鳥類之大規模消失，以及城市鳥類的歌聲在人耳裡產生意義的能力之間，兩者存在著隱微卻深刻的關係。當一名操Koyukon語的美洲原住民在阿拉斯加聽見了烏鴉的叫聲，這啼鳴便深入他之中，透過成串的記憶，同時為他重建了這隻鳥的身分、講述其習性的傳說、他們共同的親屬關係，以及他們在神話時代締結的古遠盟約[5]。我們的城市裡，烏鴉隨處可見，牠們的啼叫日復一日傳到我們的耳朵裡，我們卻什麼也沒聽見，因為我們在我們的想像裡已把烏鴉變成了動物：變成了「自然」。我們每天聽見的十種不同鳥鳴僅僅以白噪音之姿傳入我們的腦，最多也不過喚起一個鳥有意義的空洞鳥名：就好像再也沒人傳講的古老語言，其珍寶隱而不顯——令人悲傷。

我們對「自然」的信仰，其暴力顯現在：夏日，當我們遠離一座座市中心，就沉浸在鳥、蟋蟀與蝗蟲的鳴囀裡，而這樣的歌聲在現代人的神話裡卻被體驗為一種令人閒適休歇的沉靜。可是，對於願意試著翻譯它們、將它們從白噪音的處境解放出來的人，這些鳴響卻構成了浩瀚不可勝數的地緣政治訊息、領土談判、小夜曲、恫嚇、遊戲、集體的歡愉、拋出的挑戰、無字的祕密磋商。就算最小最小的一塊繁花草地，也是一塊國際的、多語言的、多物種的、活動繁忙嗡鳴的交會輻輳之所，也是一艘廁身宇宙邊緣的太空船，數百種不同的生命形式以聲音彼此溝通，於此相會並建立一套套各方都接受的模式（modus vivendi）。春天的夜晚，人們在這艘太空船裡聽見夜鶯雷射一般的歌聲，牠們以不顯暴烈、洋溢美感的努力來吸引配偶——那些在牠們之後遷徙來此、為了尋得雄鳥而在夜裡漫遊林間的雌鳥。人們在驚疑之間，聽見了狍（chevreuil）的啼鳴，這星系間動物的咕噥喉音兀自吼喊著欲望的絕望。

夏天的傍晚，我們所說的「鄉野」，其實是最紛繁多彩、最喧囂嘈雜的跨物種輻輳之地，騷動著靈巧的能量，是週一早晨非人類的時代廣場——現代人夠瘋了吧，他們的形上學居然足以自我實現，讓他們在這塊「鄉野」看見了令人重獲活力的寧靜、宇宙的孤獨、安詳的空間；讓他們把這塊「鄉野」看成一塊空空如也、沒有真實生命的，喑啞無言的地方。

如此一來，離開城市，就不是遠離塵囂與諸般危害、活成田園牧歌，就不是動身赴鄉野生活，而是動身去以少數族群之姿生活。一旦大自然不再是大自然——當它不再是平滑均勻的連續體，不再是一體成形的布景，不再是人類苦難搬演其前的背景——一旦我們將生物重新詮譯為生命而不再是物品，多重物種的世界主義（cosmopolitisme multispécifique）就來勢洶洶、萬鈞莫敵，幾乎令人喘不過氣了——我們成為了少數。這對養成了「將一切『他者』都變成少數」如此惡習的現代人來說，不啻一帖良藥。

從某種角度來看，我們確實喪失了某種感受力：都市化大規模進行著，我們的日常生活沒有接觸繁多的生命形式，這些都剝奪了我們的追蹤能力——我指的是哲學意義豐繁的「追蹤」，好比對其他生命形式跡象的感受力、為之提供的資源多寡。這種閱讀的藝術已佚失了：我們「在此什麼也看不見」；為了開始重新學習去看見，有個關鍵是去重建感受力的路徑。我們在「大自然」中什麼也沒看見，不僅僅是因為缺乏生態學、動物行為學以及演化相關知識，而且還是因為我們生活其中的宇宙論預設了沒有什麼好去看見的，換言之，沒有什麼可以翻譯的：沒有什麼意義要解釋的[6]。這全部的哲學挑戰乃是：要讓「圍繞我們的生物界裡，確實有東西好去看見、有豐富的意義可以翻譯」，並為人所知所感、變得顯而易見。然而，只要踏出這一步，整片地景就會重新組織。這正是本文集首篇文章的目的，它讓讀者置身於一場考察探險裡，讀者將在韋科爾山脈的雪中追蹤一群狼。這篇文章介於「動物行為學的驚悚文本」以及「與異於我們的生命形式初次接觸的敘事」之間。

不過，「『喪失』感受力」的概念，本身的表述是模糊的。確實，對這個概念的誤解來自，它似乎暗藏了某種懷舊的原始主義之類的東西，這些東西在此並不切題。未必是「以前較好」。並不是要回到在森林裡裸體這樣的生命形式。一切的關鍵恰恰在於：必須去發明創造。

作為中介（intercesseur）的動物

感受力危機的另一個症狀——這症狀，我們已把它變得自然而然，因此幾乎無法察覺——表現在我們把動物限縮在怎麼樣的調性裡。除了牲畜待遇的問題——牲畜既非動物性的全部，更非其榜樣——我們的文明對動物施加的隱微的大暴力，乃是我們把動物變成了給小朋友的角色：關心動物不是嚴肅的一回事，而是多愁善感、感情用事。關心動物只是「動物愛好者」的事。是一種倒退。我們與動物性、與動物的關係都遭到了幼稚化、原始化。這侮辱了動物，也侮辱了兒童。

我們對動物的感受力，其範圍、種類已縮減到少得可憐的地步：動物要嘛是抽象而模糊的美，要嘛是童稚的角色，要嘛是道德同情的對象。夏爾・思特帕諾夫（Charles Stépanoff）筆下極北地區圖瓦人（Touvain）的人與生物關係的民族誌，或是愛德華多・科恩（Eduardo Kohn）的亞馬遜地區魯納人（Runa）民族誌，都展現了遠為豐富、多元、細膩、強烈的繁複：動物在此充斥於當地人的夢境、想像、實踐、哲學體系之中[7]。

我們對生命形式的想像縮減了。在我們的夢裡，生物寥寥無幾；我們的夢沒有充斥著狼嚮導或熊導師，沒有滋養生息的森林，沒有昆蟲，沒有費盡萬苦千辛領我們走到這一步的前人類（préhumain）祖先。本文集第二篇文章正是意在鑿開一個破口，於我們的想像裡為他們設想新的位置，好比說，以沒有神祕主義色彩的儀式來呈現。

因為，動物所應得的，並不僅僅是童稚的、或道德的關注：牠們是共居地球的一分子，我們與牠們擁有共同的祖先、生命的謎奧（l’énigme d’être vivant），以及得體共居的責任。「身為一具身體，一具詮釋並活出生命的身體」，如是祕奧為所有生物共享：它是普世的生命條件；有資格召喚最為強大的歸屬感的，是它。因此，動物是原初謎奧——我們的生活方式之謎——的絕妙中介：動物展現了一種無可化約的相異性，與此同時，動物又與我們夠相近，足以讓人感受到，人類與哺乳類、鳥類、章魚……一直到昆蟲之間，無數種對照的、趨同的形式。我們賴以重建對普遍生物的一條條感受力途徑的，正是牠們；精確地說，是憑著牠們「原初」的地位身分、憑著牠們之於我們的親密的相異性。牠們讓我們能夠逐層逐次地感受我們與植物、與細菌的隸屬關係。植物與細菌在我們共同的系譜中較為遙遠，牠們是陌生的親戚，陌生到我們較難感覺自己是與牠們一樣的生命。要覺得自己與牠們同為生命，就必須要有擺渡者：動物是擁有此一力量的中介。

然而，我們繼承了一種貶低、賤斥動物的世界觀，它在我們的語言裡昭昭可見，語言結晶了思想的反射。法文裡的所有這些說法：「沒比動物好多少」（valoir à peine mieux qu'un animal）、「跟動物沒兩樣」（n'être qu'un animal），這一切朝上的鄙視、一切有關「超越我們內在的低等動物性」的隱喻性垂直關係，都出現在我們的倫理道德、我們的自我表述裡最日常的角落——太不可思議了。然而，它們卻建立在一樁形上學的誤解上。這正是本文集第三篇文章的目的，這篇文章尋索了西方道德史——它命令我們馴服我們野獸般的衝動——之中，我們內在的動物性。

這種種之於動物性的複雜關係，一部分確實源於二元論哲學人類學從猶太—基督信仰（judéo-christianisme）一路到佛洛伊德主義（freudisme）的獨霸。如是的西方觀念將動物性思索為一種內在的獸性，人類必須超越、克服它來「變得文明」；或者，相反地，此觀念將動物性視為一種更純粹的原始性質，人類在動物性裡尋根溯源，藉此找回一種更本真的、擺脫社會規範拘束的野性。這兩種想像看似對立，其實絕非如此：第二種想像只不過是第一種的另一面罷了，它由反作用以及對稱的兩相對照所建構。但是我們曉得，反作用的創造只會永久延續那刺激我們施加反作用的敵人的世界觀，這在此即是：將人類與動物對立起來的，帶有等差階序的二元論。

各種二元論每每宣稱其已為所有的可能性標定位置，卻從來就只是同一枚硬幣的正面與反面，這塊硬幣以外的一切都遭到隱蔽、否認，甚至連想都不准想。

我們因此必須做的，就相當不得了了。二元論其中一元「以外」，從來不是與它對立的另一元，而是二元論本身以外。離開「文明」的狀態，並不是投身「野蠻」，正如揚棄「進步」並不意味著向「崩潰」屈服：反而正是脫離兩者之間的對立。是撬開被認為是對立的二元壟斷統治的世界。是進入一個沒有透過這些分類來組織過、建構過、整個變得好懂好理解的世界。關鍵在，我們必須在二元論的兩個陣營之間像刀鋒一樣璀璨爍亮，以從二元論聲稱封閉的世界另一邊出來，看看後面有些什麼。這是一門閃避的藝術，我們必須如蝴蝶一般翩飛，才能不被「自然」與「文化」、「只能在『大寫的人』（Homme-majuscule）與『遭同質化的動物』（Animal-homogénéisé）兩個爛蘋果裡選擇」、不被「『蠻荒自然的崇拜』與『充滿缺陷的自然之必要改良』的對立」的雙生巨石所俘虜。我們必須在繩索之間跳舞，以之閃躲「動物性是低等的獸性」與「動物性是高等的純粹」這樣的二元論。以之開闢一個仍未勘探的空間：一旦我們跨到另一邊的時候，那些尚待發明的世界。瞥見他們，展示他們，深呼吸。

那麼，在我看來，上述兩種對人與動物性關係問題的表述是錯誤且有害的：動物不比我們還禽獸，也不比我們還自由。牠們並不體現肆無忌憚的凶殘野性（這是馴養者的迷思），也不體現更為純粹的天真無染（這是上述迷思的反作用面）。牠們不比人類真實，也不比人類卑低：牠們所體現的，首先是——其他的生命方式*。

關鍵正是這個「其他」。這個「其他」道盡了在擁有共同先祖的背景下，一種關於差異的自在邏輯。是一場潤物細無聲的文法革命。這場革命見證了一個小小的詞繁花盛綻、安插在所有這些日常用語裡：「人類與動物」、「與動物的差別」、「動物所沒有的」……

這小小的詞，正是「其他」。

「人類與其他動物的差別」；「其他動物所沒有的」；「人類與其他動物共有的」。

請設想所有可能的句子，然後加上其他。這是一個小小的形容詞，卻在重組世界面貌的工作中顯得如此優美：單單這一個字，就重新描繪了一套差異的邏輯與一個共同的歸屬。這個字重繪了經驗裡，彼此邂逅的生命之間那一座座橋梁、一道道開放的邊界。誰都一無所失。誠然，這個字無法讓我們深入這種種相似、種種差異。它做得到的，只有：使一套公義的邏輯成為自然，排除生物分類學的一樁嚴重錯誤，以文明之姿導入一套政治迴響久遠的心智地圖，以個體之姿再多內化一種平靜自在的小小真實（此一真實將會加入以下的行列：地圓說、日心說、演化論、新自由主義有害論，以及「民主是最不糟糕的政治模式」[†]的說法）。

如果我們繼續推論，我認為我們可以說，我們與人類動物性關係的轉變因此就有了政治效應。我們與我們內在動物性的關係，和我們與我們以外生物的關係息息相關。改變了前一種關係，後一種關係也隨之更易。這也許是西方現代性——無力感覺自己是生物一員、無力像生物一般互愛——的一個心理社會關鍵。接受我們身為生物的這個身分，恢復與自身動物性的連結，不把這個動物性想成該超越克服的原始性，也不把它想成更為純粹的野性，而將之視作應當接續、應當靈活調整掌握的豐富傳承，就是接受我們與其他生物的共同命運。接受人類在對自身動物性的精神支配中找不到自身的依託，只有在那值得追尋的、與我們內在生物力量的融洽相處之中才找得到，就是改變我們與外於我們的生物力量的基本關係。這就能歸納出，好比說，不再去假設「大自然」有所缺陷、必須由我們透過理性組織去改善，而是去找回對生物

*（譯注）manière d'être vivant既為本書原文書名、亦為書中反覆出現的概念，考量到直譯為「活著的方式」或譯為「生活方式」皆稍欠兼容雅致，茲譯為「生命方式」。

†（譯注）原文為「la démocratie comme pire modèle politique –à l'exception de tous les autres」，直譯為「排除了其他所有政治模式後，民主是最糟糕的政治模式」，亦即當我們把所有比較的對象排除，只剩民主、無其他政治模式可比時，我們才能說「民主是最糟的政治模式」。於此為促進理解，茲譯為「民主是最不糟糕的政治模式」。

動能（dynamiques du vivant）的信任。去重新信任生態的、演化的如此動能，與如此動能協商出一套套各方都接受的模式的責任就落在我們身上；我們一部分也必須為了我們的需求而去影響、有時則去調節這些各方都接受的模式，但這樣的影響、這樣的調節，必須在一個共同生活的願景裡進行，這個願景留心著去發明、去創造我們對待共居地球的其他生命形式的種種隨時制宜的顧念敬重。

關鍵是，在文化與政治的層面上，把動物性的無數種形式以及與這些形式的無數種關係，化為成年人的議題。動物性真是大哉問：有了無數種動物的生命形式這些我們眼前的謎奧作為參考，人類的謎奧會更明晰、更能接受、更富活力。「在一個充滿相異性的世界共同生活」這個最道地的政治謎奧也在其中找到了其他的意義、其他的資源。

生態危機之為政治注意力危機

然而，我們也必須注意到，對生物能夠付出的關注與感受力，如此的全副注意力的藝術，往往遭到那些為了其他可能的世界而奮鬥的人輕易打發、賤斥為資產階級的、美學的或保守派的問題意識。這樣的注意力藝術其實是極度政治的。

如此的注意力藝術是政治的，因為政治隱微未顯、先於機關組織而存在的本質，就發揮在決定「誰值得獲得關注」的門檻的移動上。近幾十年來，女性主義的問題就展現了門檻的移動，不同性別待遇差異的問題忽然就成為了吸引眾多關注的政治焦點。異化勞動（travail aliéné）的問題，也就是關注所有沒有生產工具但販賣自身勞動力者的處境問題，在早期資本主義裡成為自然而然的提問，從馬克思以降成為最強烈的集體關注的對象。一個人類群體，其注意力藝術的板塊變動以一個富有說明力的徵象表現出來：「能容忍的」與「無法容忍的」的感受。

一個君權神授的國王，如今已令人無法容忍：「能容忍的」與「無法容忍的」的無意識配置是一具精微靈敏的機器，它內化到每一個人裡面，受社會與文化的潮流所引導。關鍵在於，必須讓我們當今與生物的關係變得令人「無法容忍」。「田野鳥類、歐洲的昆蟲，以及更廣泛的周邊的生命形式，都因為不作為、生態破碎化以及開採主義（把一切都視作資源的開採產業的這個偏執的階段）而消失了」，這些現象對我們來說，必須變得跟君權神授的王室一樣難以容忍。而這是透過準備相遇——這些相遇讓生物能進入屬於「值得關注者」的政治空間——來達成的：所謂的「值得關注者」，就是那些「召喚人們對其小心對待、殷勤關注」者。隸屬關係讓人能擁有某種形式的擴大自我：我記得火車上，一名乘客惶惶不安望著窗外那落著春雨的天空。當他透露他憂心忡忡的原因，我一言不發：壞天氣並不會毀掉他的假期。他像談論一名親戚那樣對我宣說：「我不喜歡多雨的春天，春天多雨就苦了蝙蝠。昆蟲少了許多。蝙蝠媽媽沒辦法再餵養小蝙蝠了。」一個擴大的自我裡，其他生物喬遷入住；當然，要操心的事情又多了幾項，但奇怪的是，這也帶來了解放。只有在這之後，基本價值體系才會發生轉變，這樣的價值體系轉變並不是我們透過世界末日的宣告來讓人人都產生罪惡感所達成的；這樣的末日宣言所牽涉的生命在這些人的宇宙裡可從來不以生命之姿存在。

未來，當我們覺得對海洋生物的掠奪與授粉者的危機變得與君權神授的王室一樣難以容忍，當我們認為某部分採用肥料之類投入物的工業化農業蔑視了土壤中的動物群，就跟禁止墮胎一樣無可忍受，那麼，政治注意力的藝術就可說已改變了。

如此一來，某程度上，我們可以說，在大量訊息流竄的民主社會，政治位於文化的下游：這邊所說的政治，是指理想生活的表述，是指「能容忍的」與「無法容忍的」的各項門檻。因此，要改變政治（除了挺身戰鬥、抗爭、以不同方式組織、敲響警鐘、在最靠近權力之處運用槓桿，以及發明其他居住方式之外），也必須變革留給重要事物的注意力的視野。這正是本文集第四篇文章的宗旨，這篇文章是邂逅了狼、雌羊、牧羊人、夜空與草地的戶外調查，它試圖勾勒出一種「彼此依存的政治」的輪廓。這項工作漫長但值得去做，因為我們還有幾千年的時間共同生活在這個生命雜駁際會的行星上。

我們集體政治注意力的視野要朝哪個方向開展？我們的系統性生態危機的問題，如果要從其最結構性的層面來理解，就是棲地（habitat）的問題。陷入危機的，是我們居住的方式。它之所以陷入危機，尤其是因為它對以下事實帶有一種內化其中的盲瞽：「居住」永遠是與其他生命形式「共居」，因為一種生物的棲地正是由其他種種生物所組成的。事實是，生物多樣性現今漸次死滅，一大原因正是生態破碎化，也就是其他生物的棲地無聲無形地破碎了，毀滅了這些生物，我們對此卻渾然不覺，因為我們把我們的道路、城市、產業都蓋在一條條隱密又熟悉的路徑上，而這些路徑保障了這些生物的生存、這些生物作為族群的長遠繁榮。

生態破碎化在滅絕裡占據的分量具有不常為人關注的哲學意義：這種破碎化並非直接源於生產主義（productivisme）與開採主義的貪得無饜（雖然此兩者的貪婪是棲地毀滅經過增強的當代面貌，召喚我們對之開展最激烈的抗爭）。生態破碎化首先源於我們對「其他生物也居住」此一事實的盲瞽：我們居住方式的危機來自我們拒斥其他生物「居住者」的身分。如此一來，關鍵挑戰在於：須讓居住者重新進駐繁衍。這個重新進駐繁衍是哲學意義上的，意指讓人能看見：組成饋養我們的環境的無數生命形式，自始以來就不是我們人類苦難的布景，而同樣是這世界理之必然、無庸置疑的居住者。因為，牠們以牠們的存在來製造。土壤微生動物（microfaune des sols）確確實實製造了森林與田野。森林與海洋植物製造了容納我們的可以呼吸的大氣。授粉者紮紮實實製造了天真的我們所說的「春天」，我們講得好像那是宇宙或太陽贈送的禮物：不，春天是牠們嗡嗡鳴響、無形無跡、遍及全球的行動以及牠們古老得無法追溯的復歸，這個行動在每年冬天終了之際，將花朵、果實以及大地的饋贈，都召喚到這個世界。授粉者——蜜蜂、熊蜂（bourdon）、鳥類——並不是四季理所當然的靜止布景上置放著的傢俱：牠們在春天的生命特質裡製造了春天。沒有牠們，三月左右日照增加時，我們也許會經歷雪融，然而雪融之處，將是一片荒漠：我們不會有櫻花，不會有其他任何的花，不會有異花授粉（fécondation croisée）效應，而異花授粉是被子植物生命周期的基礎（被子植物就是地球上所有開花植物，占了地球上植物生物多樣性的十分之九）。沒有牠們，我們只會有一個永無止盡的冬天。授粉者這樣子的，我們可以說，「親手」製造了春天的一種存在，牠的地位並不是「布景的元素」，也不是「資源」。授粉者就是一個居住者，牠進入了各種勢力的政治視野，我們將必須與這些勢力協商我們共同生活的形式。

對生物的政治性不關心

現代性所謂的「進步」，其中一部分形容出了四個世紀的種種布置安排，這些布置安排讓我們不必去注意——不必去注意各種相異性、不必去注意其他的生命形式、不必去注意各個生態系。

我們在此針對的這個概念性人物（personnage conceptuel），我們可以呼之為「普通的現代人（moderne moyen）」（某種程度上，在號稱現代的文化區裡，我們全都是「普通的現代人」）。為了簡潔起見，我們在此將之命名為「普現人」（momo）。

既然普現人的奇特之處往往顯現於一種典型的殖民現象，就讓我們觀察這種現象吧。對一名西方殖民者來說，當他來到了非洲的叢林或亞洲的季風帶稻田，「使他落腳的空間變得文明」傳統上就是意味著去達成「能夠以『對人類以外的共同居住者一無所知』之姿活在當地」的目標，就是去消滅、控制、疏導野獸、昆蟲、雨水、洪澇。「在自己家」即是「能夠無所留心地生活著」。然而，對當地人而言恰恰相反，「在自己家」意味著不斷震顫的如是警戒、對其他生命形式之交織的如是關注；這種種人類以外的生命形式豐富了生活，雖然也必須對牠們讓步妥協，而這樣的妥協又往往要求嚴格，有時則相當艱難。在人類間的外交進退裡，和諧融洽的成本高昂，在與其他生物的關係裡也是如此。

現代人世界一大部分的技術與表述都為此服務，這就是它們的作用：豁免掉人們的注意力，也就是說，儘管在一無所知、亦即在不認識一個地方與其居住者的情況下，人們仍能無憂無慮、什麼都不在意，於任何地方作業、到處作業。這斬斷了人與周遭生物世界裡索求慷慨關注的事物——與授粉者、與植物、與生態動能、與氣候的交織——的連結。這是一種實用的形上學，其祕密但強大的功能是「可替換性」（interchangeabilité）：所有地方、所有技術、所有實踐、所有本事、所有生命、馴養的蜜蜂、蘋果的種類、小麥的品系……一切種種都應該可以彼此替換。其意在透過同質化生命的狀態來達成「到處都是在自己家」的目的，免除掉認識其他生命的行為學以及一個地方的生態學——也就是居住、構成該處的各支生物民族*的習俗——的需要。而這是為了讓人能將心力投注在普現人眼中的「重要事物」：人類同胞間的關係。權力的關係，聚斂積攢的關係，聲譽威名的關係，愛的關係，家庭的關係——這一切以無生命的、由上千萬其他物種所組成的布景為背景。順帶一提，這些物種都是我們的親戚。

這是非常矛盾的一種現象，因為在某些方面，這樣的做法帶來了舒適及有利的效果。我們並不是要愚騃而極端地鼓吹往相反的方向衝刺，從耀武揚威的現代性轉變到悛悔痛懺的反現代性。我們要做的，是取其中庸：有一些生命，我們必須重新學習關注牠們。因為目前，現代性的舒適逆轉了：我們不再關注生物世界、不再關注其他物種、不再關注環境、不再關注把大家編織在一起的生態動能，長此以往，我們歪七扭八創造了一個喑啞荒謬的宇宙；從存在的、個人的與集體的尺度來看，活在這個宇宙裡都非常不舒適。尤其是，我們製造了全球暖化以及生物多樣性危機，它們具體威脅著地球對人類來說的居住條件。

矛盾因此在於，「不再受環境及其居住者要求的關注所拘束」這種現代人的藝術，在某個階段帶來了可觀的舒適感；然而，一旦它超過了某道門檻或採取某種形式，就變得比不舒適還

*（譯注）原文為peuples de vivants，作者選用peuple（民族、人民、庶民）一字應是意在突顯各種生物與人地位平等，同樣都是居住者，故此茲直譯為「生物民族」。

糟糕：它讓世界變得令人難以生存。問題變成了：明確說來、認真說來，那個門檻是什麼？那些形式是什麼？如何有智慧地繼承現代性，如何於我們的歷史遺產裡，在必須珍惜、保護的擺脫束縛與有害的漫蕩亂闖之間，獲致平衡？這是本世紀的一道大哉問。這個問題是航海時所須的羅盤：把穩方向，在波濤間從兩種非此即彼的立場之間穿越。是哪兩種善惡二元論的立場？一邊，是風起雲湧的反現代浪潮，一視同仁譴責所有的「現代性」這惡的化身，同時卻又享受著現代性的各種產品；另一邊，是超現代的態度，意欲乘著同一艘大寫的「進步」（Progrès）之艦加速直衝，我們如今知曉這個大寫的「進步」是最糟的航向，超現代的態度卻捍衛「別無選擇」（*There Is No Alternative*，TINA）*這可憎的教條，這道信條讓人能夠不去思考、不去挺身戰鬥、不去質疑我們繼承的遺產裡那有害的部分。

走出密室

一個物種把構成自己家族的其他一千萬個物種、饋養自己的環境、自己日常的共居者，全都轉化為可取用材料，並將之組成布景，供自身的人類苦難所用。說得更精確些，做出這件事的，是此物種裡的某個小族群，他們承載了一套歷史的、地方的文化：因為，讓其他物種隱形，是很晚才出現的地方性現象，全體人類並非皆如此。請想像一支民族來到一塊居住了其他無數民族的土地，牠們全是這支民族的親戚，後者宣布牠們並不真正存在，並沒有那麼地存在，還宣布牠們是舞臺而非演出者（啊，是的，這可不是需要許多想像力的虛構，而也是我們歷史一塊塊重要的組成）。我們是怎麼走進如此神奇的盲瞽裡，視而不見其他的生物民族？在此，為了再更彰顯我們繼承的遺產那怪異之處，我們可以大膽建構出一段述說我們文明與其他物種所持關係、最後將抵達現代境況的一分鐘簡短歷史：當生物在本體論上遭到貶低，換言之，被視為擁有較次等的、價值較低的、較無實質的存在，因而遭轉變為「物」，人類就成了宇宙中唯一真正存在者。

只要猶太—基督信仰為了讓「自然」失去宗教意味，逼得「自然」之神逃逸消失（這是埃及學家揚．阿斯曼〔Jan Assmann〕的假說），接著再讓科學與工業革命把剩餘的自然（中世紀經院哲學所說的*phusis*）轉變成沒有心智、沒有無形影響、為開採主義自由取用的材料，人類就成為了宇宙裡的獨行騎士，周圍盡是愚昧又邪惡的物質。最終的行動則意在殺死至此僅存的附屬關係：獨自面對這些物質的人類，仍與上帝維持垂直的聯繫，上帝將這些物質神聖化為其

＊（譯注）這一句原為已故英國首相柴契爾夫人的政治口號。

創造物（自然神學的主張）。上帝之死導致了此一恐怖而完美的孤獨，我們稱它為：人類自戀（anthroponarcissique）的密室[8]。

這種對我們的宇宙性孤獨感的虛假清醒，導致了全體非人類遭到泰然自若地排除於本體論認定的「重要事物」之外。如此的虛假清醒解釋了歐洲與盎格魯—撒克遜各大首都的所有「密室」哲學與文學。這詞彙可不是隨便選的：此處談的確實已是沙特劇作《密室》（*Huis clos*）意義上的那座密室，不過我們談的這座封閉房間卻是世界本身，是宇宙，其中居住的只有我們以及我們與人類同胞的病態關係，這種病態關係之所以出現，是因為我們與其他生物、動物、環境的多元的、情感的、積極的關係都消失了。

人類的宇宙式孤獨此一主題因為獲得了存在主義標舉而偉大，充斥於二十世紀的文學與哲學之中，其實暴力得令人困惑。這種暴力披著卡繆式荒謬的英雄主義外皮，以真理的勇氣為幌子，憑著心盲眼瞎，透過拒絕學習去看見他者的存在形式，否定了他者的共同居住者身分，逕行推定牠們其實沒有交流的能力、沒有「原生意識」、沒有創造性的觀點，沒有達成各方都接受的模式的能力，沒有政治邀請。這是西方自然主義博大精深的藝術，因此亦是其隱藏的暴力，實則意在讓「我們把自然當成唾手可得的原物料來剝削，以此襄贊我們的文明大計」變得名正言順——也就是把其他生物當作受生物規律轄制的物質來對待，拒絕看見牠們的地緣政治邀請，拒絕看見賴以為生的盟約，拒絕看見促成下述事實的所有要點：我們與生物共享一個大外交共同體，於此共同體中，關鍵將是：重新學習怎麼生活。

人類主體孤獨廁身於荒謬的宇宙裡，周遭圍繞著唾手可得的純粹物質，這些物質是人類的資源庫或是心靈上尋根溯源、恢復活力的聖殿——這是現代性杜撰出來的幻覺。以此角度觀之，沙特或卡繆等成功躋身標舉解放的大思想家，很可能已將自己的觀念深深注入法國的傳統，其實這些思想家是開採主義與生態危機客觀上的幫凶。將這些解放的論述重新詮釋為重大暴力的傳播媒介確實耐人尋味。然而，正是這些標舉著掙脫桎梏的論述，將這樣的迷思——「在一個充滿無活動力且荒謬的客體的世界，我們是唯一的主體，是自由的；我們注定要以我們的意識來為一個缺乏意義的生物世界賦予意義」——轉變為晚期人文主義的基本信念，奪走了生物世界自始擁有的東西。維威洛斯．德卡斯特羅與菲利普．德思寇拉（Philippe Descola）筆下的薩滿教徒和泛靈論（animisme）者則對互惠、交換與掠食的複雜社會關係瞭若指掌，這些關係並不是和平、消弭爭端，並不遵循以賽亞的預言；它們是政治的，它們的政治性仍謎奧難解，這些關係召喚著種種形式的重獲和平，種種形式的和解，種種形式的彼此幫助、彼此尊重的同居共處。這正是本文集後記的旨趣。

因為，生物之中，處處是意義：這些意義不必由外界投射，而是要以我們自己的方法去重新發現出來，換句話說，這些意義是要去翻譯、去詮釋的。應當開展的，是外交行動。必須要有翻譯者、代言人、中介者來進行重新了解生物的工作、來超越我們不妨稱之為「李維史陀詛咒」的障礙，其認為：和與我們共享地球的其他物種溝通交流是不可能的。「猶太—基督信仰的傳統儘管噴灑了墨水的雲霧來遮掩，仍沒有其他處境對心靈、對精神而言，比人類的處境還顯得悲劇、還顯得令人不適：人類與其他活生生的物種共同生存於地球上，共享地球的好處，人類卻無法與這些物種溝通交流[9]。」

然而，此一「不可能」是現代人的虛構，它名正言順地將生物貶低、簡化為商品，以維持世界經濟流動的勾當。溝通交流是可能的，它一直有發生，它的周邊鑲縫著奧祕、鑲縫著無窮無盡的謎團、也鑲縫著不可譯之物，但更鑲縫著創造性的誤解。它不如咖啡館談話那樣流暢，意義之豐富卻並不遜色。

人類的生命方式身為諸般謎奧之一，只有與我們周遭的動物、植物、細菌、生態系所擁有的成千上萬種其他生命方式交織在一起時才有意義。

當我們與大家庭裡其他生命形式分享身為人類的謎奧，當我們關注牠們，當我們公正對待牠們與我們的相異性，「身為人類」這一個尚待勘探的謎奧會更豐富、更扣人心絃。這個親緣關係與相異性的遊戲，是與其他生物及牠們帶出的生命政治共同利益一起進行的，它讓身為人類此一「要去體驗的奧祕」變得如此豐富。

在生物家過上一季

UNE SAISON CHEZ LES VIVANTS.

第一回：在相逢的迷霧裡

這一天，我們在陽光中很晚才動身。我們像季節之初一樣沉重，尚未遭到雪的磨礪，尚未編織入潔白的風。我們正是在此，在南韋科爾（Sud-Vercors）山脈，因為我們收到了消息、聽見了傳聞：某些線索似乎指出了此處有狼落腳，可能還繁殖了。新的狼群是不是誕生了，在這些熟悉的路徑上創造了牠們的領地？深諳此地的行家在地圖上為我們指出了這座背斜谷（combe），說是冬日狼之奇遇的潛在聖地。

我們耽誤了陽光普照的時光，以我們非常適合追蹤動物的越野小滑雪板，跟著錯綜難解的狐狸形跡及牠為了追逐田鼠（campagnol）而在雪層中垂直跳躍所留下的印痕來走。休息時，在一間小屋的門廊下，我們把冰凍的香腸麵包卷浸到滾燙的茶裡。在森林底層（sous-bois）的陰影裡攀登是件苦差事。我們移往一條雪道，曬著陽光前進。滑雪場因為雪不夠而關閉了，這幾年往往如此。纜車的柱子傾斜著，宛如野蠻時代的鷹架，或者也像遭到遺忘的某種崇拜的圖騰。感覺像在「資本主義的廢墟」裡進行追蹤。我們在冰冷的陽光裡向上攀登，滑雪板規律的踩雪聲譜出了一首帶來節奏的進行曲。

我們打算在這背斜谷的某座洞窟裡睡覺。可是，滑雪板底下，雪的質地改變了，止滑皮開始裹著雪，然後再也抓不牢地面。我們決定從陡坡下切背斜谷。下攀到森林底層的第一部分倒是無往不利，我們靜悄悄滑行於懸浮於塵埃之上的針葉樹間，只聽見不斷拋射雪沫的滑雪板鋒刃那絲綢般柔軟光滑的翅翼發出的聲響。接著，情況艱難了起來，我們受困荊棘叢，我們痛罵野玫瑰，我們為了竭力閃躲荊棘的利爪而經過骯髒的獸徑，宛如野豬在滑雪——這些荊棘用森林的方式編織我們。

當我們抵達背斜谷底，狼群的蹤跡一點也沒，雪很厚，森林植被（couvert forestier）仍然濃密，谷坡陡峭，跟地圖上畫的完全不像。我們精疲力竭花了幾個小時尋找對面谷坡上的洞口，它可能被雪塞住了。日頭在我們的背後落下。獸的眼睛——也就是後頸的皮膚，以及手背——感覺到了夕陽以完美無暇的慢速度西斜。恐怕會在暴風雪中過夜的小小焦慮於此刻悄然升起了。我們撤退到B計畫上：在雉頭山（Tête du Faisan）後方的高原上，有一座無人看守的小屋。

標定方位很困難，必須把心智訓練到能同時處在地圖上好幾個地方，才不會錯讀了導航標誌。我們終究抵達了小屋，常見的山區動物已經占據了這屋子。一路上，有許許多多有蹄類動物、鼬科（mustélidé）動物以及狐狸的蹤跡，但一個狼腳印也沒有。這天，我們毫無線索，走過一片片地景卻空手而歸。在西伯利亞一支狩獵民族的語言裡，「運氣」這個詞的說法是「森林的靜默」。明天，我們會減少噪音。

我們在這座無人看守的高山小屋烹飪，眾人分享餐食，每個人都客氣地被迫品嘗所有的薩瓦乳酪火鍋、所有以白酒和洋蔥烹煮的香腸菜式，還有五種背在背包裡一路攀升到這裡的五種不同酒品。我們無法說不，我們和幾個陌生人緊緊黏著爐子，我們很高興外面這麼冷，我們近乎遠離一切所有，接著在晚上十點，我們倆離開小屋，在無瑕無染的雪裡走一走，在雪中喝個白酒。

我們笨手笨腳走在一條往北的雪徑上，雪鞋所到之處，一步步夯實著雪。巨大的月亮灑落輝光，清晰勾勒了版畫般的對比、雲霧與地平線，就好像我們一轉身，一名日本畫家就手執毛筆，纖細優美繪出了我們背後的那一排樹。我們裹在雪地大衣與毛帽裡，聊著社會學或類似的主題——兩個朋友走起路來有點搖搖晃晃，乘著白酒的醉意，興高采烈。

就是此刻，它穿破了夜幕。就在我們身邊——一聲完美的狼嚎。我們像被雷打到一樣靜止不動，扯下彼此的毛帽，抓緊彼此的肩膀。接著，天地敞開了大沉默，沉默得宛如彌撒時等待重唱。然後我應答。我像我所學會的那樣長嚎，以貼近牠們語言的態度、構造與特殊的捲音。我盡我所能模仿，好似一名動身往赴黎凡特*的中世紀旅人，這名旅行者事先學會了犬頭人（Cynocéphale）這支神話民族語言裡的一句外交致意辭令怎麼說；馬可・波羅的《馬可・波羅遊記》（*Livre des merveilles*，直譯為《奇蹟之書》）敘述道，這支半人半犬的民族犬頭人身，咸認居於貝加爾湖（lac Baïkal）以北廣袤的乾草原（steppe）。這名旅人學會了發音，但絲毫不解其意。

又是一陣沉默，沉默裡幾乎滿懷愛意，我們擲出了關注，等待著回應。然後，牠嗚嚎。出色的、非常單調的、幾乎太過完美的一聲狼嚎。接著我應答。我們絕對要保持禮貌，不過，如何結束這場偽裝的把戲？再一次，牠嗚嚎，悉心抑揚頓挫，這次則升高了音調，牠離我們非常近，就在三十公尺外的一座山脊後方。第二匹狼此刻應聲了，牠在南面較遠處：比較深邃、比較堅實、也比較低沉的一聲狼嚎，然後我們——第一匹躲著的狼，以及我——一起應答。第三匹狼回應了，牠身在東南方，卻沒有很遠，最多幾百公尺處。對話持續著，又繼續來回唱和了

*（譯注）約當今日敘利亞、黎巴嫩、以色列、約旦、賽普勒斯等地區。

幾次，牠總是樂於應答。

此時，我置指於唇，示意「噓－」，別出聲，我們要來激起牠的好奇。狼就算明知或預感對方不是同類，仍往往會前來察看誰在嚎叫。沉默中，我們抓緊彼此的肩膀，以炙熱的眼睛盯住牠應會現身的山脊，等待。牠再度嗚嚎，叫聲中充滿祈求，我緊緊咬著嘴唇，忍住不回應。等待是紮實的，山脊顫動著，脊上只有一棵雲杉（épicéa），什麼蹤影都沒有閃現。我記得我初次看見狼的情景，那是山脊上的一頭黑狼，讓我用眼逮住牠的，是蒼藍的空氣中牠的輪廓，夕陽裡，牠的顏色讓牠與蒙大拿州拉馬爾谷（Lamar Valley）的鼠尾草叢渾然無二。可是，我們如今身在韋科爾高原的一座熟悉的山峰裡，到里昂車程僅兩小時，我們沒期盼過在此會有神話般的邂逅。

我們急匆匆趕回小屋，其他旅人都從屋裡走到了門邊。他們都聽見了。風中，我嘯出一聲悠長、頓挫有致、近乎慵懶的召喚。此時，在夜色裡，我們面前一百多公尺的地方，應答我們的是一曲複音音樂（polyphonie）：今年所有的小狼，生於春末的整窩幼獸，全都回應著我們。牠們的歌唱纏繞盤捲，興奮、尖銳、歡快、不受控制，沒有成年狼嘯聲的那種俐落平衡，幼狼的嗚嚎裡點綴著急吠、顫音、尖叫，為數眾多。這證實，狼群的確繁殖了（同時，我們為這樣的不成比例而微笑：事實上，這種經驗的科學面向並非最終目的，而是自然而然成為了我們邂逅另一種類、另一規模的契機）。

又一次，我回應。我們全部靜默得像在狩獵或身處廟宇。狼群又應答了。這一回還有年輕的狼以及幾頭成狼，數量無法數算。接著，我們所有人合唱般共同嚎叫；沒有回應。偶爾，我們聽見遠方傳來成年狼的嚎叫，他可能正在尋找狼群，但後者從此已靜默無聲。風向變化著，讓我們難以確定偶爾從遠處傳來的幾聲狼嚎是從哪裡來的。我們面前的狼群不再回應。人類呢，則處於無聲的大激動裡：在困惑與感激交織而成的古老讚嘆中，嚎叫聲溫柔地帶領每個人敞開、綻放。爐子邊，那些以往高談闊論雪花的形狀或自己滑雪板優點的山地專家，一個個像孩子那樣結巴了起來；因著某種我至今無法理解的奇異變化，大家彼此說著謝謝，就好像我們送了彼此什麼東西那樣。然後，大家了解到，「這禮物不是我們之間的任何人送的」這件事有多麼了不起，因而笑了起來。我懷疑，這種不知從何而來、也不知是對誰說的感激，不幸承繼自我們一神論的傳統。種種的一神論把饋贈的概念侷限為一尊有意為之的神祇存心的給予。結果，真正的日常饋贈——解渴的水，轉化為果實（而果實轉化為我們的血肉）的陽光，雨燕（martinet）之美，由我們古老的眼睛翻譯為各種景致的光線——我們再也不知道該為它們感謝誰（請把餽贈從「存心給予」的概念裡拯救出來，如此一來，所有的內在祝福就都成為可能）。

這種共同的情感裡有崇高的敬意、好奇心以及興奮。威爾斯哲學家馬丁・伊凡斯（Martyn Evans）將「奇蹟」（*wonder*）定義為「對於我們立即認定為重要的事物所投入的貪渴的、無可抑止地增強的關注。這樣的事物一出現，我們的想像力就先於理智動起來，但隨著時間流逝，我們很可能會想要更透澈地了解此事物[1]」。

我們聽見了狼嚎，就覺得自己確確實實屬於這段歷史，屬於這個地球生物的共同命運。我們感覺到，面對儘管神祕，卻輝煌著重要性色彩的事物，我們這種增強的關注，正是一種動物的情感。這種原初的情感，在最初的動物身上就有；當某種奇異又陌生的形式從某座樹林或牠舔舐的水中跳出來，牠所經歷的正是這種情感。經歷如此情感的能力似乎屬於學習馴服未知、發明新的食物來源、發明新的巢穴、創造慣例的必要裝備。

請想像演化所必須面對的謎奧。也許大約在六億年前，演化發明了隨著大腦出現的第一批情感，讓動物面對環境拋出的問題，能夠更為細緻地回應。原初的反射弧（arc réflexe）確實非常迅捷，但這些最初的反射弧無法讓生物把好幾項彼此矛盾的訊息組合在一起，生命本身卻正是諸多互相衝突的訊息。一頭母鹿與牠的孩子身處懸崖邊，一匹狼出現了。如果母鹿只擁有逃逸的反射這樣的一種自動反應，恐怕就會跳下懸崖了；然而，牠具有讓情感折衝協調的能力，因此可以綜合對狼的恐懼、從高空跳落的危險、對孩子的愛，以及對生命的渴求，牠擁有讓經驗更富意義的嚮導：模稜兩可的情緒。

在這種種模稜兩可的情緒中，面對偏執狂（paranoïa）——所有新事物都是必須閃避的危險——與漠不關心——既然我已經知道怎麼活，就沒什麼新東西是值得關注的了——兩者帶來的恆久的雙重風險，必須創造一種新的曖昧情緒來衡量新事物。必須創造熱烈的好奇心來應對我還不曉得是否值得我關注的事物。正是此一情感讓我們受嶄新的、奇異的事物所吸引，並讓我們能代謝它們。

演化讓生物時時刻刻變化。今日所有哺乳類動物都源於一個在五千多萬年前看起來像隻老鼠的共同祖先。接著，自牠以降，每一支哺乳類都不得不創造出自己奇異的機制以及不與人同的習慣（從食蟻獸到人類，從鯨魚到狼）。面對各自落腳的環境，每一支系都必須發明一切。因此，對於輝耀著重要性、讓我們心緒激動、必須創造出合宜的回應的事物，我們增強關注，這是演化裡廣泛流傳的攸關生命的情感。塑造出這種情感，是為了以最為隨時制宜的顧念敬重來應對新事物，認真看待新事物，以不同的方式拗折生命此一時空來納入新事物；是為了賦予忽如其來的前所未見神祕事物一個「謎奧」的地位，並每一次都能將此事物擺放到公允的位置上，而非先驗地視之為必須反射性逃離的危險或可以忽略的背景雜音。我們與所有對新事物懷抱好奇的喜新（néophile）生物共享此一情感，而所有生物在生命某一時刻都是喜新的，因為我們出生時全都天真無知。也因為，儘管生命在給予意義上精打細算、十足審慎，卻並不吝於給予新體驗：每個生物都有一切等牠邂逅、一切等牠衡量。此一情感是人這種動物的祖傳動物性，一種共享的傳承。

在人類身上，有一種我不曉得其他生物是否也有的雙重面向：驚奇我們的現實爆發了，我們同時將之體驗為「不太可能」以及「完美」。有一天，初次邂逅一頭海馬。這樣的感情是古老的，不是理智建構出來的，與知識無關，比所有人類都歷史久遠。與欲望、面對嬰兒的溫柔、面對脆弱者的同情一樣。這樣的感情是動物性的；在我們的身上，這樣的感情可以遠溯太初。生物學家愛德華・奧斯本・威爾森（E. O. Wilson）因此而對這類感情驚嘆不已：「事實是，我們從來沒有征服世界，我們從來沒有理解世界；我們只是自以為控制著它。我們甚至不曉得自己為什麼對某些生物體做出某種反應、為什麼以各種方式如此深深需要它們[2]。」

現代的態度將「自然」科學拉抬為毀滅奇蹟的機器，從而讓生物的經驗變得平庸不足道；然而，當我們得知街上那棵楓樹與繁花盛綻的花圃裡這一株株百合溝通交流，蜜蜂懂得舞出一張張地圖，海豚聽得見各種形狀，當我們專注觀看一張貓臉——牠是「臉孔」此一主題的獸之變奏、如此親近又如此奇異的容顏，展現出一種生命形式擁有的無雙完美——此一情感便以更強烈的力道浮現。而這也是初次撞見奇異事物閃現、因之驚嘆入迷的烏鴉所經歷的情感。而今晚，我們的這種情感，浮現於狼群的詠唱裡。我沉浸於如此的情感中，重回了二十歲，同時又像活了數百萬年。

第二回：野獸的野蠻人

我們頭頂星空，融化的雪浸溼了我們的雪地大衣，但似乎沒人發覺。與群狼對話後，山地居民以各種語氣、各種形式問我，我答案的貧瘠惱火了他們：「但狼知道你是人嗎？牠們相信你是狼嗎？牠們相信你是狼群的一分子嗎？如果牠們知道你是人，牠們為什麼要回答？是說，牠們為什麼嚎叫？」對前面幾個問題，我堅持這麼回答：我不曉得，我又不是牠們的一員。要說這有什麼扣人心絃之處，那正是彼此來回嚎叫這種互動的意義之謎。看起來，對話確實發生了，但是是哪種意義的「對話」？這是什麼樣的視角、偽裝、變形的遊戲？如同在初次接觸中發生的那樣，關鍵正是：在沒有共同語言的情況下探測彼此。

在主題為北美洲阿薩巴斯卡語支原住民（Athabascan）的宏偉專著《夢與森林》（*Le Rêve et la forêt*）裡，一名納貝斯納人（Nabesna）美洲原住民對白人人類學家瑪希－芳索瓦茲・蓋登（Marie-Françoise Guédon）說：「昔日，動物是跟我們一樣的人，我們彼此可以直接交談，但現在不一樣了……如今，動物在夢裡或用牠們的語言跟我們說話。但有時一切會恢復成以前的樣子，狼會跟你說話而你聽得懂。〔……〕在某方面，這就像人與動物一起回到了時間之初，當時，這兩種生命之間的距離比今天近得多[3]。」

她補充道，對納貝斯納人來說，「這並不代表動物應當像人類一樣思考或生活，正相反。所有我們歸給牠們的心理素質，動物以牠們自己的種種方式行使出來……狼是以狼的身分跟人類溝通的，當牠與人交流，牠處於牠全然的狼之現實裡；要在精神上自我置身於一種不同的現實，亦即一種牽涉人類、也牽涉狼的連續體之中的，是牠的人類對話者[4]。」在我看來，這些說法裡蘊含了出色的調查研究指南，也為雜糅了泛靈論的動物行為學提供了方法的要素，還包藏了一種允許自己受非西方的與生物締結關係的方式所影響的取徑。

由此，我們可以雜湊出一些猜想，這些猜想夠謹慎、夠合理，能夠在我們與狼互動的意義此一問題上再取得一點進展。

誠然，為了山脊後的這匹狼，我盡力把嚎叫叫好，我嘗試牠的藝術，而我曉得，我不清楚牠是怎麼想的。牠知道我是人嗎？牠後來沉默了，這代表牠在某個時刻曉得了我是人，但牠是聽出來的，還是過來會見我的時候看出來的？（翌日，我們從牠的足跡裡讀到了：牠來了，繞著山脊走，以窺探我們。）牠聆聽我，然後回應我。牠的回答中有一絲疑惑。牠終究沉默了。

我在安大略（Ontario）[*]或瓦爾（Var）[†]與狼互相嚎叫時，也已有這樣的經驗：狼回應了我幾次，接著就沉默了，而牠們彼此之間的嚎叫交流則自然而然長得多。牠們是不是只有在互動之初認為我是一匹狼，直到牠們終於認知到這場偽裝的規模，接著沉默下來？

至於韋科爾山脈這匹試圖讓交流持續下去的狼，既然牠持續對話，牠似乎至少在一開始的時候覺得我在「說狼話」，也認為對話是有意義的。牠有可能是出於疑惑才繼續與我對話，來讓我說話，來決定這場對話是否有意義。這條線索導出了耐人尋味的推論。因為，它重新連結起了異族人（étranger）之間翻譯問題的一名核心人物，我將之命名為「野蠻人」（barbare）。

「野蠻人」就字源學意義上來看，是指在希臘人聽來像發出barbabar的聲音，用難以理解的咕噥聲來說話的人：不會說真正的語言的人。然而，更細緻地說，野蠻人不是一名人物，而是邂逅之際的一個時刻的名字：在此時刻，我們還不曉得面前的人物是不是說起話來跟我們一樣，還是他只會發出噪音。對希臘人來講，野獸不會說話，而野蠻人恰恰不是野獸，野蠻人處於野獸與人類中間的邊界地帶，於此地帶，人獸並無二致：野蠻人發出抑揚頓挫的聲音，甚至看似對我們講著一句句話，但這些句子並不可理解，且我們還不曉得他是否知道如何說話。造就野蠻人的，正是此一不確定性。當我們花時間去更深入聽懂他、去學習他那起初只是噪音的語言，當我們見到他在此語言裡嫻熟講論或吟詩，我們會換一種方式稱呼他：異族人（étranger），波斯人（Perse）或斯基泰人（Scythe），但不再是野蠻人。因此，「野蠻人」是用來在懸疑未定的時刻稱呼某個人的過渡名稱；值此塵埃未落定之際，我們不確定對方是不是跟我們一樣說話：我們仔細琢磨，也詢問對方。

而我覺得，就算審慎地對我與狼的交流情形做出詮釋，至少也能承認：回應我的這匹狼把我看作字面意義上的野蠻人，換句話說，我屬於那些牠還不曉得是否有能力說話，亦即說牠的語言的種種存在的一員。琢磨推敲我是否是野蠻人的，是牠。牠嚎嗚，我回應，我似乎在說話，牠卻大惑不解，也許我一次次的嚎叫只是難以理解的咕噥聲：牠想更確定而回應我，牠為了知道我是否懂得對話，這一切是否有意義，或者是一場不幸的誤會，而對話了好一陣子。

因為，我是希臘化的野蠻人，我全力以赴，我完全不懂牠的語言，我盡我所能模仿著講它，我幾乎有了口音。這是強烈的體驗——在野生動物的耳裡是個野蠻人。我是野獸眼中的野蠻人。

---

*（譯注）加拿大東部省分。

†（譯注）法國東南部省分。

因為牠有所懷疑。

牠真的試著溝通，牠一再嘗試。在牠耳中，我曾有幾秒長著一張狼臉。這是一場狼人的對話。有那麼一些時刻，身為變形的存在，半狼半人、並未分割的存在，屬於居住在我們光陰開端的、狼與人還沒有各奔前程的神話時代的一員。當時，溝通交流是順暢無礙的。

接著，偽裝的把戲遭到識破，巴別塔的詛咒回歸，我只不過是一個曾想與您說話的野蠻人。

這並不是說，狼擁有「跟我們一樣」的說話能力：我不曉得「跟我們一樣」是什麼意思。儘管如此，我與狼的對話仍蘊含哲學意義。談到翻譯，哲學家芭芭拉·卡桑（Barbara Cassin）寫道：「因為翻譯需要兩種語言，我們需要至少兩種語言來說一種語言、來知道我們說的是一種語言[5]。」這確實是我們不妨移植來這裡使用的一道推論：我們需要至少兩種語言來擁有一種語言、來知道我們確實擁有一種語言，因為讓我們的語言、其怪異之處與共同之處顯露出來的，正是另一種語言。若說成為狼眼中的野蠻人是可能的，是因為翻譯的嘗試確實存在，所以類似兩種語言的東西確實以某種方式存在。更簡單地說：若說狼不理解我的語言，牠並努力突破這樣的不理解，若說哪裡有個野蠻人，這不折不扣全是因為：狼與我的交流中確實有語言的存在。

這一次，說話的，是牠；嘰哩咕嚕含混亂講的，是人類：為了曉得我是否也是哪一位，一個可以與之溝通交流的存在，牠做出了努力，發問了好幾次，宛如一名接待異族人的好客君王。

第三回：幾百萬年折疊入一聲狼嗚

然而，牠的歌聲、牠最初的嚎叫，意義為何？

這個行為叫作集合的嚎叫。一群狼裡的各匹狼在白天各過各的，當夜幕垂落或更晚一些，牠們動身相聚，開展集體生活，這個時候就會有集合的嚎叫。在夏天的康茹艾高原（plateau de Canjuers）*上，我用熱影像儀多次觀察到這些儀式：每天晚上，差不多在十點十五分（「黃金時刻」），我們首先會聽見地景四處傳來零星幾聲狼嚎。我們看見單匹狼，有時則兩匹狼一起，浮現於不同的山脊。牠們為嚎叫所引導，動身相會，像河的支流一樣匯聚，重逢於這一年新生的幼狼集合之所在。聚會開始了。接著出現了另一種嚎叫：這次的嚎叫是集體的，嚎叫的群狼聚在一起，肩並著肩。這稱為「合唱式嚎叫」。它往往是個預備群體活動的儀式，例如開拔狩獵：因為，合唱式嚎叫之後，狼群其中一名領袖開拔往某個方向，狼群跟隨著牠，調性就改變了。牠們展開行動，協調無間，靜默無聲，堅定無疑。

為此入迷的心於是回到了這個我們面對某種生物展現的組織特性時，念念不忘的問題：這是做什麼用的？為什麼此一支系發明了這個別出心裁的溝通方式？達爾文以降，這個問題的問法是這樣：演化選擇了嚎叫，是因為嚎叫有什麼功能？有些人說，嚎叫是為了創造社會關係。是為了在霧中彼此重聚。是為了嚇阻潛在對手。但這真的是對的問題嗎？我們擁有能抓握的拇指、一顆搏動的心、看得見顏色的眼睛，或者合唱式嚎叫，是因為它們擁有明確、特定、唯一的功能嗎？生物的每一種傳承是否都有一個以「演化選擇的功能」為形式的規定好的命運？

為了理解這個討論裡的哲學關鍵，我們必須區分一項生物特徵的功能（fonction）與用途（usage）[6]。演化生物學（biologie de l'évolution）裡，在一項器官產生的所有效果之中，我們將天擇（sélection naturelle）所曾針對、所關注，並似乎解釋了此器官各項特質（其形態、其運作）的效果，稱之為本器官的「功能」。這就是凱倫・尼安德（Karen Neander）的選擇效果理論（selected effect theory）：器官的功能乃其經過自然選擇的效果[7]。舉例來說，心臟的功能應是為血流提供動力，也就是讓含氧血液在所有器官中循環，而不是製造有節奏的噪音（這是一

*（譯注）位於法國瓦爾省。

個未經自然選擇的附加效果，儘管該效果對輕搖慰撫嬰兒可以是有用的）。

不過，如此推論掩藏了歷史的複雜面向以及生物擁有的顛覆性自由。首先問題就來了：一項器官的功能無疑是其經過自然選擇的效果，但是是哪時候選的？這項特徵或許已存在了幾百萬年，它可能經歷了一個接一個的不同選擇階段，這些階段是異質的、甚至是彼此衝突的：哪一段是正確的，或者說，是真正的？奔跑移動的恐龍在會飛之前幾百萬年已經擁有羽毛。牠們這些羽毛是用來調節體溫與求偶的。我們會說羽毛的功能是飛行嗎？確實，我們往往就只注意到現今我們眼中某某器官的主流用途是什麼，然後把這項用途投射到過去，讓它成為過去的真實。

這是因為，行為生物學仍深受適應論思維（adaptationnisme）影響：根據此一主張，每個器官明確地為了某一項由自然選擇設立的功能而存在，這項功能就是現今該器官所顯而易見履行的功能。但生物並不像工程師的技術發明一樣明晰易解；在工程師的技術發明裡，每項機制之所以存在，是因為它擁有一項唯一的、確切的、剝除了歷史脈絡的功能。事實上，面對演化塑造的生物體，是如此悠久古遠且錯綜複雜，將之簡化為尋找唯一功能（Fonction）的「這是做什麼用的？」並沒有真的問對問題。

首先，因為每個生物都繼承了一些特徵，這些特徵的形式與運作無疑能用自然選擇來解釋，然而，自然選擇在過去所關注、針對的，是一連串的眾多功能；其次，也因此，豐繁的可能性在此一傳承裡窸窣響動。如此一來，個體就擁有一定的自由度來為這些特徵重新發明用途。正是因為狼的嚎叫在過去曾有好幾種功能，狼嚎才有豐富的複諧波（harmonique complexe）、才蘊藏多種特性，這讓狼嚎得以發明出各種用途，比如說，用來確定某位人類對話者是個野蠻人。

我所謂的「用途」是指，個體生活中，此地、現場所見的，挪用、使用祖傳特徵的種種方式；這些方式利用這些特徵傳自先祖的特質，卻不將之用於自然選擇揀選留下這些特徵以便實現的目的，而是用於其他目的。

因此，一項生物特徵的「真相」並不是由最佳性（optimalité）所決定的單一功能：一具器官或一種行為的真相，是最近這幾百萬年來，它曾經有過的、迂迴變化的各式各樣功能，是它現今各式各樣的可能用途，是它未來促成的各式各樣創新用途。而不是單單一句：「這是做什麼用的？」[8]

演化當然可以為您造出一聲設計來在霧中找回夥伴或嚇退敵人（這些功能是「天擇所揀擇出的效果」）的嚎叫；您在日常生活裡把嚎叫用在什麼用途，演化則無權置喙。至於戰吼（cri de guerre）則是挪用嚎叫的美好機會，用以高聲傾訴令您內心愉悅的這一個個春夜的快樂，用以演奏小夜曲，或用以排遣無聊。其美妙之處在於，在這些遭顛覆的用途裡，其中一些可能為自然選擇所全新揀選，成為演化尺度的功能，從而改變一種行為所擁有的物質的、可遺傳的特性。請想像某匹狼將繼承自父輩的勇武嚎叫挪來詠唱小夜曲，母狼們則因為某種生命的緣分巧合，開始從這之中看見選擇情人——牠們孩子的父親——的一個值得參考的標準。像大師一般歌唱的能力將成為性擇（sélection sexuelle）的篩選標準，狼這個物種的演化方向會是：狼嚎的性質將愈來愈向誘惑母狼耳朵的藝術看齊。

因此，狼的嚎叫並沒有可以單獨分離出來的某種功能：狼嚎於其種種性質裡積累了它有過的不同功能（此處的功能是指，狼嚎在選擇壓力下產生的效果）的歷史；狼嚎日日都等著遭到顛覆，走向多種至今聞所未聞的用途。

這就是演化如何優雅地為每個生物織就一段過去，這段過去充滿明確又結構井然的傳承，這些遺傳看似決定了我們（它們就是我們的身體與我們體內的行為模式），然而，不同於帕耳開三女神（Parques）*，演化並不將這些遺傳的經緯抬升為命運。生物的自由在於，每樣器官裡都有無數昔日的功能蠢蠢欲動，因此這個器官也為了發明新用途而敞開。

我此處提出「功能」與「用途」在概念上的細微差異，是為了開闢出通往一套生物的哲學之路，這套生物的哲學接受生物遺傳但並不將之轉化為決定論：相反地，這些生物遺傳構成了創造性、新事物以及自由的條件。這就是非洲的黑鷺（*Egretta ardesiaca*）的情形，牠如今顛覆了自己長羽毛的用途：黑鷺定居於水體滿是汙泥——這有時是人類活動造成的——的新環境裡。當牠潛伏狩獵，牠會將翅膀圈成圓形，圍出一把完美的陽傘，牠則在傘下窺伺；如此一來，牠就讓水面映上圓形的陰影，以此吸引尋找睡蓮陰影以躲避鳥類的魚。誠然，昔日的功能（自然選擇留下羽毛是為了體溫調節、求偶、飛行）對我們解說了每個個體擁有的身體與行為工具之特性（羽毛閃耀，透氣，有支撐力），但生命總是如此，演化把每個生物做成某個模樣，每個生物則有權隨心所欲自由使用這個模樣，每個生物都能顛覆、挪用，並以其豐富的遺傳為基礎發明創造。

狼嚎種種功能那層層疊疊的多重性讓它乍看之下相當神祕難解，這讓我們聽見狼嚎時產生驚奇讚嘆的體驗。正是這種多重性得以首先讓想像力、接著讓思想開展一段豐富而矛盾的推論過程[9]。

狼嚎似乎獲得完美調校為做令人驚奇讚嘆之事之用，我們卻無法將這些絕妙之事羅列出來或排出高低。狼嚎的訊息並無法以一個只關注狼嚎實用面的翻譯（「過來！」）或是一種功

---

* （譯注）羅馬神話中掌管人類命運的三名女神。

能主義（fonctionnalisme）的封閉推論（「狼嚎的功能是讓狼在黑夜中找到彼此」）來總結。後面這種功能主義推論是愚騃的演化論者的武器，他們用它來遮掩伏藏在每樣器官、每種行為裡的，歷史無窮無盡的窸窣響動。

請想像您在另一顆行星上邂逅了與帆船一樣優雅、複雜，能夠自主移動的一個實體。他的每個組成部位都設計、塑造得完美無瑕。他的每個部分似乎都繼承了一段無數由不同用途組成的歷史，可是，每個部位卻運作得萬分順暢，我們只是不曉得這個部位的目的實際上是什麼，這些目的是開放的：如果我們不消滅每個生物的歷史，這就是每個生物——雨燕、蘭花、蟬——的樣子。

當最初的羽毛出現在某隻笨拙的、只能在地上移動的恐龍身上，誰能預料到，距此數百萬年後，牠會憑著羽毛，開拓出存在的嶄新維度：居住在天空中，三維空間的生活，掌握在重力鎖鏈至高處跳舞的藝術？

正是在這第一種意義上，生物的特徵（器官與行為）無法翻譯。這並不是說，要翻譯它們是不可能的。正相反，我們永遠無法停止翻譯它們、無法停止以不同的方式重新翻譯它們，以此公正對待它們所擁有的親密的相異性、它們壓縮其中的歷史性、它們在用途方面的創造性——正是這樣的創造性將它們提升為結點、提升為謎奧。

與其尋找狼嚎的終極用處，與其為狼嚎的功用排序分等，讓我們以另一種方式調查研究狼嚎的「為什麼」：讓我們觀察狼把嚎叫用在什麼用途、狼以嚎叫製造什麼效果。我們由此得以勾勒出一幅複數用途的景致；與地景一樣，這片由狼嚎的用途編織成的景致是一段豐富而古老的歷史的結晶。

好比說，在「合唱式嚎叫」這方面，我們觀察到，對另一狼群作出回應的狼群會留在原地，甚至會派遣使者去調查嚎叫者——至於聽見附近有嚎叫聲但不作出回應的狼群則會默默離去（我們稱呼這個為「取間隔」〔spacing〕）。我們在評估此一現象時，不應該直接斷定「這就是唯一的功能」，儘管我們在其中預感到一種彼此傳遞訊號的、堪稱地緣政治的用途。

我們還觀察到，如果狼群剛好手上有獵物屍體，或是狼群裡有年輕的狼，狼群會比較樂意應答：這似乎表明，合唱式嚎叫是一種占據陣地的方式。

在繁殖的季節，當侵略性荷爾蒙達到高峰，狼群比較樂意應答：此處，狼嚎就確實像是明明白白、無庸置疑的領域性（territorialité）行為，似乎是在說：「我們在這，你們過來找我們」。不過，相反地，研究狼的學者已多次觀察到，狼群在用嚎叫對話之後，避免實體相遇：由此看來，狼嚎會是一種限縮狼群彼此實體衝突之風險的手段、一種避免衝突的地緣政治技術，而不是一種領地標記的裝置，因為狼嚎似乎與地理邊界相對無關。

我們也知道，為了用聽的找回彼此，狼在霧中比較樂意嚎叫。

這一連串的觀察讓我們得以勾勒出一種動物力量——嚎叫，其由眾用途所組成的景致，同時卻不斷言演化是在哪個確切的點上將嚎叫限定於單一一種用處：歷史太古老了，不會鍾情於單一用處，而那打造生物身體的，悠遠綿長的湊合修補，則豐富蘊藏了無窮無盡的用途挪移。

為了弄明白合唱式嚎叫的某些奇異之處，我們不妨拉升到比較廣泛的層次上。根據行為生態學的假說，生物世界中，溝通的種類隨情況不同而分歧演化。對於盟友之間、親屬之間的交流，溝通會往訊息愈來愈清晰、愈來愈誠實的方向演化。但對於可能衝突的個體間、群體間的交流，溝通的形式則會以不同方式演化：演化出對發訊者比對收訊者來得有利的訊號。因此，當訊息是設計給交戰方使用的，演化就會較為青睞模糊的、能夠欺騙對方的訊息。

與同一狼群的成員彼此之間微妙而訊息豐富的聲音交流（尖叫、吠叫、急吠……）不同，嚎叫是在情況不明中發出的，嚎叫者並不知道聽見的是誰，嚎叫是向大海擲出的一個瓶子，因此，從演化的觀點來說，嚎叫裡最好不要傳達太多訊息。未成年的狼在落單、沒有成年狼在身邊時，往往會發出頭幾聲微弱的嚎叫，直到狼群裡某名幼狼認得出聲音的成員回應了幼狼，此時，幼狼會較為高聲嗚叫：此乃「撲克牌式嚎叫」（poker howl），這種嚎叫能讓嚎叫者免於被可能有惡意的陌生對象聽見。

當狼群與狼群看見了彼此，往往會爆發攻擊與追逐，這很可能是因為對方狼群的規模與戰鬥能力一望即知。當狼群與狼群透過嚎叫相會，攻擊與追逐就少了非常多。這或許是因為，狼會限制狼嚎所透露的資訊量。狼一起嚎叫的時候會彼此和聲，而不是齊聲鳴唱同一音符，以此創造出狼的數量比實際上還多的錯覺。儘管實施了種種方法，用聽的計算狼的數量仍幾乎不可能：和聲的繁多，以及種種抑揚頓挫，往往都讓聽者高估狼的數量。以嚎叫彼此交流之後，狼群與狼群的衝突相對稀少，這暗示了，對另一群狼的不確定性讓每群狼更為謹慎。這就是所謂的「博．格斯特假說」（Beau Geste hypothesis）：每一聲狼嚎蘊含的複音音樂性質很可能是讓另一群狼高估我方狼群狼的數量的手段。此一假說援引自佩希法．克里斯多夫．魏倫（Percival Christopher Wren）的小說《博．格斯特》（*Beau Geste*）裡的一個小故事：兩名在防禦工事裡落單的軍人武裝了垛口擺放的假人，以讓進犯者相信他們人多勢眾[10]。

根據此一分析，我們不妨猜想，合唱式嚎叫那聽在我們人類耳朵裡，神祕、難以捉摸、超自然的特質，可能是一種狼的反情報（就是「情報機關」的「情報」）的地緣政治現象所帶來的附加效果。這個謎奧屬於動物行為學的範疇，由狼本身維持著。合唱式嚎叫是一種不透明的、變形的、幽靈般的鳴唱，是為了不要把過多涉及我方狼群組成與規模的可用資訊傳達給另一群陌生的狼。是為了顯得更狼多勢眾、更強大、更無可捉摸。是為了讓自己籠罩在不確定性之光裡。是為了膨脹自己的影子。

所有這些實證觀察都收納在一本攤開在我桌面的，某意義上的聖經：這本狼之聖經綜合了所有關於狼的當代知識，由將生命奉獻於此的研究者——呂希昂・大衛・密契（L. David Mech）與路易吉・博塔尼（Luigi Boitani）所領導，書名是《狼：行為、生態、保育》（*Wolves: Behavior, Ecology, and Conservation*）。這是一本往小處寫的天書，書裡滿是細微的知識與各種瑣碎的物情。我們在其中可以讀到這類微細的記述：雄狼的聲音跨越一個八度音階，轉入深沉的低音，重音在o上，雌狼發出的聲音則是抑揚有致、帶有鼻音的人類男中音，重音在u上。我們從這本書學到了，狼嚎由落在一百五十至七百八十赫茲之間、包含多達十二種諧波（harmonique）的基頻（fréquence fondamentale）所組成。

當我拿起這本書、拿起其中大量極細極微、心甘情願「無用」的資訊，它在我指間的重量就是我們對其他生命形式共情同感的縈懷心念、我們的外交才能所令人感動的明證：上千頁的篇幅，全力投入於「再更了解其他生命方式一點」的生命。自然史的論著以及某些生物學著作超越了學術總論的狀態，成為了另一種存在。它們承載了未惹注目的政治意涵。它們是外交天書，愚拙地（以一種不自然的自然學家筆調行文，這種筆調也愚弄了作者自己，成為他們可疑熱情的不在場證明）彙編了了解與我們共居地球的住客如何生活、如何與我們產生連結的方式，以及，從此出發，我們必須確立的對待牠們的，隨時制宜的顧念敬重。

這些著作也富含一種嶄新的情感調性：一種亟欲了解這些親密的外星人並登其堂奧的渴望，如此的渴求與一名透明無欺的情人觀察他那因專注而美麗、忙於生活、可望而不可及的戀人時所展現的執著縈懷並無二致——一言以蔽之，跨物種的單相思。

第四回：無以分割的語言整體

狼嚎與人類語言之間，擁有什麼樣的親緣關係、什麼樣的相異性？狼對我們來說，是親密的外星人（alien kin）[11]。其實，所有生物對我們來說，都是親密的外星人（alien familier），這邊是取古法文的意思，在古法文裡，familier*這個字是指：牠們是家族成員，但牠們的相異性在某些方面無法消滅，宛如另一顆行星的文明。當我們來到動物附近，如此的直覺偶爾會閃現：我們可以接觸到另一種不同於我們的生命方式，好比說，狼的生命方式，同時卻不縮減這樣的陌異感。我在概念上稱此為「陌異的親緣關係」（parenté alienne）或是「親密的外星人」的母題。這是一種嘗試表達如此印象的方式：我以外的動物是大家庭的一分子，然而與此同時，牠們是外星人。於此，我很清楚，我動用了一種相異性最極端的假想事物，然而關鍵挑戰是，必須給牠們所擁有的相異的存在方式一個公道。與此同時，牠們是如此「familier」：我這邊指的是我們的「共同祖先」——這是達爾文《物種源始》（*L'Origine des espèces*）無可爭議的論點；還有，其他動物給予我們的這種無庸置疑的感受。面對另一種生物，我們必須把握住：眼前的這名親戚是一名外星人。這是一種我們不妨去經歷的日常悖論，而不是個須要解決的問題。

我們必須要能夠感受到親密的外星人是什麼，或者無論如何，必須嘗試找出談論他的方法。好比說，與狼「對話」。關鍵是要抵抗誘惑，不要讓「對話」這個類比汙染了這個類比本身意圖闡明的東西：我們看待親密的外星人總是如此，種種人類的類比可以充當探索的方法、發現的工具，但我們不應該像使用隱喻那樣，把所有的演繹規則原話不變、整套照搬到我們試圖闡明的現象上。比如說，我們與狼存在類似「對話」的東西，並不意味著我們動用人類對話裡的典型語言使用方式，傳遞精心打造的訊息。

確實，我們必須承認，狼嚎在傳遞訊息上，一定程度來說是貧乏的：這是說，狼嚎並不傳遞複雜的訊息，而這唯一的原因是，狼嚎裡沒有語句；沒有語句的意思是，狼嚎沒有主謂關係（prédication）。主謂關係是語言學與邏輯學的現象，要有句子才有主謂關係，主謂關係能夠

---

* （譯注）現代法文裡，familier的意思是：親密的、熟悉的、通俗的。

為主語賦予性質：「天空是藍色的」、「你是個騙子」。隨著主謂關係出現的，是真與假，是錯誤與謊言的可能，確切地說，這是因為「針對某事物做出某種斷言」成為了可能。當語言就只是高聲宣說一個詞（「藍色！」）而不是一句話，就不可能有謊言或錯誤，也不會有真實，因為誰都沒有被什麼所斷言。

不過，狼的叫聲裡確實有類似斷言的東西，一種敘言的（constative）面向，但這種面向較存在於陳述（énonciation）的情況裡，而非在嚴格意義上的主謂關係裡。它是指示的（indiciel）：如果說有叫聲而你們聽到了，這正是因為我在這，因此，所有聽見我叫聲的聽者都透過演繹來得出這樣的結論：叫聲的意思是「我在這」。

這是一種先於主謂關係的說話方式：所有這些狼的「語句」，因為它們不是語句，故而超越了真與假，或尚不及真與假，就好像羅蘭・巴特（Roland Barthes）所闡述的「我—愛—你」（je-t'-aime）；根據巴特的分析，它「就是一個單獨的詞」，以連字號組合而成：這個詞「永遠為真」，它是一個「行動」。「它唯一的指涉對象（référent）是它的言說（profération）[12]本身。」這種說法用來描述狼的嚎叫真是完美無瑕。

除了這種敘言的面向，狼的叫聲裡還有貨真價實的激勵的面向（狼嚎強而有力召喚著聽者去從事種種行為），另外還有做言的面向（performatif）。哲學家約翰・奧斯汀（John Austin）

等人所理論化的「做言」乃是人類語言的一項奇異功能，是某類動詞的特性：這些動詞在描述一個行動的同時完成了這個行動。「我宣布你們結為夫妻」、「我勸你快逃」、「我命令你來」都屬於做言。但狼嚎做言的面向與人類語言的做言面向不一樣，不完全一樣，因為狼嚎屬於外星人的世界；與此同時，狼嚎的這個面向卻又不折不扣是做言沒錯，因為這些外星人是我們的親人。在牠做言的狼嚎裡，狼說：「我們是狼群」，又說：「讓我們成為狼群」——狼群就這樣成了。狼透過嚎叫聚攏、再聚攏狼群，狼嚎將每一匹遠方落單的狼連結到所有其他狼的內心。狼嚎對方圓十公里的其他狼透露了我這匹狼、我的情緒狀態、我的欲望、我的疲勞、我的恐懼，就好像電話裡一名好友的聲音，經過了多年的靜默，讓他在房間裡完完整整地出現，那獨一無二的他的生活方式。

集合的嚎叫因此融鑄了人類話語的好幾項功能：傳遞訊息、激勵、做言。這聲狼嚎裡蘊含了整套沒有語言的語言。狼嚎同時是指示的語言（我在這）、激勵的語言（你們來找我）以及做言的語言。狼以一聲無以分割的鳴嚎表達了：「我在這，你們在哪？讓我們成為狼群」；牠更也透過宣說，聚攏了狼群。牠以同一聲鳴唱說出了：「我在找你們，你們來找我」，既然孤獨是必須以呼喚填補的殘缺。

而狼也可能是在呼喚自己，在夜的靜寂中，牠重新意識到自己的存在。宛如一名暗夜風景裡踽踽獨行的旅人，他甚至連自己的雙手都看不見了，簡直要懷疑自己是否存在，於是開始為了自己而高聲說話。開始叫喚自己的名字。他的聲音將他吊升回存在之中，就好像他借助言語的力量，硬是把自己從虛無裡拉了出來。

為了理解狼牠身為親密外星人的意義生產方式，我們得注意到，狼嚎的一大獨到之處，是狼嚎叫時並沒有預設明確的聽眾，狼嚎是在情況不明中詠唱出來的，狼嚎乃是為了一切對象而詠唱：狼嚎叫時，並不曉得誰會聽見狼嚎。當言語並不確定它本身的命運，言語會變成什麼？請想像，暗夜中，您在不曉得誰會聽見的狀況下嚎叫。請想像，如果您無法知曉方圓有時達十五公里的範圍裡，誰會聽見您的聲音、您的訊息、您的存在——朋友、敵人、獵物、競爭者……？——您會說些什麼。這造就了我們在前面討論過的，狼嚎一系列的特質。這尤其能歸納出，如果我們想要在考慮所有觀點的觀點主義（perspectivisme）這個框架裡，公正對待狼嚎的意義、狼嚎的內容，我們就必須聽見狼對所有可能同時聽見狼嚎的對象說了什麼。狼嚎這無以分割的單單一聲鳴唱，就蘊藏了要對所有與鳴唱者都織就了一段關係（捕食關係、衝突關係、愛情關係、警戒關係、片利共生關係、遊戲關係、友愛關係、地緣政治關係……）的對象說的話。關鍵在，必須把以下各種意義，都包納進狼嚎之中：狼嚎對烏鴉的意義，烏鴉因為有機會與狼共享新鮮的動物屍體而愉悅歡欣；狼嚎對狗的意義，狗啊，這些狼亦敵亦戀人的後裔；狼嚎對與狼共生的狐狸的意義，如果狩獵有成，狐狸想要加入盛宴；狼嚎對蜷縮在荊棘叢中的狍的意義……

狼的鳴唱是一簇複數的邀請：具體有形的聲音對每名聽眾都以特定的邀請之姿產生了效果，召喚著各式各樣可能的行動[13]。它語義學上的涵義與芭芭拉．卡桑所說的「性能」（performance）涵義——狼嚎對所有聽見它的對象造成了什麼結果——相比，是次要的。狼嚎的祕密意義正是它各式各樣的邀請。狼嚎的原生意義是：它針對一切身在關係網裡的對象所發出的所有邀請。狼嚎本身，則是這片關係網的一個悠揚高歌的樞紐[14]。

與一切動物的聲音相同，狼嚎與詩都對語言的種種功能做了無可分割的運用；狼嚎與詩都擁有種種意義、種種邀請渾融錯綜而成的連結交織；狼嚎與詩都直爽表達了種種情感、種種慾望織纏而成的一個整體；狼嚎與詩都言說出了一種聞所未聞、無可抗拒的生活方式。

恐怕要求助於詩，才能解開就在這山脊後方、我們面前，狼在同一聲鳴嚎裡強而有力同時表達出的織錦般的謎奧：這些蘊含在鳴唱中的邀請，它構成了我們眼中的「涵義」在動物世界裡的對應物。

而這些邀請對嗚唱的每個聽眾來說，都各自不同，但每項邀請都蘊含在嗚唱裡面，蘊含在這聲嗚唱與各種生物的關係裡：

「我在這，來吧，不要來，來找我，快逃，回答我，我是你的兄弟，戀人，陌生人，我是死亡，我害怕，我迷路了，你們在哪裡？我該向哪個方向，往哪面山脊，朝哪座峰頂奔跑？是晚上了。用一顆洪亮的星星突破迷霧吧，讓我一路跟隨星星！那你們之中有誰聽見我了？朋友？（輕聲。）敵人？讓我們成為狼群！我們是狼群。快點快點！愛我的話就跟我來！你在嗎？我不完整，我屬於你，我等著誰來安慰。（快板。）有個聚會要舉行，我們即將動身，儀式快要完成，我已支離破碎。有誰在嗎？我等不及了。快樂！噢，快樂啊！」（有個誰回應了。）

就只是一聲狼嚎。

第五回：以足跡追蹤狼嚎

隔天早晨，迎著破曉的曙光，我們踏著滑雪板，對即將開展的追蹤行程興奮萬分。我們在前夜聽見的一切都留下了痕跡，沒有什麼是存在而不留痕跡的，我們將能在足跡、足跡豐富的訊息，以及我們與狼有過的活生生互動之間，建立起罕見的連結。我唯一一次獲得這種連結，是去年冬天在迪涅萊班（Digne-les-Bains）*的阿爾卑斯山區，進行一系列追蹤的時候。

當時，我們在一月的某個早晨動身開拔，前往一座隘口，這座隘口對面的山坡有條小徑就從山脊下穿過。我們愉快閒聊，只有雪才有辦法創造這種氛圍。我們抵達隘口，在隘口看見了腳印。極度新鮮、輪廓完美，沒有已過一段時間的足跡所特有的磨蝕。一匹狼。我們稍微隨牠前進，牠的腳印在山脊駐滯不前，足跡呈現狼停下來勘查時特有的L形。我們站在狼的位置上，曉得了牠仔細觀察的地方正是我們大約五分鐘前從對面山坡攀上隘口的時候所走的路。不過，狼勘查了我們的來時路後就動身了，牠的足跡帶著類似匆忙或者說恐懼的成分。牠向下攀爬，往橫貫山脊下方的小徑移動，處於我們的視野之外。不過，牠沒有佇留在小徑上，而是繼續下攀，進入了一座小樹林，牠顯然受了驚，避走於小徑下方的樹木之間。昨晚我們有來過了：一點足跡都沒有。這座小村莊幾乎只有我們：早晨，沒有人在我們之前出門。沒有狗能從這條路抵達這裡，而且無論如何，沒有狗能讓狼怕成這樣。我們的頭腦轟然閃現一項假設：這匹狼勘察的，讓這匹狼恐懼的，是穿戴滑雪板與雪鞋、有說有笑抵達隘口的人群，是我們。牠就在我們跟前。

我們跟著逃亡的狼走，很快就撞見了第二匹狼的足跡。牠們的腳印混在一起。牠們跑得很快、步幅很大，足跡繞過了我們來時的小村莊：牠們在儘快加速。牠們就在這裡，面對我們的腳步，牠們逃跑。我們在牠們的足跡裡看見的，是折射在牠們的行為裡的，我們自己的映像。我們追蹤著牠們對我們吵吵鬧鬧地到來所做出的反應。接著，一場針對牠們的足跡發動的瘋狂搜索展開了，我們差點把幾個朋友弄到迷路。牠們的腳印隨後深入森林底層，我們看見第一匹狼岔了出去，前去探索另一條可能的逃跑路線。然後，差不多五十公尺遠的地方，又有第二匹狼，接著是第三匹狼：牠們的腳印大小讓我們得以分辨出不同個體。在這單獨一條的足跡裡，

---

*（譯注）法國東南部市鎮，位處阿爾卑斯山區南部。

就至少有四匹狼——狼這一整支多形態（polymorphe）*的動物全體藏身於單獨一道腳印裡，就好像同一個詞的不同涵義。

我們以狼的狂熱追隨狼，在厚厚的雪裡足蹬滑雪板滑行，我們以肩膀開路，所經之處紛紛碰斷森林底層針葉樹的小枝椏，我們彼此呼喚：「你逮到牠們了嗎？我跟丟牠們了！牠們在這！我找到牠們了！牠們集合在一起了，牠們往山脊爬上去了！牠們就在前面！」這節奏令人精疲力竭，狼的追蹤者一個接一個停在樹下、樹樁上，喘著粗氣，霜凍的空氣灼燒他們的肺，他們愉快但氣力放盡，與此同時，上方，擁有最熾烈渴望的狼持續推進著足跡。

我們攀上了俯瞰小村莊的山脊之巔，十拿九穩能夠正面看見牠們：這片風景裡沒有樹木，牠們落在我們手裡了，我們總算能夠自由自在把牠們看個夠，我們總算能夠捕獲——而非據為己有——這些幽靈密緻的美。而當然，牠們沒在這裡。

幾分鐘內，我們用雙筒望遠鏡在對面的山坡上找到牠們的蹤跡：他們全速衝下了斜坡，爬上了下一面山坡，經過了又一座隘口，最終消失在隘口後方；同樣的時間，我們只夠攀爬第一面丘陵斜坡。

我們絕望，我們幸福，我們上氣不接下氣，我們與這裡的風一樣舒闊，我們在山脊上、森林底層中，笑我們漲紅的臉，笑撕破了的夾克，笑掛在樹上的手杖與滑雪板，笑氣喘吁吁的一個個朋友，這些朋友像是小拇指的小石頭[†]一樣，散落在我們追捕狼跡的路途上，從森林深處熱切地呼喚我們：「那麼，你們看到牠們了嗎？」沒有，這些幽靈，牠們已經遠去。我們只在他者的足跡裡，看見了鏡中的自己。

我們沒有跟狼一樣的身體，空間對牠們來說與對我們來說不同，就好像那些幾分鐘內振翅四次，就能飛越一百公里的禿鷲；狼擁有另一種強度的心臟，空氣通過牠們的肺，像神話裡的鍛鐵爐，我們沒有獲得這樣的能力。狼可以連續好幾天，在艱難到近乎不可能的斜坡上，一天奔跑超過一百公里，狼不喜歡我們巨大遊覽遠足徑（sentiers de grande randonnée，GR；亦有譯歐洲GR步道）的之字路：牠們對追蹤牠們的人沒有任何憐憫，就偏愛單純上攀、幾公里的垂直路徑、岩羚羊（chamois）在走的，從泉源直達隘口的小徑。我們錯過了牠們，我們沒有跟牠們這麼接近過。

言歸這個韋科爾山脈的早晨，我們與狼用嚎叫交流以後：這一次，我們將能在足跡裡追蹤

---

*（譯注）指兩種以上的型態並存於同一物種的現象，如雌雄異型。

†（譯注）典出夏爾·佩侯（Charles Perrault）的童話《小拇指》（*Le Petit Poucet*），故事中，主角——綽號「小拇指」的小男孩在森林灑落小石頭，讓他們七個兄弟能從森林回家。

這一系列牠們與我們對話的過去。我們動身尋找第一匹鳴唱的狼，也就是小山丘後方，驚奇了我們的那位歌者。我們很快就找到了牠：我困惑於牠足印的纖小，不包括尖爪的話只有七公分。然而步伐的幅度不會騙人，跨度至少有九十公分，不可能是狐狸的。這是一匹今年新生的幼狼。從發育的角度來看，狼長得很快，出生後頭幾個月，牠們的身影就已開始像纖細優美的花朵一樣抽長，迅速到牠們在生命第一個冬天就擁有修長纖細的腳掌，讓牠們能在雪中跟好狼群的步伐。接著，牠們的腳將年復一年更為粗大結實。前一天，我卻以為牠是年輕的成年狼，因為牠的狼嚎聽來低沉；然而，仔細一想，牠的嚎叫聲太單調了，不夠抑揚起伏，缺乏成年狼獨有的低音：這可能是因為當年新生的幼狼在落單時，叫聲會比與身邊其他幼狼一起嚎叫時來得更有結構，比較冷靜，也比較不尖銳。我們把一道L形的、佇留的足跡單獨挑出來，牠就是在L形足跡這裡拋擲出第一聲狼嚎。牠確實看著我們的方向。牠離我們前一晚的位置五十幾公尺，直線距離則是三十公尺。我們繼續跟隨牠。牠的足跡前往我們的方向。但不是朝我們昨晚等牠的山脊走，牠繞了個路，前往森林的邊緣，在樹下順著森林邊緣前進。山脊上偏左的地方，有一塊垂直的巨岩，就在巨岩後方，我們清楚認出了牠駐足的痕跡。

當我們蹲低細瞧牠的足跡，就明白了情況：牠躲在巨岩後窺伺，觀察我們，只有牠的吻部（museau，突出的口鼻部位）露在巨岩以外，就好像現在我的鼻子這樣，而我們模仿牠的位置時，清晰看見了位於下方的，昨夜我們等待牠的山谷：牠確實前來與我們相會了，只是牠狡猾地繞過了我們等著牠的地方，牠窺偵著我們窺偵著牠，牠在與我們接觸交談後，前來了解我們是何許人也。隨後，牠的足跡消失在一座隱蔽的山谷裡，向其他狼嚎的方向前去，這次是走向真正的狼。

我們才剛追蹤完我們的第一位狼歌者，雪就落了下來，一陣微風撕開了歐洲雲杉（épicéa）針葉上的霧之布，我們的幼狼深入了有坡度的森林底層中。在溫度變化改造過的雪中（歐洲雲杉林會留住夜裡從土地升起的熱流，這讓地面在夜間溫度下降，因此，森林底層的微氣候〔microclimat〕裡，雪跟其他處相比較不易重新結冰，也較為柔軟），我們追蹤起牠來非常困難。

我們終於找到了一道足跡，它難以辨讀、渾濁不明，比幼狼的足跡還大，這道足跡出了樹林，走向一座小而狹長的隘口。厚而柔軟的雪裡，我們沿著這道腳印滑行，滑雪板與路平行，這是唯一的一條小徑，我們只看見一匹狼的足跡，牠的後腳精準地踩在前腳的腳印裡，這就是所謂的「完美重疊」（recouvrement parfait），是狼的特色。忽然，它手榴彈也似地爆炸、放射開來：一道，然後兩道，然後三道，然後四道足跡從唯一的一條足跡裡湧現，宛若一座擁有繁多支流的三角洲在河川下游展開，就好像這匹狼自我增殖了，至少有四匹狼在隘口分岔開來，奔向山坡，重新聚攏，然後在視野盡處的雪裡再次分離。

在隘口，我們把第一匹狼單獨挑出來，牠的足跡碩大，長寬各十二公分，這匹狼可能是負責繁殖的公狼，是狼群中的父親，牠走在小徑中央。我們相當興奮，因為我們長久以來主張的一項假說將接受生命本身的考驗，這項假說是：當狼群來到一座隘口，當牠們的鼻端、眼前開展出一片新風景，狼群與人類一樣，會停下腳步來探索新天地。

隘口有塊岩石，上頭有個人類路徑的標記，是一抹黃色的油漆，這塊岩石位於隘口的關鍵點，控扼通道之處，擁有俯瞰前方山谷的最佳視野。在這塊人人停步佇留的小小石頭腳下，沿著狼爸爸筆直絕美的腳印，特有的L形足跡出現了：狼爸爸停步駐足，嗅聞了種種氣味組成的花束，這簇花束編織了先於牠居住在這片森林側翼那種種動物的記憶，這簇氣味的花束順著上坡風（vent anabatique）攀升至此，投入狼爸爸那難以想像的靈敏嗅覺的懷抱。

我們笨手笨腳，膝蓋跪在牠有力的前掌留下的足跡裡，試著從牠吻部的具體可能位置拍張相片，來看看牠嗅聞的山脊是什麼模樣：翻譯，翻譯無可翻譯之物，這就是譯詩之人不可能卻又必要的任務，因為將他者意義的隔閡鑿出開孔是絕對必要的，也因為種種生命形式無可化約的相異性就跟山雀（mésange）的絨羽一樣精微。

第二道足跡屬於一個亞成體（subadulte），一匹少年狼，腳印幾乎跟狼爸爸一樣碩大（長寬差不多十公分）。第三道足跡可能是媽媽的（長十一公分，但寬度比較纖細）：牠的足跡混雜了一匹今年新生幼狼的足跡，這可能就是我們的第一位狼歌者的腳印，這位狼歌手在森林底層與家人會合了，而我們渾然不覺。足跡往斜坡迤邐而去。繁殖者公狼，也就是狼首領，牠的足跡盡可能逼近著我們齊聲嚎叫過的小屋。我們找到了這群狼回應我們的地方，這裡的足跡如芭蕾舞一般來回穿梭，無法辨讀，無法翻譯，但我們清晰望見了離我們不到一百公尺的小屋，前一夜，牠們就像在全亮的光線裡看見我們，因為前一夜夜色清晰，我們被他們一覽無遺，然而，牠們卻回應了兩次，這迄今奧祕難解。在逐漸升起的霧中，足跡的遊戲豐富非凡。

我們追蹤牠們的組成追蹤了很久，數算出了牠們至少有七到九匹狼，一個貨真價實的舊石器時代部族，我們總是奇異地感覺牠們在自己家裡，牠們對領地輝耀著某種形式的主權，這我們在大多數其他動物身上感受不到，我沒辦法解釋，這也許只是種感覺，不過我相信，這背後有行為生態學的基礎。

我們追蹤了牠們好幾公里，因此能夠從足跡裡讀出一些耐人尋味的行為：好比說，一種動物行為學家命名為「主動順從」（soumission active）的支配場景。我們在雪中看見的情況就是有力證明：雌狼前進時，步幅超過一公尺，跟牠平行的亞成狼有差不多的步幅，忽然亞成狼岔出去偏向雌狼，步幅縮成十公分長，腳掌稍向內收，而雌狼的步幅並未縮小。兩匹狼的足跡會合了，在一個地方停留，我們能夠想像舔舐嘴唇的情景，這宗奇妙的儀式對牠們有多明晰易解，對我們就有多深奧難懂，就像青少年發明的那些複雜的握手動作一樣。從足跡裡，我們清楚見到，最年幼的那匹狼「做孩子的模樣」，牠演起角色來堪稱完美演員：演化將這些表意動作——這些動作召喚成年個體做出照顧與溫柔的行為——挪作他用，賦予這些動作形形色色的意義，有時候是成年個體間的愛，有時候則是順從。在我們看見的情況裡則近似於以身體更新臣屬的誓言：「我置自己於你的保護下，我接受你的權威。」然後，足跡重新開拔，這次只有一道足跡、單獨一匹狼的腳印，亞成狼踩在女領袖的腳印裡，她可能是亞成狼的母親。

我們能不能翻譯無可翻譯之物？

有好幾次，我們追蹤負責偵察的狼隻出發巡邏的足跡，牠們的足跡宛如裝飾的花紋，似乎在雪裡從單一的足跡分身而出。相比之下，我們也看見了某匹幼狼動身探索巡邏的嘗試，這幼狼還相當笨拙：牠從狼群共同的路線岔了出去，前進個幾公尺，然後放慢了步伐，好像嚇到了一樣，接著，牠沒有再度拐彎以回到狼群的路線上，而是循原路退回，也許是倒退著走，總之牠放棄了。我們看見狼媽媽的足跡也離開了狼群一、兩公尺，往幼狼走去，好像是要安撫牠並把牠趕回狼群。

再往前走一點，足跡又清晰起來：狼群已經成群結隊離開了牠們嚎叫的地方，走出了單獨一道明確清晰的足跡，筆直開展於森林底層的雪中。我們追蹤這道足跡追蹤了好幾百公尺，足跡筆直，只看得見單獨一種腳印，而至少有五、六匹狼踩在裡面，也就是說，牠們天衣無縫地將兩腳（先前腳，再後腳）踩在相同的腳印裡，沒有絲毫誤差：十隻腳依序踩在宛如大師手筆的足跡中。

但在某些山谷裡，當雪的質地改變，迷人的事情就浮現了：確實如此，當雪變淺，我們就看到，狼群規則的腳印之間，每隔六十公分就出現幼狼的小腳印，這些小腳印好似是從我們追蹤的某匹單一身軀、多顆頭顱的動物之中湧現出來的。因為，雪深時，幼狼會拉長步幅來把腳踩進成年狼的腳印裡，但每當雪變淺，幼狼的足跡就重新出現在成年狼的足跡之間，幼狼們放鬆了下來，用自己的步伐去走，不再用力對齊狼群的腳步。

然後，再往前走幾公尺，只要雪又變深，幼狼就拉長步幅，我們於是看見整個狼家族只留下單獨一道足跡。於此，我們確認了，奔跑時全都踩在同樣的腳印裡這個奇異做法的一個緣由，正是對於雪中奔跑方式的集體改進：這樣的天氣條件下，腳每走一步都要深入雪中再拉出雪外的話，會產生特有的疲勞。那麼，第一個成員就為其他所有成員付出氣力，後者享受著由擔當斥候的成員開闢的、穩定了情況的路徑。面對著這些足跡，我高聲分享這個揣想，同時轉過身去，順著我滑雪板的印跡往回望；在回頭幾公尺的地方，我看見我朋友不偏不倚把滑雪板踩在我的足跡裡，我們相視而笑。

但如果有這麼簡單，就不是生命了。我們已經看見，單獨一項功能並無法翻譯一種行為的真正涵義。我們在前面已透過狼嚎探索過，一種特徵之功能、用途層層疊疊、蠢蠢欲動，其邏輯到處通用。好比說，長久以來，人們一直相信並一再重複，就像動物學教科書所講的，每匹狼都可以把後腳準確踩進前腳的腳印裡，這項能力源於對冬天在雪裡奔跑的適應：這麼做的話，可以減少能量耗損。我之前也深信不疑，直到某項經驗前來豐富這個過於單一的敘事。這項經驗是：為了不被其他動物聽見、為了儘可能靠近牠們，而必須在靜默裡行走。哺乳類都有匿蹤的需求，我們是在類似的身體與攸關生命的問題上產生了這種需求。當我們試圖行走得鴉雀無聲，我們很快就會發現，就在我們抬起眼睛探勘森林底層時，我們的腳一定會踩到樹枝，樹枝斷裂作響，驚飛了鳥，讓松鴉（geai）扯嗓直叫，讓眼觀四面、耳聽八方的動物逃走。這一切就在我們沒在看我們腳踩哪裡時發生。可是，四足野獸的重大悲劇，就是牠們必須隱匿行蹤，身體結構卻又讓牠們永遠無法瞧見自己的後腳踩在哪。牠們的演化支系發明的解決辦法顯而易見：只要身體學會次次都把後腳準確踩在前腳剛剛踩過的位置就好，就算在背後也萬無一失。透過這項假說，我們更能懂得為什麼猞猁（lynx）與母獅吻部直指目標、感官全面打開，逼近獵物之際，會輕巧、看都不看地，將雙腳準確踩入雙手遺留的印跡。雪中奔跑、隱匿行蹤：狼這種後腳踩前印的行為裡，這兩項功能、兩項用途都有，這兩項應該都經歷了選擇或學習的壓力，而後腳踩前印的行為可能還有其他種種於此與奔跑的解剖學限制互相結合的未知功能、用途。我們承繼的每種生物特徵的奧妙、的祕密，正蘊藏在「意義」、「為世界做出的調整」還有「限制」三者數千年的交織裡。這樁奧祕也讓生物特徵向最非凡的發明創造敞開，以面對未來將浮現的生存問題。藝術史學家愛德嘉．溫德（Edgar Wind）在討論「異教祕儀」（mystères païens）——此處，「異教祕儀」指的是隱藏在文藝復興時期繪畫裡的祕密涵義——的著作中闡明了，每幅畫裡，涵義層層積累，有時互相矛盾，有時彼此分歧，有時形成複合體，而賦予了這幅畫藝術的豐富性、輝耀意義的能力，讓這幅畫無法窮盡的，正是這層層涵義。溫德寫道：「偉大的象徵與斯芬克斯（sphinx）*相反：謎奧解開的時候，偉大的象徵反而更有生命力[15]。」

*（譯注）埃及與希臘神話裡的傳說生物。希臘神話中，斯芬克斯擁有人面、獅身、鳥翼，會吞吃答不出牠所問謎題的人。

生物中的種種涵義也是如此：一旦我們尋得一種意義，一旦我們解決一樁謎奧，生物並不失去魅力，反而更為鮮活、更有生命力，因為一點光線能讓我們看見這已經弄清楚的意義與周遭萬頭攢動的其他所有意義之間的可能遊戲。

第六回：成為一夥，物種不重要

暴風雪開始促迫我們了，捲起了非常濃的霧，而狼群的足跡把我們帶進了離返回的路相當遙遠的森林裡。我們不得不放棄狼跡，說聲再見，蹬著滑雪板辛苦走回我們停車的隘口。

幾公里後，雪降了下來，我們抵達了前一天的背斜谷。在我們路線的垂直線上，我們撞見了狼群的足跡，這足跡頂多也就最近幾個小時的事：牠們甚至就是早上來的，踩著閱兵遊行似的小跑步，這支至高無上的部族首先踩出了單獨一道足跡，之後，在與人類小徑交會的地方，牠們三角洲狀奔散開來。又一次，封建王朝展現了這個顯著的結果，為什麼？足跡於此有一種獨特的存在調性：一抹擴張性的、感情外顯、幾近愛出風頭、非常輕鬆自在、如入無人之境、一點也不遮遮掩掩的訊息。完全不是岩羚羊狂亂的腳印，也不是狍在邊緣留下的小心翼翼的足跡，都不是：陽光下，在正中央，我們於此所見的狼跡不慌不忙、充滿好奇、意在探索、出自一個令人安心、給予承諾的群體。在結夥效應（effet de bande）裡，有一種超越人類範圍的動物行為學的東西：這種感覺我們都曾有過，有時候是在室內，跟朋友待在酒吧裡的時候感受到的，也往往是在室外，在路上的時候，我們會有一種「當我們來到城市」的效應。結夥效應是多個物種共享的動物性傳承，這些物種大膽往結夥這種獨樹一幟的生活形態發展。存在層面上，這種生活形態兩全其美。從內部看：結了夥的我們比較強、比較有把握、比較輕鬆自在、比較不個人、比較沒有想法，同時看起來更強而有力；從外部看：一個團體令人有點害怕，它有一層膜包圍自身，它就是它自己的領土。當我們在人行道或森林裡邂逅一夥個體，這在動物行為學上與邂逅兩個個體是不同的現象。一個團體具有自主性，就像一群魚，它的本質改變了，它很危險，它形成、它解散，它向內關注，它可以無視外界，但它的背後卻有觸角與眼睛，沒有誰能讓它猝不及防，它跟單獨的個體不同，不會動輒都是危險。它關注自己內部，較不關注外界，但卻更向外界擴張、更肯定、更富探索精神、更快樂、更喧鬧、更自在。狼群的腳印有時帶來的，就是這樣的效果。如何去從足跡裡讀出一種身處世界的生命，一種存在的調性？

正如我長久以來相信的、撰寫的那樣，追蹤並不是閱讀。兩者是類似的，因為閱讀挪用了原始的追蹤，挪用了對所追蹤的一系列訊號——這些泥巴裡的訊號說出了一段故事——進行詮釋的感知與心理行動。然而，閱讀是追蹤極其特別的一種形式，促成閱讀的，是書面訊息「必然是有意的書寫」此一面向，及其在語義、在象徵的豐富承載。追蹤遠較閱讀模稜兩可、懸疑不決；追蹤是翻譯。是翻譯既是外星人也是親人的生物給予的記號。是翻譯「不可譯之物」。「不可譯」（intraduisible）的概念非常優美，因為它說出了翻譯的不可能，這個「不可能」的意思是我們永遠不會有「真正」的意義，這就能讓我們設立一條簡單的求真規則，卻並不是說我們應該停止嘗試翻譯。相反地，一個不可譯之物，我們必須無窮無盡持續翻譯它。這是哲學家芭芭拉·卡桑提出的一個概念，用來描述那些特定語言獨有的詞彙，這些詞彙深深屬於某種語言，以至於一切以單一、相同的詞彙來翻譯它們的嘗試都告失敗，好比巴西人說的saudade，德文中的Dasein，英語裡的spleen*……等等。面對這些不可譯之物，我們並不是只能無言以對，翻譯它們是非常必要的，但翻譯在此等於再一次重新翻譯，等於多多嘗試將它們翻譯得合宜公道。我相信，對此處我們關注的主題，我們也可以說一樣的話：面對其他生物的行為與生命形式，我們注定得翻譯不可譯之物。意義總是懸而未決，我們苦苦追趕於後，我們不停重新翻譯，我們總是怕有誤會，但誤會有時充滿了創造力——誠然，其他生命形式的完美辭典並不存在，但我們必須生活、必須共同生活。

該回去了，霧掩蓋了所有的路與地貌。在暴風雪裡冷到凍僵的我，為了回到大城市的世界，像自動玩具一樣拄著手杖往前走，而在某個時刻，我沿著一條小徑走，小徑上有穿雪鞋的人類、鹿，以及其他不可譯的動物走過。這條小徑應該一定能送我們回家，而就在小徑上，出現了六個月大幼狼的新鮮腳印。

牠之前在隘口離開了狼群，心靈手巧，探索著背斜谷側翼的這條路，這是我們的路，我們僅剩的一條路，我們希望它真的通往溫暖的家屋。大霧中，我幾乎什麼也認不得了，只認得牠小小的狼腳，好似他為我們領路。走了幾百公尺後，我們了解到這很可能是匹小母狼。牠的尿灑在腳掌之間，在後腳之後，而不是像年輕公狼那樣灑在後腳之前，也不是像狼首領一樣灑在側邊。（我們不妨注意，狼之中，只有身為首領的公狼會抬起腳掌灑尿，在狗裡呢，所有公狗都會這麼做，不禁讓人思忖，所有馴養的公狗，就算獨自一條狗，就算只是哈巴狗，內心也仍深信自己是雄風十足的首領。）

我們在霧中追隨的動物是一匹心靈手巧的母幼狼，牠在前一座隘口的高處離開了狼群，獨自探索山的這面側翼。好幾次，牠離開小徑，為了聞或看什麼東西，前往旁邊偵察探勘個幾公尺，我們因為失去牠而感到一絲悲傷，牠揮別了我們。接著，百無一失地，她回到了小路上，

* （譯注）saudade為葡萄牙文詞彙，意指一種雜糅了憂鬱、懷舊與希望的複雜情感。Dasein為德國哲學家海德格的哲學概念，現今通常譯為此在、此有。Spleen為英文詞彙，法文亦直接借用，意指一種厭倦生活、厭倦一切事物的無端憂鬱，可依臺灣脈絡譯為「厭世」。

我們蹬著滑雪板，在小路上跟隨牠的腳印，心中充滿與牠重逢的歡喜。小母狼的巡邏偵蒐與我們追蹤狼群時看見的一樣：群狼全都踩在唯一一道足跡上，經常有匹好奇的狼往右或往左出發，踩出裝飾花紋也似的腳印，然後又回到主路線上。

於此，主路線由這條小徑組成，還有人類的足跡、鹿的足跡，我有種奇異的感覺：我們全都屬於一個跨物種的族群，一個由小母狼在霧中帶領的團體。在共同的道路上，小母狼以斥侯之姿前行。美麗的一天。

第七回：生命變體的藝術

一個月後，時當一月。我們回到了幾乎相同的所在；在霧中，雪硬得像石頭。我們在相同的狼領地上進行追蹤，不過這一次是在韋科爾山脈另一面，艾吉耶山（mont Aiguille）西邊。我們尋找狼群。我們有四個人，足蹬北歐式滑雪板。我們預感牠們有理由會經過這面荒野山巒的小側翼。我們走上一條條古老的森林小徑，一路進到森林裡；小徑為人遺忘已久，星星點點布滿針葉樹的小苗。我們差點就迷路了，地圖上沒有畫出動物的地理分布。

小徑陡然消失於一道激流裡。我萬念俱灰，脫掉滑雪板：已經好幾個小時了，我們什麼都沒看見、什麼都沒找到，還沒有辦法通過。天氣很冷，這個接待我們的品質有待改進。我滑進激流裡，一路滑到溪床，盼望在對岸找到森林小徑的起點，結果，我卡在雪崩槽（couloir d'avalanche）裡。我懊惱地轉身，示意另外三個人：「回頭吧。我們放棄。沒辦法了。」

然後，正當我踅過一分鐘前走過的地方，我在自己靴子的足跡間看見了一個完美無瑕的腳印，一個鑽石形的腳印，也就是說，一匹狼。然後又有另一個腳印。接著，是整群狼的足跡：九匹狼全都下到了難以接近的激流裡，一派從容地穿越雪崩槽。我們在灌木叢底部，四處都再也沒有人類的小徑了。牠們下來是為了解渴：我們看見牠們在哪裡用吻部刺穿小溪纖薄的冰霜層，在同一個洞裡輪流舔水來喝。我在山谷裡嚎叫，我的嗚嚎順著溪水往下流動，要是這群狼還在聽得見我聲音的距離裡，牠們就可以曉得我們在附近。一對黑啄木鳥（pic noir）回應了我。

我們追蹤起了這群狼。一如往常，牠們讓我們搭雲霄飛車。牠們從根本無法攀爬的泥濘山坡直直攀上了山脊，又從幾乎呈九十度的冰槽直直下攀，然後重頭來一遍。牠們的路線對我們的身體來說幾乎是不可能的。我們咒罵牠們：「不尊重嘛，根本不尊重來追蹤的人！」我們一罵再罵，邊罵邊笑。在一座山脊之巔，我們看見腳下的雪裡有滑行造成的凹槽：雪連續遭碾壓、遭剷除，牠們把後腿當成小雪橇來往下滑。總算，牠們把我們帶回了一條森林小徑。

牠們走這條小徑走了幾百公尺，又扔下了它，再次奔赴一座絕險峽谷的懷抱……我們為牠們迷狂，仍然持續追蹤，我們在坡上苦苦掙扎，笑容都僵住了。終於，牠們重新走上了人類的小徑。

這兩段森林小徑已遭遺忘，沒有畫在我們的地圖上。迷人的是，狼群有自己的移動邏輯。

牠們的路線不會盲無目的漫遊，而像刀鋒一般前行。牠們要去某處，我們感覺得到，這在足跡裡一覽無疑（這在路線盡頭能得到確認）。牠們遠較我們熟悉牠們的領土，像森林護管員一樣對它瞭若指掌。

牠們事先知道想去哪裡，然後計畫出最佳路線。我一睜眼就有地圖，但卻找不到最起碼能接受的路線。

我在此學到了奇異的一件事：我們在森林迷路時，要是能發現狼的足跡，就會耐人尋味地得救，因為，狼從這邊經過，就表示這條路通向某個東西，還會與人類的小徑以最佳的方式局部重疊，帶我們回到「文明」。有一會，我們之中某個成員出發探路，沿一條小溪溯流而上，向上尋找能走的路。與此同時，我看見狼只從我們當前的高度走過，我驚訝地發現自己正跟他說：「你爬到那上面也沒有用：狼如果從下面這裡經過，就代表上面沒有更好走的路。」我們沉默下來，相視無言。我們感覺到，這個推論裡蘊藏了宛如長著獸頭的奇異之處：將狼當成森林嚮導。我憶起阿拉斯加美洲原住民塔內那族（tanaina）的一個故事，之前我都把這故事看作一項民間傳說：這個故事建議森林中的迷途行人召喚狼來幫他找回正確的路[16]。從《彼得和狼》*與《小紅帽》來看，塔內那族的故事是我們童話「在森林裡迷路」此一母題幾乎澈底的顛倒：這廂的重大危險是那廂的救贖。或許美洲原住民的這個故事，部分源於我們在野外時，對狼做出的方向抉擇的信任：狼是比國家地理林業信息研究所出品的地圖還優秀的指南，憑據經驗，我們傾向於相信，只要跟著狼走，很快就會遇到一條遭地圖繪製師遺忘的小徑，遇到一條通往當地某關鍵點的完美路線，遇到一條可以讓走出森林的路線更臻完美的捷徑，只要跟著狼走，就會來到路口，來到地景的要害處，狼群來此立下牠們的紋章（blason）標記。

確實如此。經過了森林底層的漫長追蹤，從失落的小徑到荒廢的小路，狼群帶我們來到了所有遠足者都會經過的谷底中央大路。我們在看見滑雪者前就聽到了他們的聲音。我們踏著狼的腳步，以森林邊緣偽裝自己。我們以狼的視角，於人類的道路湧現。隱蔽在森林邊緣，以狼的眼睛觀看一陣子人類的通行空間。感受到狼謹慎檢視現場（「路可以走嗎？」），然後直直走向這條路，接著順著路，小跑步往上走。

可是，我們前一天已經走過這條路了，卻沒有看見牠們的足跡。滑雪者與狗幾百次來回穿梭，讓狼跡幾乎難以辨認。不過，一如往常，當我們見過一次狼跡，狼跡就到處出現，自地景中升起，我們繼續追蹤滑雪板留下的印痕，狼走在這些印痕上（滑雪板幫牠們夯實了雪），

＊（譯注）蘇俄作曲家謝爾蓋・普羅高菲夫（Sergueï Prokofiev）創作的管弦童話。

牠們像障礙滑雪一般蛇行搖擺，四處探索，嗅聞著路邊。這其中迷人之處，在於牠們留下的痕跡產生了驚人改變。我們在灌木叢裡連續追蹤了牠們至少一公里，沒有領地標記，沒有尿跡，沒有抓痕。而在這邊，狼群才剛剛走上這條充斥著人類、狗、狐狸還有其他動物的小徑，每隔五十公尺就有歷歷在目的，牠們豎立的旗幟：尿液、糞便、抓痕。在每座橋的入口和出口都有一個標記，在所有的交叉路口也是。這必然是對其他物種（人類、狗……等等）的存在作出的回應，必然是一種地緣政治的安排。

有趣的是，這並不是單一物種內部的對話。狼的標記旁邊，我們能夠析辨出狐狸的標記、狗的標記，還有鼬科動物的標記。我們還不曉得這是什麼意思，但這些標記確實是紋章和旗幟：一個物種與其他物種有一種無聲的對話。地緣政治訊號的面向已明白無疑。我們對其意義一無所知，但這應當蘊含某種意義：這裡有跨物種的溝通交流。

要怎麼了解這種使用紋章與旗幟的隱喻來描述肉食動物、特別是狼的領地標記的做法？具體來說，狼的肛門周圍與足趾之間有腺體，這些腺體富含某種腺液，這種腺液會塗抹在狼糞上，或當狼摩擦地面（抓痕）時塗抹在地上。由狼的鼻子聞起來，這種腺液蘊藏了豐富的訊息：它透露了做標記的狼的身分、牠所屬的狼群、牠當前的飲食狀況、牠是否能交配，甚至牠的情緒狀態（好比說，牠的壓力大小）。是在此一意義上，這是一種紋章，或是一種標舉為紋章的生物特徵辨識護照（passeport biométrique）。但標記也是一種傳統的領土邊界，它實體上並不阻止誰通過，卻構成了一種界標，界標與界標相連成線，勾勒出一道氣味的邊界，其他群體會遵守這道邊界，有時則跨過它，端視情緒狀態與要進行的計畫為何。正因如此，它構成一面旗幟。

我們很容易去批評這種表達使用了擬人化的隱喻，然而我在此想展示，這種用法在認識論上是能夠成立的，它甚至構成了一種動物行為學的方法；透過這種方法，我們總算能夠公正對待與我們不同的其他生命形式那親密的相異性。

這就是我所說的，觀點主義的動物行為學（éthologie perspectiviste）。人類學家艾督瓦多・維威洛斯・德卡斯特羅在《相對的土著》（*The Relative Native*）裡附帶提到了觀點主義（perspectivisme）與動物行為學間的連結[17]。觀點主義作為某些泛靈論民族的宇宙觀，預設了可見與不可見是相對的，取決於感知者的能力（此處，「可見與不可見」應當更寬泛地理解為可感知與不可感知、可觸及與不可觸及）。嚴格說來，每種動物都不是從頭腦來看見、建置世界，而是從身體：奠定其觀看世界的視角的，是牠的身體與其種種感知及行動能力。這就是觀點主義的偉大思想。不過，賦予這具身體獨特的能力與視角的，精確說來，是生態演化

（écoévolution）獨樹一幟的效果。

那麼，每個個體的觀點，就並不是「在身體裡」（像頭腦一樣），而是身體本身，且唯獨是身體本身，但這個身體是厚重的，因為其中編織了各種祖先的傳承，這些傳承總是從零開始、不帶包袱地詮釋現在。例如，將塗抹了費洛蒙的糞便搖身一變挪用為蘊含地緣政治意義的體貌特徵，就是肉食動物的身體對它從哺乳類祖先繼承的排泄功能所做出的一種無以倫比的重新詮釋。它與另外一項祖先傳承——「靈敏的、有辨別力的嗅覺」結合在一起，創造了昔日無法想像的生命作派，為狼開啟了一種存在的維度：氣味的地緣政治。

根據維威洛斯．德卡斯特羅自己所言，亞馬遜叢林裡的觀點主義並不能簡化為一種諸觀點的動物行為學（éthologie des perspectives），但它是比較動物行為學（éthologie comparée）強而有力的一套操作裝置。「說『糞便是紋章與旗幟』」並非擬人化的隱喻，而是觀點主義的動物行為學的一種類比。

有必要精確解釋這種說法的涵義為何，它意味著什麼樣的心理與感知操作。這種說法的意思是：牠們看到糞便，差不多就像我們看到紋章與旗幟。於此，也不應該把這個「看到」以感官的意義去理解：觀點（perspective）是一種視覺的隱喻，旨在談論一種更為基本的東西——體驗的方式、賦予意義的方式。「糞便是紋章與旗幟」這種說法意味著：狼經驗糞便的方式與我們經驗紋章的方式類似；這種說法意味著某種類似的東西，這種說法啟動了種種相似之物，這種說法為類比所用。這並不是一個隱喻，因為此處並沒有來源域（domaine source）（人類世界及其紋章），也沒有衍生域（domaine dérivé）（狼的世界及其糞便）。這是一種「將之看成」（voir comme）的動物行為學，透過沒有衍生域、也沒有來源域的類比來運作；於此，每種形式只有在身為其他形式的變異（variation）時才有意義[18]。它們都是變體（variante），它們並非透過自身與原型（original）的相對來定義，而是透過與其他變體的相對、與其他變體的差異來定義的。哲學上，變體是很迷人的。於此有一個典型的演化論推理，這推論與生命本身一樣華麗：領域性本身並不存在，狼與人誠然有個共同祖先，但這名共同祖先的領域性就已是個變體，狼與人又繼承了這個變體，但人狼各自繼承的，是變體的變體。源頭並不是原型，原型、模板、範本並不存在：存在的，只有一種又一種的變異，只有恆河沙數的變體；因為它們擁有共同的源頭，或因為它們趨同演化（convergence évolutive），它們彼此相似。

莫里斯·梅洛—龐蒂（Maurice Merleau-Ponty）談到因紐瓦（Inua）*的因紐特人（inuit）變身面具（這些面具裡，動物的臉於人臉上展開）時，就有個類似的直覺，雖然他並沒有清晰

* （譯注）因紐瓦，因紐特神話裡的超自然精魂，存在於山川與動植物上。

看見讓此一直覺變得關鍵的演化基礎。他寫到，這些面具提供了一種「作為人類變體的動物與作為動物變體的人類的非凡再現〔……〕」[19]。每種生命形式都是其他生命形式的變體，沒有原型，只有變體。

因此，在人類與狼領域性的源頭，並沒有領域性的本質，而只有「其他東西之紛歧不一」（le disparate des autres choses）[20]。所以，領域性是我們在無數種表現領域性的方式之中，憑藉類比，重新組織出的概念，它是某一類與生活空間產生關聯的方式，它無論在哪都沒有原型，而是自然而然擁有種種源頭；每種生命形式裡，這些源頭都遭到挪用、顛覆。

既然領域性存在於個體化之前，我們沒有合宜的詞來述說它。所以，我們利用其與種種領土相關的裝置關係的相似，來圈限、形容它：狼看待糞便、與糞便互動，或多或少就跟我們看待種種旗幟與紋章一類的裝置、與這類裝置互動一樣。

操縱觀點主義動物行為學的類比，可以讓我們同時從失之過簡的擬人主義（anthropomorphisme）（「糞便是紋章」）、使人愚笨的人類自然化（「人類的紋章只不過是糞便」）、動物行為學的簡化論（réductionnisme）（「糞便只不過是操作性條件反射觸發的刺激」）裡解放出來。

使用這種類比因此在認識論上是公道合宜的，只要我們記住，確切來說，我們類比的是我們／紋章與牠們／糞便的關係，而不是紋章與糞便的本體論性質。

最後，我們應當記住，類比主要是用來在差異的背景裡突顯共同點：這裡的差異，是指把狼拿糞便來運用的用途，與我們拿紋章來運用的用途作比較，所得出的差異。此處的概念並不是普洛克路斯忒斯之床（lit de Procuste）* ——我們並不以翦除各自差異的方式來處置紛歧不一的情形，而是一把縫紉尺，我們用這把尺做我們深感興趣之事：看看比較對象總是在哪裡超過這把尺，怎麼超過的，超過多少[21]。

最後的最後，實務上，這種觀點主義動物行為學的類比也公道合宜，因為從跨物種外交的觀點來看，命名的動作與其說志在達成科學的精確，不如說懷抱這樣一個實用的使命：讓觸及對方的世界、與對方互動成為可能，讓開展對話的裝置變得能夠想像。

* （譯注）希臘神話中，普洛克路斯忒斯住在道路邊，會留宿行人，然後強行拉長矮小行人身體、砍去高眺行人肢軀，使之與其床等長。後用來指稱削足適履、齊頭式平等、粗暴施行規範等等情形。

第八回：在春天翻譯牠們

今天是春分，風物燦爛。我們回到了韋科爾山脈。感官上，在春天滑雪能獲得無上滿足：雪閃爍著輝光，像水晶做的，大片大片，如溪流淌，天空震顫鳴響著藍，皮膚柔柔受烘烤，嘴唇是黏土做的，在嘴角裂開，樹葉與出發的慾望一起萌芽了，還有，渴求。到處，雀形目的鳥類以聲音遊行。

這回，我們重新尋找起我們第一次來的時候，想要睡在裡面的洞窟。我們比對地圖、數據、線索：它根本找不到，我們繞來繞去繞了一個小時，把雪鏟掉，在溼答答的愚蠢石頭中尋找一個被積雪堵塞的入口，什麼都沒有。此時，我抬眼上瞧，在峭壁高處，離懸崖三公尺的地方，有開口的陰影：洞窟就在那裡。要攀岩才到得了那裡。要過去並不安全，我們恐怕會摔下峭壁，不過下面有雪，心裡則有太多熱情，現在已經沒辦法回頭了。當我抵達洞窟邊緣，一個直徑一百五十公分的開口時，我氣喘吁吁，坐在溼答答的黏土裡，一道湧泉從洞窟深處流出，在我眼前，洞窟入口處，有一坨狼糞，離第一坨糞幾公分的地方又有第二坨糞，還有啃咬過的野豬毛髮。但牠們是怎麼攀到這的？根本無法設想：我們必須全副武裝動用我們靈長類的雙手雙腳（bimanie）*、動用我們由幾百萬年的樹棲（arboricole）生活鑄就、為攀爬叢林枝椏而生的對生拇指（pouce opposable）†，才能攀爬至此。而牠們，憑那四足動物的勁道、長著爪子的掌、牠們的平衡感，魔法一般攀了上來。但為了什麼？

洞窟寒冷，一條腸徑水平深入岩石中，過道縮窄得很快，必須四肢著地通過，接著必須匍匐前進，最終必須在一個個瓶頸間側著、斜著扭過去，才能前進。前進了兩公尺，我在地上發現了第一坨肉食動物的、可能是狼的糞便，接著在一步之遙處，又有另一坨，然後是第三坨、第四坨糞便：真令人目眩神迷，我從沒發現過這麼密集的糞便。在我匍匐經過的十公尺間，每一步都有糞便。這究竟是什麼地方？

我的第一種假想是：這裡以前是巢穴。這些糞便並不新鮮，看來已是去年夏天的事了，冰雪可能保存了它們。如果它們是早於去年夏天排泄出來的，那春天冰雪融化會壯大湧泉，它們

* （譯注）意指四掌有二為手掌、二為腳掌，與quadrumanie（四掌皆為有抓握能力的手掌）相對。
† （譯注）意指拇指能與其他四指面對面按在一起，這讓人類能以手抓握物體。

就會被沖走、或至少被旋轉。在每個轉角，我都忖度著會不會撞見母狼，我停下來要聽聽隧道盡頭幼狼的尖聲叫喚，我捫心自問：我是不是應該回頭，別打擾了牠們？但我內心深處有個感覺不厭其煩告訴我，這裡面誰都沒有：上來的路沒有腳印，黏土裡沒有腳印，糞便也年深日久——牠們已經不在這裡了。

洞窟有一種史前的情感，我們在洞窟中感覺像進入了平行次元，進入了另一個時代，一個法則截然不同的神話時代：靜寂、禁錮、感官層面的匱乏、回音，這一切賦予了肉體難以忍受的這段洞窟之旅一種神聖莊嚴。我匍匐前進時被石頭擦傷膝蓋，我渾身泥巴，我被夾住我的岩壁扯破了衣服。頭燈的光束微微照亮了——神話式陰影的源頭——瓶頸般的狹道；通道很快就變得太窄，我的人類身體過不去了。我在此等了幾分鐘，傾聽是否有聲音，等待某種現身顯形，然後，在大地的靜寂中，我轉身折返。

回程的路上，我更加仔細檢視了這些糞便。乍看之下，我們會覺得它們全是狼糞。其實裡頭也有狐狸的糞便。有些糞便無法辨識出主人。我們甚至推敲著，這裡恐怕也是獾（blaireau）的窩巢，因為有些糞便的特殊質地，我們在侏羅省（Jura）*的獾的窩巢也看過，不過，獾會「擊球進洞」，會挖洞來收納糞便，這裡完全沒有這種情形。

奧祕澈底難解：這裡以前真的是巢穴嗎？洞窟地上散落著小型哺乳類動物的骨頭。這裡是不是收容動物躲避暴風雨的避難所，每個動物都做了領地標記，以回應上次風暴時占據此處的動物那無所不在的氣味？這是個謎，我們並不了解此處的用途、它對動物的意義。我們對它的多重物種意義一無所知。其實，情感是另外一回事；我們模模糊糊感覺到這裡是儀式之地、崇拜之所：這些標記與它們對肉食動物來說的複雜意義、令人想起舊石器時代裝飾過的洞窟的骨頭、難以進入的洞口與一路深入地心的瓶頸狀狹窄隧道所擁有的入教儀式的面向……這地方似乎無法使用，因為它並不舒適，在此無法轉身或躺下，棲地的面向非常貧乏。

之所以有這份情感，是因為這個地方盈溢著意義，尤其因為我們曉得，對狼來說，糞便的作用很複雜，充滿了訊息、宣告、紋章與旗幟，此處的糞便密度又獨一無二，幾十坨糞便散落得地上到處都是。然而，這份感覺可能是一種投射；總之是文化的面向就對了。至於儀式的面向，我覺得是有意義的：這個空間難以進入，實用性薄弱，又星羅棋布著標記；這一切近乎於動物的儀式化行為，儀式化行為的意思是沒有生存所需的相關用處、卻蘊藏我們不知曉的意義的行為。

＊（譯注）法國東部省份，地近法國、瑞士邊境，得名於侏羅山脈。即「侏羅紀」的「侏羅」。

我們艱難地攀岩下降回地面，對牠們能上到洞窟這邊感到驚奇。我們一言不發，構思一項項假想，百花齊放著揣測；最後，我們靜默無語，接受這樁奧祕。

在上頭睡覺是不可能了。我們必須在積雪的高原露天野宿。我們在俯瞰高原的岩壁突出處一株歐洲山松（pin à crochets）下的一小塊草地上紮營，四周都是雪。

夜色清澈、明淨，隘口升起了滿月。夜光到處將雪照得五彩斑斕。天氣並不寒冷。我們渾身泥濘得難以辨認，一個個成為了猶太神話裡的泥人（golem）。我看著自己滿覆黏土的雙手，肉與土混融難辨，好像展開了一小塊泥巴變成第一個人類的神話過程——只不過方向相反。

我們別無選擇，必須升火。氣溫將會下降，而我們在洞窟裡匍匐前進時，泥巴浸透了我們的長褲與襪子：必須趕在氣溫降至零下以前弄乾它們。我們保護著一小堆火，用雪浸溼火堆周邊的一圈草，然後用大塊的枯木建造一個類似船首的導熱裝置，保護著火堆，來讓這裝置篩濾進來的空氣，並反射火的熱力到我們身上。當我們在爐火上邊扭動腳趾邊笑看腳趾一隻隻重獲生命（所有重獲生命的時刻是不是都會愉快地輕輕發癢？），在火前，襪子已冒著煙。

我們聊了很久這座洞窟及其奧祕，但什麼也不確定，也沒有再試著深入了解，我們只是提出一項項想得起來的回憶，意義的一眾路徑，回音。我們囫圇吞了食物，熱紅酒讓我們開開心心；其實，我們正等待那呼喚這地方的主人的時刻：白天分開行動的狼一如往常發出集合的嚎叫來彼此重聚、開展夜間行動的這樣一個重逢時分。我們正是要在牠們習性譜（éthogramme，記載牠們物種行為的圖譜）的這一部分把自己安插進來，以與牠們再一次對話：如果我們於此時嚎叫，在分離的每匹狼等待兄弟姊妹與狼群的消息的這個間隙，牠們很有機會回應我們。

夜間十點，我們看得跟大白天一樣清楚（因為月亮）。我們靠近背斜谷，讓背斜谷運送我們的高聲尖叫。靜寂與其餘一切同樣完美。我發出第一聲嚎叫，嚎叫在背斜谷裡彈跳，我闔上嘴後仍迴響久久。我們等待著，四周沒有遮蔽物，風很冰冷，時間變得緻密，但懸疑根本沒有時間存在：幾秒以後，一匹狼回應了。震撼一如往常，情感歷久彌新，既驚奇非凡又無庸置疑（但怎麼可能，一匹素不相識的野狼怎麼可能回應我們的呼喚？與此同時：怎麼不會？我們是與牠們一樣的生命啊，彼此同享發聲能力與生命的課題）。

牠離我們很遠，真是扣人心絃：牠的嚎叫在風裡似乎從西邊來，正西方，從對面的山上，超過五公里的地方傳來，說不定牠就在下一座山脊。聲音在風中抵達我們耳裡，像幽靈，無法定位，彷彿來自另一個世界，好遠好遠，卻又突破了距離的咒詛。牠的嚎叫悠長、頓挫有致、充滿疑問、近乎色情，我們幾乎能感受到牠抑揚發出悠長呻嗚時的快樂，嚎叫的快樂，解消距離的快樂，音速前行、以身體本身超越身體極限的快樂。在這片荒涼孤寂的夜景裡聽見彼此、重逢彼此的快樂。

我們繼續嚎叫，對話綿延不絕，牠分別回應我們每個人，四次，五次，然後我們一齊沉默。我憶起某天聽廣播聽見的一名聲樂家——一名最精緻高雅歌劇的詮釋者——的告白：「歌唱……是狼殘存於我之物。」

沒有其他狼應答：狼群無消無息。沒有其他落單狼隻的嗚嚎。我猜想：牠們在很遠很遠的東邊，我們早前卻以為牠們就在西邊，在背斜谷底。我們覺得西方是狼群的集中處，卻沒有其他任何狼嚎從西方傳來。不過，雌狼確實可能選擇了一個新巢穴，狼群身在哪裡都有可能。

準備就寢了。我們身心輕盈得只有回音才做得到：我們感到，我們能夠與世界對話，就算世界如此奇異難測，仍聽見我們、回應我們；我們感到，我們得以在幾聲交流之間，撕碎「宇宙是瘖啞的」這個現代神話。我們感到，其實，要是我們去做翻譯與斡旋的外交工作，要是我們移動到物種形態混融難辨的這塊邊界地帶，就能與所有的親密外星人展開來往。

事實上，這是屬於狼的獨特力量，而我們太快把這種力量標舉為整個生物宇宙都有的特質：趨同演化讓我們的聲音可以模仿狼的聲音，讓我們的生活型態（mode de vie）與狼的生活型態相仿，讓我們與狼都足夠個體化也足夠社會化，從而讓我們的嚎叫在牠耳裡產生意義，也讓牠想要回答我們的嚎叫，這確實是一大奇奧，是兩種生命形式——它們無可比擬——之間特殊的交會點。我們與圓網蜘蛛（araignée épeire）、歐亞鵟（buse variable）——雖然我們往往會吹口哨與這種猛禽對話——還有歐洲山毛櫸（hêtre）的溝通交流並不像我們與狼溝通一樣順暢，儘管我們不斷尋索與這些生物的共鳴關係。這又是另一項狼身為中介者動物的原因：狼是我們與其他生物、這些我們親密的外星人、不可譯的動物之間，可能共鳴關係的大使。

然而，我們前面已經看過了，所謂的不可譯，是動態意義上的：不可譯指的是我們永遠不可停止重新翻譯牠們，必須一次又一次重新翻譯，來公正對待所發生之事、公正對待牠們的本質、公正對待關係。當李維史陀描述「野性的思維」（pensée sauvage），也就是全人類共有的「野蠻狀態」（état sauvage）[22]的思維，他將其描繪成分叉的：野性的思維擁有一種「強烈的象徵野心」（dévorante ambition symbolique），這種對象徵的野心結合了另一頭的「澈底專注於具體事物的審慎關注」（attention scrupuleuse entièrement tournée vers le concret）[23]。針對生物意義的無限重譯正與此相像。一旦我們恢復了神話動物——也就是一切動物——幾百萬年的厚度、牠積澱的種種祖先傳承的蠢蠢欲動、牠讓這些傳承在可見的「現在」同時發揮作用（一言以蔽之：生活）的藝術，我們就重拾了我們針對嚎叫意義的，帶有野性的漫長探討，我們回到織布機上，持續重新編織句子與意義來接近這頭神話動物。

如果我們試著把演化思索為每個生物體內動物祖先、有時也是植物祖先、細菌祖先的沉澱積累，會發生什麼事？我所說的動物祖先（或祖先傳承）的「沉積」（sédimentation）與地質學的沉積不同；地質學的沉積中，愈久以前沉積的地層愈難以接近。與岩石相同，生物的沉積隨著時間進行，但生物與岩石的差異在於，生物中，一層層的祖先傳承全都同時能供可見的「現在」所用；雖然這些祖先傳承的年代各異，卻全都組織在一起：在撰寫這幾行字的動作裡，三百萬年前靈長類贈予的對生拇指與我繼承自（五億四千萬年前）某個寒武紀祖先的井一般的眼睛彼此聯合，這兩者又與大約六千年前出現的技術——書寫，彼此聯合。

動物的祖先傳承就像幽靈，浮現到可見的「現在」，縈繞在您身邊。這些善心好意的幽靈在您有需要時前來幫助您，讓您成為一頭泛動物（panimal），也就是動物的完全體（animal total），牧神潘（Pan）也似的隱喻，來為生活的問題發明前所未見的解決辦法。每當您使用您的手感激地握住朋友的手，靈巧握住一支筆，或是每天與手機打仗時迫不及待地滑來滑去，從您裡頭浮現、前來襄助您的，就是這創造了對生拇指的、四掌都能當手用（quadrumane）*

的小哺乳類。

每當您面對一個小貝比，心中充滿柔情——這是幼體延續（néoténie），這種在任何物種的幼體前自發的柔情，是哺乳類共享的特質：它揭示的不是您人類的多愁善感，而是您動物的同理心——的時候，正是古哺乳類（paléomammifère）發明了這種在您之中、從您體內，穿越了幾百萬年，像幽靈一樣升起的父母般的眷戀。

每當您享受夕陽西下之美，在您體內活躍起來的，是您毛茸茸的食果動物（frugivore）祖先的彩色視覺（vision des couleurs）。演化在這位祖先體內挹注了視覺資源，透過叢林果實色澤的黃、橙，然後胭脂紅，來察覺果實微妙難以捉摸的成熟。也因此，夕陽在動物的眼裡，首先是景致的成熟。若非如此，為什麼一點點的紫就比一切的綠還來得有吸引力？

當您因為大銀幕上出現蘿拉・賀林（Laura Harring）在大衛・林區（David Lynch）的《穆荷蘭大道》（*Mulholland Drive*）裡的朱紅櫻唇——紅唇是對原初果實無關性別的回憶——而心旌動搖，也正是同樣的這位食果動物祖先將這份情感悄悄吹進您的耳朵。但這也源於您體內其他無數的生物祖先，繁多的私密回憶，牠們一齊凝聚為熾熱的融合，促成了這種情感；如此的

* （譯注）指四掌皆為有抓握能力的手，與bimane（四掌只有兩掌為手）相對。

情感蘊含時光的緻密層次，是一座內在動物園的複音音樂。

我們全體生物都有一具厚實著時光的身體，這具身體是幾百萬年做成的，由種種親密的外星人編織而成，可供使用的祖先傳承於其中蠢蠢欲動。

而這些傳承是大家共享的。也就是說，由於共同繼承或是趨同演化——因為兩種生命形式曾在牠們演化史的某一段擁有相同的生態環境、擁有與其他生命形式保持的相同關係——，在可能於生命「樹」上相距遙遠非凡的生命形式裡，沉積了彼此相似的稟賦、行為與情感調性：這是共享的生活方式。

第九回：自己組成一具身體

讓我們回到韋科爾山脈的這個晚上，導熱枯木庇蔭著的火堆周圍。這一次，讓我們內心苦思的謎奧，是嚎叫的距離。這是我們頭一遭著迷於這個現象：我們可以從森林、草原、礫石地的深處與狼溝通交流。

那匹狼回應了我們，牠的應答隨風遠颺，從遠遠的那頭，對面的山上傳來，我們面對牠非人所能及的應答距離，體會到了嚎叫這個手段本身的魔力：它能超越視線的盡頭。來在最茂密的灌木叢裡找到彼此。以此彌補視覺的限制：眼睛看不見的地方，聲音到得了。視線不會作用於它看見的東西，目光不會警醒它迢迢降落其上的某具身體，聲音卻會：聲音名副其實進行了隔空接觸，這是天然的魔法。聲音讓無形的空氣粒子彼此推擠，越過重重山脊，穿透層層密林，就像投石入湖，讓耳膜靈敏又隱蔽的表面泛起一圈圈彩虹漣漪，以此觸及視野盡處以外的親友身軀。生物精通此藝：耍弄物理定律。

如果聲音跑得比我的掌爪還快，為什麼不乘著聲音的翅膀，越過我的掌爪遠遠到不了的距離，與其他個體對話、接觸呢？

人類群體很難達成如此的壯舉，儘管亞馬遜地區圖皮語系（Tupi）諸族發明了種種哨聲語言，而原因完全相同：隔著濃密的叢林、在視野為藤蔓阻滯處，進行溝通交流。

嚎叫的迷人之處，在於其構成了獨樹一幟的身體力量，使一種奇異的生活型態成為可能：狼以牠們自己生物身體——牠們的種種傳承交織、串聯於一具身體裡；身體，這巨大奧祕，這奇異吸子（attracteur étrange），一切都來源於此——的力量開闢了空間，於此空間中發明了這種生命形式。

狼所發明的這種非常特殊的生命形式，是一種切換於兩種狀態的生命形式：往往於夜晚出現的緊密社會性，以及非凡的、獨立自主的、自己選擇的孤獨，這種孤獨往往屬於白天（但也不一定：狼畢竟是活生生的動物）。而這正是因為，儘管我們一整天都在森林、山上與平原獨自奔馳，各自往所選的方向馳騁而去，我們還是能隨時憑我們高興，在任何時候、任何地方重聚。

並非所有動物都有這種讓離群的孤獨成為可能的重聚能力。好比小野豬，就必須緊跟母親：如果小野豬的眼睛跟丟了母親，牠們就找不回母親了。牠們的社會性因為牠們沒有能力找回彼此，不得不成為與其他個體的不間斷接觸。一頭年輕的公野豬離開群體，是為了獨自生活。牠不會回來了。牠不會切換於不同階段。成群的母鹿很少分開。岩羚羊因為必須窺偵獵食者的動靜，也因為落單很危險，不得不成群結隊。探索型的物種很少群居：要嘛牠們漫遊時彼此不分離，要嘛牠們各自孤身生活（而牠們當然具有其他身體上的奇異之處，為牠們開啟了其他種種前所未見的生命形式的空間。）

不過，狼擁有這三種身體的力量，無數祖先傳承的其中三種，它們的出現年代都不同，於此組合在一起，讓某種生命形式成為可能：首先，是探索後面有什麼的，喜歡新事物的欲望；其次，是吃苦耐勞的心形腳掌，讓狼能馳騁山路、奔過重重山脊；最後，是身為彼此重聚的工具的嚎叫。

一如霧中信號，嚎叫崩坍了距離高築的牆，對著你的耳朵喁喁私語我的存在，與此同時，我身在遙遠的森林裡，隱杳不可見。嚎叫，是為了在超越視野之處團圓。尼采說：「我們的身體比頭腦更有智慧。」[24]——說到底，尼采正是開闢種種存在可能性的大天才。

此處我們主張的生物無可分割的取徑裡，演化的動能有了新面貌，不再只是變異—選擇的「演化論」。演化動能成了由一段歷史在身體裡產生的種種機制的沉澱積累：各種傳承的祖先（ascendance）。在支系或個體生命這場戲的每時每刻，這些傳承的祖先都進入特殊的群集之中。這些身體力量的群集將會名副其實創造出一個敞開種種可能性的空間，一個前所未見的存在冒險：狼的生命方式，蜱（tique）的生命方式，紫穗鼠尾草（sauge des prés）的生命方式，人類的生命方式。祖先的傳承（ancestralité）——無論是動物性、植物性，還是細菌性的——是沉澱下來的特徵於體內潛伏、退隱時的形式；傳承的祖先呢，則是祖先的傳承浮現到可見的「現在」，與其他祖先傳承聯合起來，給予獨特的、個體化的每種生命形式如此奇異又如此必要、於拼湊修補之中如此高貴的模樣時，採取的生氣勃勃的形式[25]。詩人諾瓦利斯（Novalis）以充滿解放力量的方式，重新描繪了我們的傳統命名為「自然」（Nature）之物。他寫道：「我將我們把身軀帶進來的這個絕妙共同體稱為『自然』[26]。」他指的就是如此的身體：厚實著時光，由種種親密的外星人編織而成，可供使用的各種傳承的祖先於其中蠢蠢欲動。

擁有了上述三種身體的力量，狼得以發明出前所未見的如此生命形式：牠們可以讓閒靜的孤獨結合緊密的社會生活與群體的溫暖；退隱山中、孤處絕頂之時那主權在我的迷醉，以及狼群合力行事狩獵、一體行動時，那自我於集體裡的安詳消解；狼於秋雨裡落單，對流淌皮毛的雨水渾然不覺，沉迷於狼之白日夢時的追憶冥想，以及領袖間的不和與政治衝突、結盟與攻擊那扣人心絃的強度。但抽身退至自己的小天地這項權利是無可妥協的（大家庭中，這項權利貴重難量，而狼群正是個大家庭）。

如此一來，牠們以各式身體力量開啟的種種存在可能性的空間就能讓我們更了解狼特殊的生命形式。

透過足跡，進行民族誌（ethnographie）的練習：白天，狼離開彼此，獨自生活，為個別的嗜好奔忙，享受著種種感覺、氣味、各自進行的調查研究，同時蘊釀著晚上團圓的快樂；入夜，幾聲狼嚎之間，狼群啟動了集體生活，回歸紀律，展開合作，對其他成員的訊息、情緒加以關注，遵守階級，集體生活的禮節，社會等級，等著重新開始、等著遭到挫敗、等著耍弄詭計、等著遭受質疑的種種宰制，複雜的關係，曖昧的友情，愛上某個堂表兄弟，牠姊妹卻討厭您，一切我們想像得出的家族生活瑣碎劇目（但卻定義了每個個體）。

一個一起工作、合作無間的家庭，行動起來，時而宛如成群探險家的遠征；時而是邊境巡邏部隊；是狩獵大型獵物的舊石器時代氏族；一間照顧小朋友的多重世代學校，每名成員都在其中為小朋友的教育發揮作用；一隊魚貫前行的地圖繪製師，牠們以氣味重繪邊界，安放一面面以糞便為形式的，狼群的紋章與領地的旗幟，以之取代壞天氣沖刷掉的舊標記……

然後，長著玫瑰獠牙的黎明到來，大家各自分開，疲勞於激烈活動、嚴明階級、施予所有成員與每名成員的關注，對於把集體計畫擺在內在流浪欲望之前感到厭倦，然後還有，這縷只有我聞到的花香：於是，大家各自踏上自己的路，有的前往山脊，有的沿著河走，有的深入森林。

最相愛的、最友好的、最膽小的則兩兩留在一起，有時候則是三狼同行，另外還有匹狼與狼寶寶待在一起，而統治狼群的伴侶則退隱到牠們由遮蓋小溪的樹叢打造的帳篷裡。

不過，那些大膽莽撞、在狼的階級體系裡最痛苦的個體，則遠遠離開，終於自由，遠離軍事紀律與階級義務，動身探索新蒼穹、新泉源，第一個進食，拋開禮儀不管，一邊欣賞雲彩走過、一邊四腳朝天睡覺，想跑到哪就跑到哪，不把腳踩在把腳準確踩進領袖腳印裡的前面跑者的腳印上；感受，嗅聞一切，沉緬於萬物，沉緬於整個宇宙，迷醉於麝香與野薄荷的味道，還有某隻猞猁挑釁的氣味，這頭猞猁也在同樣的樹幹上做了標記；從木頭的橋上花幾個小時觀看鱒魚（這可以吃嗎？得試試看）；品嘗一切，嘗試一切，無所事事，漫遊，百無聊賴，接著，太陽在遠方沉落，我們感到內心升起了小小的孤寂，升起了舔舐某張狼臉的欲望，我們渴求共處時的興奮，渴求那煙霧般沐浴我們的其他個體的溫熱氣味，渴求其他個體；渴望去做，也就是渴望一起做，渴望合為一體，成為獠牙的純粹河流，綿延不絕、沒有誰如風遠颺，從而能夠捕捉一切膽敢拒斥我們、抵抗我們、掙扎不休的對象，能夠奪取一切奮猛想活下去的對象的生命力，吸收這生命力，以血肉的形式竊取它，渴望合為巨大而唯一的身體，能夠打倒天空一般的動物，打倒森林裡長著鹿角的鹿，打倒冒煙的山丘野豬（sangliers-collines fumantes）；待在一塊，凶神惡煞、萬夫莫敵的一幫子狼，各種厲害的傢伙，頭目們，堂表兄弟姊妹們，小圈圈的笑聲，小圈圈給我溫暖，親友經過我時舔舔我，就像人類遇見朋友時把手放上朋友的背，表示「我看到你啦」、「你存在感很強」、「我在這」。

我們等著動身狩獵時，我忽然感覺到一匹母狼溫熱的側腹貼著我，牠的側腹帶著她壓在我側腹上的重量，她如此毫無保留貼著我狼的毛皮的純粹快樂，這信任的表示，這渴求接觸的無聲表示，獨獨因接觸對方身體而生的愉悅感受，我們倆一派天真，目光各自看向其他地方，豎耳傾聽狼群動靜、幼狼們的動靜、月亮的動靜；這身體接觸不必言說就訴盡一切的忠誠與愛戀（我在這，比起其他地方，我貼著你更好，一切盡在不言中）；走吧，要出發了，她起身，往河流小跑過去，她渴了，我懂她，我跟著她，雖然我不渴，因為世界的溫暖核心移動了，不再貼著我，如今已在我眼前。

她在夜色裡舔著河水，我往河的上游看去，迷失於它的蜿蜒裡，這些蜿蜒召喚著我，我想探索它們，但我們的背後，剛剛我們與狼群在一起的那塊林間空地響起了一聲嚎叫，是我們的領袖，領導我們的母狼，領袖呼喚我們回去動身狩獵，我倆的四隻耳朵朝領袖的聲音豎直，我們回去跟領袖集合，我的吻部朝前緊跟我的她那訴盡千言萬語的尾巴。沒有景象比這更親密了：跟隨一條心愛尾巴的毛茸茸尖端，視野為她的臀部在前面晃動的優雅節奏所占據，一邊穿越因速度而稍縱即逝的周遭風景。前面閃現了另一匹小跑的狼的身影，到了，狼的家。而我，就這樣，在我面前，在我裡面，在我面前，狼世界的中心循環流轉，這是它一日的脈動。

不過，黎明時分，是的，在黎明時分，原野變白的時刻，我將離開，我的吻部終獲自由，為風帶來的無數種氣味與這些氣味的承諾所吸引，我將溯此河而上，直到河的源頭，到時我總算孤獨一狼，到時我總算自在安詳，直到河的源頭。

已是黎明。我們懶洋洋躺在羽絨睡袋裡。天空還沒有雲，昨夜甚至不冷，我們當時睡成了最幸福的人。

第十回：在超臉孔的家裡度過一個季節

狼拼湊修補出切換於閒蕩的孤獨與最緊密交織的集體行動這兩者間的如此生活型態，同時還因此發明了另一項東西：團圓的快樂。

當狼在入夜時團圓，這種瘋狂、凌亂、尖聲叫喊的快樂，我們在熱影像儀裡太常看到了。我們在康茹艾高原上眼睛對準觀景窗，觀察狼群觀察了好幾個小時，在夜裡的密史脫拉風（mistral）*僵住身子，這樣影像才不會晃到，觀景窗中的親密情景讓我們一動不動。忽然，狼爸爸第一個來到小狼們度過白天的林間空地。大家蜂擁而上，愛與獠牙混在一起，毫無保留地撲向狼爸爸，大家要為牠歡聚：六匹幼狼，大哥哥，還有大姊姊，全都共襄盛舉。狂奔，舔嘴唇，神祕的儀式，身體姿勢的遊戲。

這亂哄哄的一團看在我們眼中，與一座高雅遙遠的王國之禮儀一樣謎奧難解，但我們與狼共享的生命本質仍明確解讀了這些儀式的情感基調（所有動物在不同程度上都是天生的動物行為學家，是解讀同類與其他物種的藝術家）。這是純粹的快樂，它透過無數種炫示與裝飾來豐富地表達自身，因為活出動物的生命，也意味著發明出表達我們共享的強烈情感的種種方式。我們身為狼，無法以言說為詩，卻擁有身體姿態、發聲、耳朵與尾巴動作的詩藝。我們擁有狼臉面具複雜雄辯的表達，演化為我們精心打造了這張面具來豐富表達的可能性。森林深處的狂歡節。

對於想要不帶偏見探討人類動物性的人來說，這些行為在我們身上產生了深刻的鏡像效應（effet miroir）。因為這些團圓的歡慶是牠們內在情感非常私密的表達，卻以非常系統化的形式出現於我們所謂的動物習性譜：牠們這個物種共享的系列行為全覽。再看仔細些，就會發現這些也存在於我們身上。本能地擁抱離別數月後重逢的朋友或此生將不復見的親人，這行為在人類文化裡並非普世之舉，有的文化可能因為文化因素而排斥之，但它非常廣泛存在，在兒童中則是本能。其他一些社會性靈長類也有此行為，牠們自發使用這個行為（擁抱）來表達好感、來安撫、來締結關係。我的假設是：這項行為是人類的一種動物性祖先傳承，是從某個社會性靈長類祖先繼承來的，這位祖先的身體構造允許以直立的姿勢面對面擁抱（狼、鹿或貓則

---

*（譯注）地中海盆地西北部的一種冬天極寒的北風或西北風。

無法）。「擁抱」這一項動物性祖先傳承與我們在狼群團圓裡見到的身體遊戲可以類比。它是人類習性譜裡一項可移動的、文化上可隨需要調整的元素。我的論點既脆弱又真實：貓不以擁抱表達好感，牠們彼此摩挲臉頰與側腹；更有甚者，貓難以忍受靈長類的情感表達：擁抱讓貓恐慌，因為被攬在親友懷裡讓牠們驚懼，相反地，擁抱讓我們平靜。擁抱是一項動物性祖先傳承，也就是說，擁抱不是隨意的文化符碼，也不是個人自主、自由的決定，而是我們的動物身體表達、啟動、實現愛的本能方式。我們已證明了，觸覺接觸，好比擁抱，賦予了感官與心理的種種深層滿足。不過，我的論點就在這裡：這舉動不是純粹的文化符碼，但又是私密的、意味深長的，它精確表達了高級的情感，卻又是動物性的。這提醒了我們，我們人類最高情感的某些私密表達其實深刻是、唯獨是動物性的，它們是我們身體的稟賦，是從我們的演化史繼承來的。如此一來，人類的動物性就與野蠻殘忍、冷酷無情、粗魯無文……等等全都毫無關聯了。人類的動物性是由許多傳承的祖先與動物的情感所組成的；這些傳承的祖先與動物情感可以被拒絕或顛覆，但它們持續在我們最日常、最講究、最豐富……的行為裡顯露出來。動物性的傳承祖先無處不在，於我們全部的行為裡，以雜駁拼貼之姿表現出來；文化、個人決定，我們對待傳承的私人作風，這些都可以挪用、修改這些動物性的傳承祖先，但這些傳承祖先時時刻刻都在，這就是人類的動物性。如此一來，身為動物是多麼快樂啊。

人性只不過是某種動物性；對我們來說，人性當然扣人心絃、極其意味深長，但對狼本身來說，狼性也是如此。

根據這種想法，一項結論明白無疑：我們確實是動物。然而一切都好，沒關係的，別擔心。這種講法不會滅失尊嚴，也不會讓晉升的臺階不翼而飛。這講法並不恢復出一種更純粹的原始狀態。於此，問題不再是人類是不是跟其他動物一樣都是動物，而是人類以什麼樣的方式身為動物。以其他什麼樣的方式。人性是什麼樣的動物性？

現在，讓更為關注與外星人的親緣關係的我們，回到我們跳舞、急吠、旋轉，慶祝著彼此團圓的狼群。如果您不會說話，如何表達豐富的社會情緒（émotion sociale）？進化以眾多方式回答了這道問題。在狼身上，「狼唇面具」（masque labial du loup）這講法給了我們一個線索。這個動物學術語用來描述狼吻部下方，從唇齒一路延伸到喉嚨的白毛區塊。這白毛帶與其上的深色額頭形成對比，這塊深色地帶從鼻子一路擴展到頭頂，這就是狂歡節之「狼」面具*的來源。耐人尋味的是，生物學家將狼臉下半部命名為「面具」（白色的狼唇面具），大眾文

* （譯注）「狼」是指一種名為「狼」的面具，其並非狼形面具，而是一種僅遮蔽眼部周圍、往往裝飾華麗的面具。

化則將狼臉深色的上半部稱為「面具」（狂歡節之「狼」）。總之，一張狼臉，兩副面具。其實，狼的整張臉就是一副複合的大面具。這副大面具是演化的產物：種種的對稱與裝飾是用來突顯面部表情的。好比說，狼眼睛上方，位置相對於人類眉毛的兩叢白點，正如默劇的妝容：這兩叢白點風格化了、突顯了種種訴說著興趣、恐懼、驚訝、順從或威嚴的視線角度。

狼的這張面具能玩出許多手法：必須表達兇猛來傳遞訊息的時候，濃烈的憤怒在額上猝然折疊出垂直皺紋。當我們承受憤怒或使人承受憤怒，憤怒是一種可鄙的情感，但當我們偶爾像運用一副面具一樣運用憤怒，它就是有價值的工具：狼群裡，這張霹靂般的面具能透過重中上下階序來維持團體凝聚力（cohésion sociale），而毋須訴諸武力。這張面具能突顯威嚴獨斷的眼神與深諳扮演支配關係、維持秩序的種種表情。相反地，當要安撫受驚的幼狼，平靜安詳就會讓額頭平滑不起波瀾。

這些面具是政治的，是日常生活裡用來確保各方都接受的模式的，是平撫的面具、統治的面具。請看這些面具如何加強最壯碩的狼的臉之能力，讓牠能裝成我見猶憐的小小狼，下一刻又裝成威嚴的國王。

狼的面具與日本的能劇或部落舞蹈的面具作用相仿，不過狼的面具擁有一張臉精巧又具體的活動力、私密又來自內在深處的表現力，以獨一無二的方式表達自我、情感流動，還有化作對話的內在劇碼——也就是，生命。動物的面具就像在眼前變幻的風景。複雜的情緒讓臉部所有特徵震顫著，宛如內在之海湧現的波濤。這是一張蛻變過的面具：它收攏又舒張，以最純粹、最輝煌、藝術上最精準的方式，表達內心生命。

我們偶爾會驚奇：狗能夠配合主人的詞彙，來表達最無條件、最真實不欺的愛。但這其中並沒有任何與馴化有關的神奇效果，也並不透露其他動物能擁有比我們更真誠的情感。應該說——這又是另一項悖論了——其他沒有踏上人類語言這項冒險路途的社會性動物，牠們的臉擁有更強烈的表現力（必須補償牠們不以人類方式說話）。狗是狼的直系後裔：狗與狼擁有相同的表達能力。眼神因為眼睛周圍特徵的變形與意味深長的種種對稱而更具深邃意義。狗用整張臉觀看。又一次，是生態演化，讓*Canis lupus*——狼——成為為了流暢、強化、組織集體生活而以面具—臉表達情感的大師。如此的臉部表達術仍迴響於狗的體內，而狗更挪用了它，產生了擴展適應（exaptation）*，以與我們溝通交流。

* （譯注）演化論術語，指一種生物特徵除了原本演化所揀選的功能，又發展出新功能。

生物學家將狼的臉孔命名為「面具」（masque），這是一道他們隱約預感到的線索：狼的臉不僅僅是一張臉。這是一張風格化了的臉，意在精煉、擴大、豐富各式情感、各樣訊息的表達。西方階級森嚴的人類／動物二元論傳統貶斥動物臉孔為畜牲的「嘴臉」（gueule），賤鄙動物臉孔為次臉孔（sous-visage）。但大部分動物的面具*完全不是這麼一回事，它們是：超臉孔（survisage）。因為，它們非凡地達成了人臉的藝術：表達能力。

在各處各地，生活創造了這些面具。歐亞猞猁（lynx boréal）的面具比狂歡節更富表現力。非洲的扭角林羚（grand koudou）的面具無聲傳達了極簡主義的優雅。美洲獾（blaireau américain）的面具會讓易洛魁人（Iroquois）所有的戰爭彩繪都羨慕得黯然失色。我們花園裡平平無奇的紅額金翅雀（chardonneret），牠的面具讓每位詩人未下筆、先喪氣。這種種融入身體的裝飾指點了我們如何公正對待動物的臉孔。阿道夫・波特曼（Adolf Portmann）這位鑽研外表的生物學家指出，動物的臉孔是透過一系列的裝飾、對比與對稱，來顯示於其他生物眼中。他補充道，這說法精巧琢磨出了動物超臉孔的本質：對動物來說，「個體生命的最高級、表露內在狀態的可能性，都是為了相遇而服務[27]」。

上面繞出去的討論為動物恢復了牠們的超臉孔；透過這樣的討論，突然變得更好理解、更微妙的，是人類的臉孔。好比說，眉毛。狼的面具擁有比喜鵲還健談的毛茸茸眉毛。我們的臉也是。

透過這些觀點主義類比的其中一項，我們得以於此稍事探討人類眉毛的奧祕。仔細觀看的話，會發現眉毛是變得無毛的某種靈長類的臉中央一叢不著頭緒的怪毛。人類失去毛皮時，眉毛仍留在人臉上，這十分謎奧難解。有些人揣測，眉毛獲得演化選擇，是為了保護眼睛免受中午陽光照射，不過，我們如今已經知道要對某項特徵起源的單義故事保持懷疑。

我們倒不妨如此揣想：我們的眉毛是狼、猞猁與其他動物同樣用途的眉毛的殘餘。由於一切生物特徵都擁有交織纏繞的、層層疊疊的、備受挪用的歷史性，我們不妨推論：眉毛風格化的線條也同樣以畫筆撇出的兩道痕跡之姿，（透過天擇或性擇）維持在人類臉上，以強化我們情感的表達能力。確實，意味深長的千張臉孔意味著眉毛把戲的藝術性運用，表情一路從最本能到最刻意。默片是眉毛此一動物性運用的最後一個黃金時代。然而，只要我們不會說對話對象的語言，但又一定得溝通交流，請看看眉毛是如何活躍起來，恢復它全部的表達功能。只要

---

*（譯注）此處的「面具」承作者前言，為動物臉孔之意，並非人製作的動物形狀面具。以下段落中的「面具」亦同。

我們與嬰兒對話，我們的動物臉孔就非常曉得怎麼做：它將它動物超臉孔的古遠藝術召喚回表層，我們於是像演奏小提琴一樣演奏眉毛。某些人精心照護自己的眉毛線條，這更是揭示了眉毛這活生生的逗點極端重要：我們可以雕刻自己的動物面具，編織出兩道創造力。

如此說來，每張人臉的眉毛都是某張動物面具在當下的模糊回憶，是某張超臉孔的活躍殘餘。之所以是「回憶」（réminiscence），是因為我們遺忘了它，而不是因為我們成為了動物以外的東西。在我們之中，它表情達意的使命藉著言語而力量倍增。但言語隱藏的東西與揭露的東西一樣多，人類眉毛賦予的動物面具對今日的我們就像它在人類語言出現之前的時代一樣重要：我們成為人類的同時並沒有失去動物面具，動物面具只是變得與言語相輔相成。奧黛麗・赫本（Audrey Hepburn）的臉就是純粹的母狼面具：其中繼承、湧出、啟動了同樣的古老藝術。我們沒有失去動物世界的視覺榮耀，我們澈底屬於它。

然而，人類臉孔與所謂「畜牲嘴臉」的這種交織，其實還更私密。這種種交織甚至深入我們的文化：牠們的超臉孔縈迴於我們的裝飾。讓我們回到狼的眼睛吧：仔細看的話，狼眼周圍一整圈是多變的淺色區塊。狼額頭的深色被兩眼周圍的淺色挖了洞，中間則是狼的瞳仁，瞳仁通常是深色的，偶爾是蜜色。深色、白色、深色：這是滿常見的演化創造，因為這種形式的生物視覺（bio-optique）特性是突顯對比。這是一種意義深長的形式（一種完形〔gestalt〕），讓目光及其表達能力更為突出。第一個在黑脊鷗（goéland argenté）身上證明這一點的，是動物行為學的奠基人，尼古拉斯・廷貝亨（Nikolaas Tinbergen）：他使用假喙，確知了幼鳥對一根有深／淺／深圖案的棒子比對母鳥自己的喙（有個深色斑點的淺色喙）做出了更強烈的求取餵食的反應。而這似乎也適用於人類、狼、其他許多動物。

這在生物裡非常常見的圖案（深色眼睛的淺色周圍），我們在灰白喉林鶯（fauvette grisette）與娟珊牛（vache jersiaise）身上都看得到；我們要是願意多加關注，會發現它其實是一樁演化難題的解方：如何對他者、對同類指明，正是在此，在眼睛裡，在目光中，傳達祕藏內在的表達能力以最雄辯的方式發揮著。從單細胞細菌以來，生物就必須發明出對稱的身體及其前—後的基本軸線。然後，當演化於數億年前將感知與表達的器官放在臉上，就必須找出方法來指示他者：要看的就是這裡，要互動的就是這裡。某些類型的自閉症讓我們看得很清楚，尋找某人的眼睛來與之交流完全不是理所當然之事：我們看見，在這些形態的自閉症裡，注意力在對方全身無差別游移，並未停佇於臉。在生物中，臉部太陽般輝耀光芒的特質是必須去指明、去學習、去維持的，因為生物必須從無前無後、無頭無首無頂（這些原本都是同義詞）的無生氣之物創造出表達能力。在武術裡有這麼一條動物行為學的教訓：在對方眼睛周圍某處，我們可以看見將要發生的事；在愛情中此亦為真，這是生物必須自己學會的。

會化妝的藝術性動物——人類，對此瞭若指掌。某些妝容圖樣並非純粹是人類想像力的發明，隨性的創造：它們的靈感源於生物世界。這些妝容圖案加強了人類的超臉孔那動物行為學上的力量，讓我們的動物面具又更風格化。

最明顯的兩個案例正是兩種為了加強目光而放大對比的方式。第一個技巧是眼線。眼線為眼眶添加貓科動物也似的深色圈，突顯了瞳孔與眼底的對比，以此模仿豹的深邃目光（豹的眼睛周圍生來就有這樣的黑線）。這正是狼的天然面具採用的深色／淺色／深色結構。男女演員上臺前會塗黑眼睛周遭：他們素來曉得這能加強眼睛的表現力。但這項技巧早在演員出現以前的幾百萬年就由演化、由大型貓科動物的支系及其他支系所發明。

眼線歷史上源於男女埃及人用來抹搽眼睛的眼影粉（khôl）。此一緣屬關係是一條線索，能由小見大揭示出更深層的、我們可以一路追蹤到我們化妝室的緣屬關係。古埃及熟習於動物與人類混血（請看他們半獸半人的神祇，獸頭人身、鳥頭人身、蛇頭人身……）。這個古老的文化也慣熟於豹與羚羊的超臉孔：牠們是古埃及的日常動物。我們一部分的眼妝傳統正是源於古埃及：如壁畫上所見，描畫眼睛周圍，可能還會塗黑睫毛。我們不妨揣想，埃及眼影粉畫出的線條，也就是眼線，是受生物所啟發的技巧，為人的眼睛刻意賦予豹之強烈目光。這項技巧捕捉到了演化在大型貓科動物的超臉孔上繪出的強化對比。在您的女神有顆母獅的頭、動物不是畜牲而是神祇的文化裡，以動物的超臉孔為典範來學習增強表現力是完全有意義的。直到今天，就算是最遲鈍的人也可以辛苦地感受到豹之超臉孔的美學力量。古代傳統於其中汲取了美學教訓，生物意義上的：美是縈繞一種形式的方式。豹與狼一樣，都有一張為美縈繞的臉孔，一張超臉孔，因為牠的支系為了解決隱祕內心那千千種輝煌火燄的表達問題，大膽邁向了視覺表達能力，而非口說語言。

第二項仿自生物的人類妝容技巧是睫毛膏：它藉著加強睫毛的長度與粗度，捕捉到了羚羊的目光。這項對睫毛的加工很可能源於古埃及。我們可以合理推測，最初的睫毛膏靈感來自非洲羚羊長到天際的睫毛，比如說，今日已經滅絕的葉門瞪羚（gazelle de la reine de Saba*），學名為*Gazella bilkis*，其睫毛簡直長無止盡。模仿牠的睫毛，是為了將牠的美學力量據為己有（瞪羚的gazelle這個字源於阿拉伯文的gazāl，其意為「優雅而快速」）。並非因為羚羊有長睫毛，

*（譯注）直譯為「示巴女王的瞪羚」。示巴女王，是希伯來聖經中記載的一位統治非洲東部示巴王國的女王。

而今我們想起女性：剛好相反，是睫毛妝從羚羊身上取走了這種讓眼神更風情萬種的身體力量，然後在人臉上重新詮釋這種力量。（晨起對鏡，擱下睫毛膏：「羚羊：啟動完畢！」）這些見解源自一種生命的人類學，一種生命形式的哲學：為了檢驗這些見解，我們需要鑽研裝飾物的歷史學家，這些史家還要有比較動物行為學的觀念，另外更要對生物共享的美感有所意識。

讓我們更進一步：運使化妝包來同時化身為兩種動物的這種蛻變，若從其表現力的豐富來看，還要更扣人心絃，因為它捕捉到了這些動物雙重而矛盾的，想像中的力量。同時成為易受驚的獵物和富同理心的獵食者，擁有這在與對方的關係中蘊藏的，各式各樣的情緒與態度。

成為一頭泛動物（panimal），也就是動物的完全體（animal total），一頭擁有羚羊睫毛、豹眼黑圈，擁有一者的表現力與另一者的魅惑力的合體奇獸。久遠以來，這些裝飾物豐盈著無意識的情感與語義。其中湧動著與生命一樣古老、如矛盾般雄辯的回音。

今早對鏡，蛻變，或者不蛻變為，一頭豹羚。

我們並不將眼線與睫毛膏劃歸女性，而不妨重新在它們起源的廣袤所在開啟它們，讓它們呼吸新鮮空氣：莽原（savane）透過獵物與獵食者的嘴，與自己進行的對話。我們不妨將眼線是與睫毛膏重新動物化：這並非回到更原始、更真實裡，更不是回到過去——而是恢復自身，是為了炫示、為於內在充實、豐富一整座浮現到表層的——生物往昔的動物園，是殷勤接待所有為了於內在混種身體、混種力量，而輕敲人臉之門、輕敲內在之門的一切此在的多元。化妝：「於內在啟動一具不同身體的力量[28]」。

第十一回：這麼多生命方式

回到韋科爾山脈的雪中。早晨，我們在陽光灑落的藏身處啜飲熱咖啡，望著高原但不專心，反倒閒聊著，像鳥一樣吱喳叫——如果一頭鹿從我們眼皮底下經過，我們不會看見牠（就是隨隨便便的業餘動物追蹤者）。昨晚，我們聽見了一聲回應我們的嚎叫，但狼群的跡象一點也沒有。

我們背起行囊，穿上阿爾泰式滑雪板，這種滑雪板的止滑皮與板身融為一體，很短、很寬、很穩定，十足適合在最崎嶇險峭的地貌裡追蹤動物，止滑皮減緩滑移，配合著在雪中跟隨每個腳印的節奏。

我們決定朝東走：我們之前期待在東邊找到狼群，但昨天，東邊靜默無聲，讓我不禁猜想東邊什麼都沒有。我們相信狼群已在相反的方向，在西邊走遠了，我們有聽見從西邊傳來的狼嚎。前一天在背斜谷底，我們沒有發現從東邊來的任何蹤跡，這鞏固了我們的假想：狼不在東邊。但我們還是往東邊走，因為方向之情勢所需：往東，我們才有路能一邊滑移閃避於礫石地與懸崖間，一邊下到山谷裡，然後從另一頭往上爬。

我們盼望發現其他足跡，鹿，狐狸，貂。天空一片淨藍，天氣已溫暖起來，雪閃爍輝光，仍有夜晚的脆硬。我們在山脊上前進，等著雪軟化到讓我們能夠下攀：雪要夠軟，滑雪板的邊緣才抓得住地，我們也才能在樹木間急轉彎。我們在早晨的愉悅中前進，交嘴雀（bec-croisé）、山雀與松鴉一如往常大鳴大放，把表現力強烈的能量浪擲於荒寂的高原。我們一個人類都沒見到。

當我以肘開路，在兩棵樹間撐出一條縫隙，一個腳印赫然映入眼簾。它非常不引人注目，淺淺的，幾乎看不見。旁邊有深深印進雪裡的野豬足跡，但這個腳印就只輕烙雪面，沒有踩進去，僅僅壓碎了表面晶瑩的雪，因此，這腳印下的雪形構不同，陽光的反射方式也就有了差別：這腳印反射的陽光是非常淺的黃，帶有虹彩，幾乎無法察覺。是犬科動物（canidé）的足跡。我們在小樹林裡發現了一系列成行的腳印；此處有樹遮蓋，夜裡從地面上升的熱輻射被樹抓住，無法散逸於大氣中，所以雪一直是軟的。是匹狼。不，有好幾匹，至少三匹。足跡朝我們前來，彷彿是來與我們會面，腳印的方向則很清楚：牠們走的方向跟我們正相反。

我們回頭追蹤這道足跡。它有時杳不可見，我們好幾次在堅硬的雪裡跟丟了它，然後又在雪光微妙的虹彩中、爪子劃出的一道痕跡裡、腳掌中央肉球幾乎不可見的輪廓中找回了它，邊緣呈凸面、鋒利，典型的狼腳印。我們很少追蹤過這麼微弱、這麼稍縱即逝的足跡。它難以察覺不是因為它有段時間了，正相反，它尚未蝕損，非常清晰，非常新鮮；只是，這些狼是在深夜經過的，當時雪跟水泥一樣硬，腳步幾乎沒有印上去。某一段路雪比較軟，我們遭到震撼：不是三匹，至少有五匹，在我看來是六匹（但我永遠無法確認這第六匹狼存在）。牠們跑得漫無紀律，雪很堅固，牠們不必一個跟好一個。當障礙閃無可閃，牠們就分開走，像河的支流一樣岔開，再於較遠處會合。我們在那裡能計算牠們的數量。家庭的核心。大公狼似乎不在裡頭：最大的腳印遠比我們量過的大公狼腳印還小。

足跡消失又出現，宛如魔法。我倆之一重新找到它時，會在追捕的興奮中，指給另一人看：「牠們在那！」第二人必得經過一陣子茫然而驚的盲瞽，才能捕捉到透露足跡的細節、纖細的裂痕、第一人在地上看見的如幽靈顯現之形。然而一旦捕捉到，微乎其微的細節就昭然若揭，天地間只剩下它，它以雪中意義深長的形狀之姿君臨感知，這個印痕重建出一整匹狼，牠平靜地小跑，然後重建出整個狼群。想像之中，地上微小隱密的凹口與其他線索迤邐串連，整個生命都從此經過。幾乎不可見的細節使一個個存在湧現，細節勾勒出整條路線、奔馳的步伐、腳掌與臀部的滔滔河流、一條條揚起的尾巴、一個個與雪齊平的吻部、各種冒險犯難的路線、集體奔馳，以及與此同時的，個體在路線選擇上的主動。

牠們往西走，所以我們追蹤牠們時回頭走之前的路。已經確定了，足跡是前夜留下的。追蹤的路走愈遠，就愈清楚無疑，懷疑愈來愈消散；我們不敢大聲肯定，追捕的氣氛愈來愈緊繃，我們不約而同加快腳步，注意力愈來愈震顫不休，嗓音則愈來愈低沉；我們帶著一種不知所措的曖昧情緒，感覺到了：牠們是朝我們來的，是朝幾小時前我們嚎叫的地方來的。狼群全體前來會見我們。追蹤動物時，頭腦裡的時態運用往往變得混亂：我們本能地用現在式說話（「牠們在這，牠們停在這裡」……），因為足跡既在場又不在場，是滲透到現在的過去，我們必須重行召喚動物完整的肉體形象，以之追蹤牠的不存在。這創造了奇異的相遇效果，宛如一場與幽靈的對話，宛如同時活在好幾種時間平面，從過去穿越到現在，讓過去從現在的縫隙裡湧起，看見過去以幽靈之姿在我們之間移動。

牠們直奔我們的營地。牠們從東邊來。從昨天什麼回應都沒有的地方來。昨天那是澈底的寂靜。我們之前下了結論，認為牠們不在這裡，牠們在西邊的遠方，在相反的方向——在有匹狼回應我們的地方。

但牠們就在這裡。牠們有聽見我們。牠們沉默不語。然後牠們來了。

牠們來了，或許是從幾公里外來的。某一刻，我們抬眼上望。之前，我們追蹤到有點神智糊塗了，忘了我們在哪。我們環顧周遭，震驚得無法動彈：我們現在就在昨天紮營地的下方。狼足跡就在這裡，在我們滑雪板下。這些足跡紛紛停下，這些停靠點很清楚朝向一個方向，當我們順這方向看過去，我們看見了，三十步多一點的距離外，正是那棵我們之前當成隱蔽處的樹。這群狼一路來到我們身旁，這是對我們的嚎叫、我們的呼喚的無聲回應。這情緒真特別：我們追蹤著狼群朝我們自己走來。我隨著牠們的足跡走向我，走向我以前的我，這個我在上面溫暖無比的營地說說笑笑。從下面這裡，我看見我們在微弱的火光裡，在備受呵護的火堆以及導熱木材後方喝著熱紅酒，我皺起吻部嗅聞從這營地向下飄的豬肉製品的味道，營地裡有兩種快樂的嗓音彼此回應，我的感覺毛（vibrisse）豎了起來，我品嘗各種氣味，我的耳朵轉動，然後彎向從這營地往下傳的聲音，傾聽每個音節，我在滿月下，靜寂的夜色中，與我的氏族待在一起，而上面，我跨差不多三十次步就到的地方，有兩匹兩足動物，牠們的叫聲很特別，像小鳥一樣吱吱喳喳；牠們很有趣，跟小小狼一樣無憂無慮，牠們沒看見我們，牠們在火周圍，被自己的小群體弄得神智不清，而我們留在這很久很久，聽牠們絮絮叨叨，這是何等的謎啊；風向輕微轉變，為我們送來牠們的氣味，牠們其中一位的味道我很熟悉：這是昨天的以前的我。這個昨天的我呼喚著我們，我們就來了；我們一整群都來了。

牠們昨夜沒有應答，卻前來會見我們。某種意義上，牠們確實回答了，而正是這種意義令人著迷，因為牠們回答了，卻不是以我們期待的方式。牠們沒有以反射動作來回應刺激，牠們並沒有某種本能，彷彿我們一旦觸發這種本能，牠們就只能嚎叫；牠們的拒絕回應也是一種回應，還是一種更積極的回應，因為這正是克制，一種與我們幻想裡的野獸那種凶殘放肆相反的美德（「我寧可不叫」，野狼巴托比說*）。

既然牠們來了，牠們沒有應答這件事就顯得是一種存在層面的肯定的力量：並不是說牠們沒有應答是因為我們模仿得不好，沒有成功啟動牠們嚎叫的反射。而是說，這是牠們內在的一種複雜決策機制的展現。牠們讓我們感覺到，這是牠們表示肯定的動作，尤其是牠們又逸離於我們的權威之外。我們「地球主人」的偏見，導致了一個他者要是逸離於我們的召喚之外，我們就愈發嚴肅對待其本體論的實質。正如色諾芬（Xénophon）悲哀的話語：「人類是被如此塑造的：他們鄙視屈服者，尊敬抵抗他們之人。」這是個十分滑稽的泛靈論不易之理：與不抵抗者相比，抵抗者似乎總是擁有多一點的內在、多一點的存在。

---

*（譯注）作者此處的用典為美國作家赫爾曼．梅爾維爾（Herman Melville）的短篇小說《錄事巴托比》（'Bartleby, the Scrivener: A Story of Wall Street'）。

某個時刻，這些狼彼此說了這樣的話：「欸，我們是不是過去看看」。我們為什麼引起牠們的興趣？因為我們是新來的？因為我們嗚唱得不好，但我們嗚唱牠們的嚎叫倒還不錯？因為我們身在牠們眼中的重要地方（洞窟）？因為我們試著建立溝通？如果原因是最後這個，那就令人著迷了：這是因為，牠們樂於接受跨物種接觸這樣的想法。這是因為，牠們有跨物種外交的稟賦。這是因為，牠們對跨入各種生命形式間那中間地帶的兩足動物感到好奇。

某種意義上，牠們確實為了我們的召喚而來，但這跟我們對狗吹哨、狗就過來不一樣。狼不直接，而是間接回應的方式道盡了牠們在互動中的主動性的力量、牠們主權在我的客氣殷勤的力量：牠們順從於他者索求的互動，只不過是以牠們自己的風格。牠們沒有以聲音應答，但創造了一種我們的叫喚並未要求的回應方式：牠們隨心所欲對待我們的要求。牠們由此啟動了對話最高級的形式：確實回應了問者，但拒絕其問題的規範性，將之變化為另一物。這有點像大家坐在咖啡館露天雅座，我們微微焦慮詢問某個朋友：「幾點了？」他回答：「幾點不重要，請好好享受我的存在……」

對話，但不受問題裡始終潛藏的約束所侷限：就好像狼群將尼采在《瞧，這個人》（*Ecce Homo*）裡說自己的這句話一字不差據為己用：「我太好奇，太難以說服，太歡躍不羈，不允許別人向我提出碩大如拳的問題[29]。」

身為動物好奇心瞄準的對象，這情緒多麼奇異啊，這頭動物在夜裡從很遠很遠的地方來看你，要知道你是誰，儘管牠曉得你不是你號稱的那個誰，曉得你不是狼群的一員，甚至連狼都不是；然而，牠仍然研究調查。滋潤身心的反轉：成為野獸研究調查的對象。

小結：熾熱的融合

追蹤，廣義上可以指對生物調查研究的感受力，是接觸其他生命形式的意義與溝通交流的一種非常清晰的經驗。

其實，追蹤者就是任何對訊號感興趣的生物世界的實踐者，這林林總總包括了把重心從自己移到外界的散步者，對樹木的行為感到好奇的森林護管員，鑽研樹根、田鼠與猛禽間的對話（牠們彼此關連）的農人與農業生態學家，對每一種生物形式提出疑問的自然學家，鑽研塊莖、塊根植物的窩巢與習性的原住民採集者，信奉森林思維的亞馬遜人豹合一美洲豹（Runa Puma）獵手……等等。再更廣泛地說，追蹤者是於內在啟動了一種經過豐富、充實的注意力模式的所有人類，他以這種注意力關注他以外的生物：他認為這些生物值得鑽研、充滿意義。他預設了有東西等著翻譯，他試著學習。在這種注意力模式裡，人時時刻刻都在蒐羅訊號，都在建立連繫，都在注意奇異事物的片段，都在想像種種故事以便理解這些訊號、連繫、奇異片段，從而推論出這些不可見故事的可見效果，這些效果今後必須在實地尋找。然後，生物風景令人迷醉的豐富，它令人目不暇給的意義宇宙，它像一道意義及感官（這兩個維度交織其中）的大浪淹沒你的方式，就宛如單調大海深處的一頭抹香鯨般，浮現出來。

這種注意力的開展外於、超過了關於身體能力的現代二元論，這種二元論將感受力與理性對立起來。追蹤是學習改變思考方式的一種關鍵經驗，因為當我們在戶外偵蒐線索時，我們並不會拋棄理性來變得更為動物（這是顛倒了汙名的現代二元論），反而是更動物同時也更理性，感受力與思維力雙雙提升。

一天的追蹤結束後，我們關閉感官，因為我們精疲力盡於感覺、思索、詮釋、讓種種不可見湧現，此時我們會感受到特有的疲憊：這種症狀正表明了我們不該把所謂「異化人的」思想從所謂「真實的」感受力中除掉（這是反現代的神話），也不該把欺瞞人的感覺從純粹的思想中割棄（這是滋養伽利略式現代科學的柏拉圖式神話）。相反地，我們必須在一種全面的注意力中，將人類對外可以動用的所有組成部分都銜接起來。我們必須同時張開感覺、感知、詮釋、演繹、直覺、想像力等所有震顫著的觸角。我們唯有透過以下諸元素融熔成的熾熱融合，才能重新編織與生物國度敏銳又強力的聯繫：一種對身處己身相異性裡的他者所施展的精微震顫的感受力，一種參與性的感知，一種極致大膽又無比謹慎的詮釋與想像活動，一種嚴謹又狂野的演繹活動，一種於啟發法（heuristique）中奔放不羈、結論卻又無比合理的假說之創造，一種對跡象、訊號的全然敞開接受，一種在研究調查中對動物身體的感覺與行走稟賦之運用。以此超越現代人的盲瞽，以此藉著肯認生物擁有豐富的意義，來重新與生物彼此聯合。以此試著——儘管我們常常搞錯——來稍微翻譯牠們。

在生物豐富的種種實踐裡，這種感受力的存在前提是它與思想密不可分、彼此交織；它如今可以透過四處湧現的種種非簡化論的生命科學知識來豐富自身。最嚴謹的、笛卡兒式的智識，還有推理活動，都豐富了這種感受力；上述推理活動不能因為要屈服於媚俗討好的非理性主義（irrationalisme）而與現代性一起遭到拋棄，而應當重新連結最精敏震顫、最慷慨潑灑的感受力，還要摒除那些從來不是科學或理性思考的本質，而是其粗暴的贗品（盲目客觀化、純粹的量化、去生命化）的部分。關鍵挑戰乃是，必須用最詩意的感受力來編織這些知識，以想像出最有理有據的詩篇，想像出最關注歐洲山楊（tremble）之皮膚、河流之皮層、雲之水流，森林之運動的專注感受力。

這就是為什麼，時下傾慕泛靈論的風氣——泛靈論於此被思索為與自然之感性的、神祕主義式的連結，與被認為客觀化、異化了萬物的西方理性相對立——構成了一個有問題的立場。一方面，這種對泛靈論的偏愛有讓極度民族中心主義（ethnocentrisme）的信念死灰復燃的趨勢，根據此一信念，原始民族並不研究調查，這些民族只要透過嚴格限於「感性的」、情感的神祕主義式感知來聆聽樹木與雲朵說話，就能獲得他們生態系的真相。弔詭的是，這種取徑反而是一種對泛靈論的暴虐摧殘：該取徑忽略了，我們以外其他文化形式的調查研究特別就特別在，他們的調查研究並非不存在，而是持續的、沉浸式的、為所有人共享的。狩獵採集者（chasseur-cueilleur）並非沒有分析思考，他們的分析思考是時時刻刻瀰漫充盈，與其餘一切渾融交織的。這與我們的傳統相反，在我們的傳統裡，分析思考被正式侷限於孤立的「研究」（recherche）行為裡。從古希臘理論家、中世紀神職人員以降，一路到今日的職業研究者，只有我們這個文明將研究者這個職業專業化（我們稱之為科學家或專家），以此將調查研究獨立為一個領域並將之沒收，並把所有符合規範的知識作為少數人活動的成果來吸收。這是極端粗暴的沒收行徑，遮蓋了此一事實：任何人只要與生活有了關聯，就會研究調查。所有國家的實踐者，不管是亞馬遜原住民還是克勒茲省（Creuse）*的農人，都鎮日調查研究，他們既沒有正式的實驗準則，也沒有同儕審查。有的人非常出色，捕捉到了其他人不知曉的千萬種事物，進行的調查研究明確、直覺、富有想像力，最後卻非常準確，獲致了迷人的知識；就

* （譯注）法國新亞奎丹（Nouvelle-Aquitaine）大區的一個省份，位於法國本土中央。

像我們無論是在澳洲的農業生態學家與樸門農藝（permaculture*）實踐者，還是在喀拉哈里（Kalahari）地區†的桑人（bushmen）追蹤者身上看見的那樣。就好像萬事萬物一樣，裡面總有參差，某些調查研究者確實比較遲鈍，因循繼往，止於教條式的堅信，投射並不存在的意義，以慣性思考、馬虎隨意、或是借助迷信進行推理。但調查研究確實存在，而且無處不在，調查研究就是生命的隱藏名字[30]。

因此面對生物，我們必須重新啟動的，就是這種廣泛、真實、人人能做、與能夠感知之物相連結的調查研究，而不是這廂的浪漫、神祕主義式的感受力，也不是那廂科學模樣的、簡化論的、遭專家據為己有的、只不過是開採主義的遮羞布——的確，要想合理化瘋狂無度的開發開採行為，就必須把自然物化為無生命的物質——的推理能力。

另一方面，上述對於被思索為感性的連結、與理性的取徑相對立的泛靈論的愛好，是基於如此主張：科學的工作與其對理性思考及語言的運用，讓接觸不可見之物、獲得意義、達成與其他生物溝通交流的可能性都縮小了。然而，該主張惡毒的弔詭之處可以一言以蔽之為：如今，當科學的反對者群起反對將生物化約為原物料，並拿樹木會彼此交流、交換養分作為他們批判的論據時，他們忽略了：生產了這些帶來解放的生物相關知識的，正是科學（重賦生機的生命之科學）。正是於此意義上，我們得以一瞥，某些科學也能成為從內部爆破自然主義的操作裝置。要從科學裡剔除的，並非科學教導我們的關於生物無形動能或隱祕行為的豐繁美好知識，而是科學那客觀化、簡化的現代主義式贗品：但要這麼做的話，解剖刀的刀法就要切得比「科學」與「感受性」的對立還來得精敏微妙。

要想離開「使我們與生物經驗產生隔閡的冰冷分析理性」與「號稱擺脫思想桎梏的沉浸式感受力」如此的貧瘠對立，該做的並不是把一個群體化作弱勢然後全力押注它對抗強勢，因為真正的強勢支配者，是帶有等差階序的二元論本身；我們若照上面說的做，反而會讓這種二元論更加根深柢固。我們該做的，是跳脫此二元論來思考：不是寄希望於某一個來對抗另一個，亦非推崇一種態度、排除另一種態度。我認為，這就是實地追蹤的實踐經驗為我們上的一堂偉大的課。

由此，我們獲得了「感受力」的一個擴大的、沒有殘缺的定義：感受力是人類擁有的捕捉現實的裝置，是身體這個連接外界的匯聚交融之處裡頭，所有感官與思想力量的交織。這些力

* （譯注）亦曾直譯為永續栽培。

† （譯注）位於非洲南部，有喀拉哈里盆地，盆地中有喀拉哈里沙漠。

量並不相互排擠、彼此消滅；理性並不斬斷我們與感官的真實之繫連，感官也並不讓理性產生錯覺。誠然，當我們閱讀重力方程式而不是欣賞天空旋轉，抑或當我們享受黑天鵝絨夜空鑲嵌的鑽石群星，把這些星星的天文物理學性質抛開不管，我們可以分開享受兩種彼此析離的感受力，這是事實。但若說我們注定永遠只能要嘛使用這一種感受力、要嘛換到另一種感受力，無法兩者得兼，這就是一種非常現代的反常悖謬了。同時動用思想與感官兩者的思想實踐、感官實踐比比皆是，開啟通往締造我們的生物國度之路的鑰匙正蘊含於這些兩者得兼的實踐中。

在樸門農藝實踐者身上，我們也見到同樣的現象：樸門實踐者必須整夜在網路上蒐羅知識，翌日才能對他半是森林、半是園圃的迷人栽培裡發生了什麼事擁有更豐富的領略，進入無形世界，並沉浸於他躋身生物之妙的設計裡，他透過與其他樸門實踐者對話、部落格、生物教科書、昔日其他農民的觀察、土壤微生物學與蚯蚓動物行為學的文章，學會翻譯如此的生物之妙。

在某些方面，這樣的取徑也有生機論（vitalisme）的哲學情感：萬事萬物繞著旋轉的大奧祕、大力量，確實正是生命，正是活著的事實，而不是文化、理智、意識、道德、理性……等等。但這邊的關鍵是，必須認真審視生物，來具體化這種對生命的迷戀：消化、吸收、運用種種最先進、最開放的生物學知識，以復甦這些知識的神話力量，順道顛覆它們。

這是吹著口哨，輕巧繞過科學與虛構、詩意與精確、感性與理性這種種二元論的一樁嘗試，意在打造一種所有生物能力盡皆混融其中的熾熱融合：最敏銳的感官，最活躍的身體，最狂野的想像力，最嚴謹的理性思考，最精微震顫的感受力，幻想，以及知識。意在為與世界相會做好準備，也意在創造充滿隨時制宜的顧念敬重的，與其他生命方式的種種新關係。

某種意義上來說，帶來了「在生物家過上一季」這場文字壯遊的祕密實驗，能歸結為一樁謎奧：如何在神話時代書寫？

因為，神話是什麼？李維史陀提出了原住民對神話的定義：「如果您詢問美洲原住民，他很可能會回答：就是一個講述人與動物尚未分別的時代的故事[31]。」在美洲原住民的宇宙觀中，神話時代永不會澈底消逝，它總是縈繞著現在，在現在的邊緣徘徊，準備在我們一不注意，不再尋求鞏固動物與我們的差異（不再為了掩蓋各種生命形式間的「原初默契」〔connivence originelle〕而打造種種防禦工事[32]）的時候，撲向我們。

這些經過豐富的追蹤的經驗裡，浮現了一整個神話編纂（mythographique）或神話創造（mythopoiétique）的書寫計畫。在神話時代書寫。在某些時間暫停的時刻，經歷神話時代。我們在森林裡有一種遊戲：當我們遇上一棵彎成拱門的樹，我們告訴自己，這是神話時代的大門。我們跨入拱門另一邊時，一切如舊，同時，一切又微妙改變了；通往奧祕之路變得順暢，早已穩定下來的現代分類不再適用，我們終於能看見，我們身體的動物性祖先傳承就在表面，就在這裡，在皮膚之下啟動了。我們瞥見動物與樹木的真實形態——親密外星人的形態。我們感受到一個共享的生物世界那種種的外交可能性。

我所說的跨物種外交是指一套關於隨時制宜的顧念敬重（égards ajustés）的理論與實踐。隨時制宜的顧念敬重始於理解其他生命形式，如此的理解試圖公正對待這些生命形式的相異性：這樣的理解因此意味著剪裁一套適切的風格來談論牠們、來將牠們的生命模樣形諸語言文字——這是牠們自己不會做的。在某種意義上，這總會失敗的，我們永遠無法做到公正無失，但這就是為什麼我們必須無休無止談論切磋，必須翻譯、重譯種種不可譯之物，必須一試再試。我們必須能夠用我們談論我們自己時用的措詞言語來談論牠們，以此表明牠們不是物理的物質，不是「大自然」（Nature）；而與此同時，我們也要拗折上述的措詞言語，以顯現牠們的奇異之處。我們必須以萬一本書的開頭為：「您剛剛登陸另一顆行星（實則是您的行星），您邂逅了聞所未聞的一種生命形式，您現在要做外星民族誌：牠們沒有明證的語言能力，沒有語義性的語言，沒有與您一樣的認知形式，而您必須還牠們一個公道：這不是一個缺陷、不是一個不足[33]」時，我們閱讀本書的方式，來閱讀本書。動物像外星生物一樣，創造了自己的價值尺度：我們描述的，確確實實是種種習性，種種豐厚而交織的習性，厚達數百萬年，與其他生物的習性彼此交織。

它們是種種習性、種種風尚，因為這是牠們的習性、牠們的風尚，這些習性風尚獨立於我們之外：這是與探討土著生命形式的殖民民族誌論述所不同的地方，後者總是暗中以受標舉為規範的殖民者價值尺度（理性相對於迷信，「最佳化」的組織相對於習俗，充滿實現力的能量相對於土著的「懶惰」）來評價土著。

最重要的是，牠們擁有與我們不一樣的身體，而因為厚實著時光，由種種親密的外星人編織而成的身體對世間所有生物來說，是配置諸般存在可能性的裝置，牠們就體現了、啟動了其他的生命方式。我們必須構想一份種種非凡身體的指南。就好像博物學指南那樣，但這次這份指南不是要教我們辨認鳥類或菇蕈，而是要讓我們進入「身為另一種身體」這個內建的、令人悸動的謎奧，不管是禿鷲的身體還是百年橡樹的身體，這「另一種身體」開啟了一個前所未見的存在可能性空間。

關鍵挑戰在於，必須恢復牠們生命形式的完滿；同時，儘管牠們身上並沒有您某些精彩無比的特質（比如人類語言），卻仍必須保存牠們的生命形式與您的這些特質的相似之處。

生物的組織是時間的織錦，但我們從不在其前，而是身在其中，沉浸其內。我們注定要從內部觀看、了解，無法抽身而出。

這就是一種生物無可分割的取徑所彰顯的：一種同時涵括生態、演化、動物行為學的哲學，也就是說，這種哲學敏感於與周遭生物群集（communauté biotique）形成的水平交織（非「自然」化的生態學）、與年代古遠的祖先傳承之珍寶形成的垂直交織（非機械化的演化），關注生物開闢存在次元的力量：創造性的種種存在形式的空間（哲學上經過豐富的動物行為學）。

非「自然」化的生態學向跨物種關係的政治面向開放；非機械化的演化在「可供使用的祖先傳承之沉積」以及「讓新關係成為可能的擴展適應庫」上下工夫；經過豐富的動物行為學是一種「將之看成」（voir comme）的動物行為學，建基於觀點主義的類比這種方法。它容納了生物溝通交流、約定、協議、習性、風俗的生命符號學（biosémiotique）面向。

經過豐富的追蹤是生物無可分割的哲學取徑那感性的、實際的一面，它是一種注意力的風格。一種保持警覺的方式：這樣的警覺關注厚實著時光、由種種親密的外星人編織而成的身體那豐富的訊號。這樣的警覺是沉浸式的，總是從裡面、絕非從前面關注。每種生物都以迂迴的方式，透過訊號，在此中展示了各自那令人神往的存在方式（「沒有楊柳，風打哪裡美起？」*老舍說）。沒有土地，我們又怎麼認識生物非凡的存在？

而您登陸的，當然是地球，美好的老地球。然而，一旦您為它的居民——舞出地圖的蜜蜂，與蕈菇對話的樹，幫助您消化的細菌——恢復牠們應有的本體論地位，地球就成為了一顆陌生的行星，一顆太陽系外行星（exoplanète），這個本體論地位就是：蛻變的生命，親密的外星人。此時，像世界一樣廣闊的尚未探索之境將會敞開，它要求我們必須實踐：志在探索、注重外交關係的調查研究。如此調查研究旨在給予牠們公道，也旨在發明出世界主義式的禮儀（cosmopolitesse）†，以共享這美好、古老、嶄新的地球。

* （譯注）語出老舍，《牛天賜傳》。

† （譯注）此字為作者所創，是世界主義（cosmopolitisme）與禮儀（politesse）的合成字。

一株海綿的前程

LES PROMESSES D'UNE ÉPONGE.

每次用餐，我們都會做一個豐蘊著儀式意義的動作。一種迄未揭露的祖先崇拜。三指插入粗鹽缽裡，隨後在平底鍋中灑下一撮粗鹽，就像女巫在魔藥裡灑下魔法物質。或者是，漫不經心拈起鹽盅，然後，宛如禪宗僧侶敲鑼一般，在餐食上方頓挫搖晃三下：我們撒著鹽。這是一道日常的儀式，我們很少注意到它年代古遠的主角：它祕密崇拜的對象。

我們確實必須每天吃鹽來維持代謝平衡（滲透壓是個關鍵）。我們能夠在陸地上維持生命，「只因為我們的身體蘊涵大量的鹽水[1]」。但為什麼我們是由鹽水組成的，又宛如受詛咒般注定要日日從外部復原體內的鹽度？

我們的新陳代謝依賴離子幫浦來運作，它透過離子濃度與電荷的差異來循環鈉與鉀。在神經元裡，這些幫浦讓細胞彼此得以交流。換句話說，一切神經與腦的活動都需要這樣的鹽。為了閱讀這幾行字，您的身體啟動了這些鈉幫浦。您之所以清醒，全靠這些幫浦。不過，為什麼這些身體內建的幫浦的運作是靠鈉，也就是，鹽？

我們對鹽的需求其實祕密傳承自我們漫長的水生往昔：傳承自這幾十億年的時光，當時，我們的祖先生活在高鹽度的海洋環境裡。如此一來，牠們在與環境的交流裡納入了鹽水，以至於牠們必須調節體內的鹽度。演化藉此機會運用鈉離子的電力來運轉物質與能量的循環幫浦，這些幫浦奠基了當今人體的代謝活動。

如今這種對鹽、對用來充盈生物組織的鹽水的需求，乃是與我們一起上岸的海洋的有機回憶。古生代的泥盆紀晚期，約當三億七千五百萬年前，生物逐漸遍布陸地時，身為我們祖先的四足動物（tétrapode）[2]破水而出，探索陸地。大海卻留在體內，成為血肉的回憶，以為了運轉——也就是，為了生存——而對不可或缺之鹽有所需求的形式，與我們融為一體。就像古代水渠，雖遭遺忘，卻成為新城市的基礎。

對於一個誕生於海、為海所生的生物體來說，鹽不可或缺：這個有機體在海裡尋得了組成自身的原料。我們沉浸其中的這鹽水占了我們生物體的十分之七，被包裹在我們的組織裡[3]。流淌在我們血管裡的鹽水只不過是原初海洋海水的具體殘餘，這最初的海水是我們原始的、羊水般的、構成我們的環境。要捍衛如是主張，不妨借助一項中立的假說，一樁思想的實驗：一種動物要是從一開始就在陸地上演化，恐怕不會對鹽有同樣的生理需求。

因此，食用鹽，就是在自己體內重建原初的環境：我們破水而出時，隨身攜帶的那一小塊海洋。（每當我們加鹽，就憶及海洋。憶及我們受之於海的饋贈？）

當我們憶及，在我們的直系祖先裡，第一頭在海中生活的動物是株海綿，事情就更清楚了——讓我們把這一點說分明，讓每個人都透澈了解自己身體的本質，如此本質是一樁奧祕：身體主要由水組成，而這水必須日復一日重新添加鹽分，身體才能免於衰亡。

又或者更嚴謹地說，現今的海綿，各種海綿動物（多孔動物門，*Porifera*）構成了後生動物（métazoaire）最基部的門（embranchement）*，這些海綿或許是最接近所有動物的共同祖先的生命形式。在我們看來毫無生氣的海綿確確實實是動物。我們是某塊充盈著海水的海綿的直系後裔。隱喻上，從我們與充盈我們的水的關係來看，海綿是與我們最為融合難分的祖先傳承。

當您在蓮蓬頭下用著一塊天然海綿，請想想：您用來擦洗身體的，是您祖先的身體（或者說，是當今最像您祖先的動物的身體，因為當然，從最初的海綿至今，海綿已經發生了一點變化，這些今日的海綿其實是您的堂表兄弟姊妹）。用天然海綿洗澡正是又一種祕密地、無意識地完成的祖先崇拜：一種連結全體動物界的感官的、靜默的儀式，身為全體動物界祖先的海綿，正躺在我們的手掌裡。

而構成我們的，充滿、啟動我們三分之二身體的水本身，昨日為海洋與雲朵所轉運，也曾是暴風雨及溪流，明日又將歸返我們體內。我們每個個體亦都是露天的雨水蓄貯池。這一切的一切都蘊含在淋浴的經驗裡。我們幾乎能夠在淋浴中獲得曾是一株海綿的身體感。這樣的感覺是否能幫助我們重新為日常的、不引疑猜的撒鹽儀式賦予意義？

身為遭我們滅絕之族的後裔

透過一幅豐盈著種種值得展觀的哲學教誨的圖畫，上述整個故事的意義可以發揮得更清楚些。這幅出自漫畫家丹・皮拉羅（Dan Piraro）手筆的圖畫以一種優雅的方式，連結了我們的演化問題與當代某些生態挑戰。

全圖的關鍵落在最右邊悄悄浮出水面的死魚尾巴；另一方面，稍遠處，一條類似的魚化作爬上陸地的生物，牠先變為哺乳類，又成了靈長類：牠逐漸化作這個把有毒垃圾倒在代表自己祖先的生物頭上的這個人類。各角色形成了空間的圓環，圓環成了時間的輪迴：現在影響過去，過去孕育未來。

* （譯注）此指生物分類法的層級，界、門、綱、目、科、屬、種的門。

丹・皮拉羅（Dan Piraro），〈轉移〉（*Devolution*），2007年12月30日。© Dan Piraro.

這幅畫邀請我們進行深刻的、頗為恆真式的思想實驗：它讓我們回想起，儘管我們是我們眼中非常粗糙原始的生命形式的後裔，牠們仍是今天如此的我們的祖先。我們借助演化的理論生物學晚近的重大變革（我們稍後將作說明），得以推知如下哲學教訓：每個物種，就算是（好比說，從牠細胞分化的類型這樣的角度來看的）最簡單的物種，就算是我們眼中反射行為最死板的物種，每個現今的物種都有機會在日後成為某些生命形式的祖先，這些未來的生命形式帶有與我們最看重推崇的人類特徵類似的特徵。

此處，「簡單」（simple）一詞應為描述的（descriptif），而非規範的（normatif）意涵：「簡單」並不代表「演化上落後」。今日所有的生物全都在演化上同樣進步；這是事實，牠們演化了一樣久，各自盛綻圓滿，適應了牠們各自豐富的世界。

演化意義上沒有「簡單」的有機體這回事：解剖學上則是有的（原核單細胞生物、真核單細胞生物、多細胞生物、細胞分化的多細胞生物……等）。代謝意義上也是有的；基因意義上，「簡單」的有機體也存在，但並不總是我們以為的那些，因為海葵擁有跟我們一樣多的基因。無論如何，蘊含褒貶的「簡單」與「複雜」並不存在，存在的只有潛力，生物體內蘊藏的種種演化潛力。弔詭的是，解剖學上最簡單的生物往往蘊藏最豐富的可能，正因為牠們尚未走上會僵化牠們、讓器官變得極度特化而無法挪用他途——而這是因為，到了這個階段，牠們擁有的結構將會犬牙交錯到一旦這些結構的基礎改變，其餘部分就會轟然崩塌——的演化道路。所謂「複雜」的動物遭到自己建造的大教堂所拖累，這些宏偉的結構限制了牠們可能的演化蛻變。「簡單」的生物是星星之火，其可能性的範圍往往最為廣袤。

生命形式的未來學

再說得更清楚些，當今每種生命形式，從蜜蜂到變形蟲（amibe），從月桂到章魚，如果您給予牠們必要的幾百萬年，牠們就都有潛力成為比我們更有社會秉賦、更有創造力、更尊重環境、更擁有以聲音傳達意義的語言、更有自我意識、更有其他形式的智慧，這樣的生命形式的祖先。

如此斷言或許聽來驚世駭俗，以歸謬法檢驗卻是無懈可擊，原因很簡單：因為我們就是某個祖先經歷支配所有生物的相同演化過程所產生出來的，這個祖先在其轉變的每個階段都像今日與我們共享地球的許多物種一樣「粗糙原始」，一樣單細胞，一樣沒有神經元，之後也一樣沒有大腦皮質。這樣的論點在邏輯上固若金湯，為想像力帶來解放，倫理上則令人心旌動搖。

一項猜想生物學（biologie spéculative）的合理論述於焉誕生。

而某些生命形式早已在我們標舉為「人類獨有」的特徵上，展現了奇異的超卓不群。好比說，貯藏食物的鳥類所擁有的記憶力，或更厲害的，鯨類，尤其虎鯨，牠們腦部主掌豐富的情感社會生活與連結能力之處，其謎奧難解地肥大[4]。

當今種種生命形式毫無缺陷匱乏，演化觀點上，牠們全都與我們同樣完滿，這自不待言。但若以現代人看重推崇的價值——此乃文化之產物——來評量其他生物，牠們就幾乎總在等級上遜於人類（如果我們看重的是推崇回音定位〔écholocalisation〕或是憑陽光攝食空氣中的碳這樣的光合作用神通，我們將會是次等植物或落後遲滯的蝙蝠）。

因此，這不是說：每種生命形式裡都有人類等待萌芽，更不是說：這是事實上或是理所當然的合理目的。此處是要喚起遭人忽略的邏輯關連：當今被非永續經濟活動與盲目開墾環境的某些效應所蹂躪、所毀滅的每個物種，都有希望產生具有乍看之下挑動人好奇心的種種才賦的生命形式。

生物學裡，我們無法否認這樣的論點：當今每個物種，就算是那些顯然最為簡單的物種，也無論瀕危或繁盛，都有機會——儘管這機會再怎麼微小——能夠在幾千萬或幾億年後蛻變出種種生命形式，這些生命形式以聞所未聞的形態，擁有與我們最看重推崇的人類特徵類似的特徵：善意與愛的作風、自我意識、文化與合作的才能、倫理形式、與其他生命形式融洽共居地球的能力、種種令人驚異的智慧。還有，「自由」，或總歸來說，我們人類命名為「自由」之物——此物讓最好與最壞都成為可能。

人文主義美德的猜想生物學

當然，並不是說，要成為值得景仰的生物，就必須擁有像人類一樣的藝術作品和人類那寥寥幾項倫理之美：我們這個現代傳統的人類，其信念卻恰遭如此塑造，他們被訓練成要去高高標舉自己獨樹一幟的動物力量（從彩繪西斯汀禮拜堂〔chapelle Sixtine〕到產生民主），使之遠較其他生命形式的動物力量來得優異崇隆。此處要做的，是以此論證之矛、攻此論證之盾，用人類中心主義（humanocentrisme）自己的價值來內爆人類中心主義，來讓人類中心主義明瞭它之所為有多麼嚴重。如此，人類中心主義就能意識到，它的尺度不是唯一的，也不是正確的。與此同時，某些情況裡，若我們試圖內爆人類中心主義，與其譴責它，我們也可以巧妙耍弄它的傳統。

這椿寓言的奇特力量在於，我們不知道、也不可能知道哪條生物支系擁有最豐繁遠大的前程；就算我們相信所有生命形式都已同樣神奇絕妙、盡善盡美（這我認同），因為人文主義的關係，我們也不得不承認，若有一個物種在未來將比我們還更高舉我們揄揚吹捧的價值，消滅這物種的企圖就顯得相當可怕了。

因此，我們應對這種情況，必須無限細膩、無限謹慎，因為未來幾百萬年間，思考最緩慢的樹木族群，還有最「微不足道」的昆蟲（透過在演化上逆轉牠們某些難以改變之處），都有機會成為比我們更好的使者，去傳揚我們珍視並認為是人類最崇高的力量，包括各種形式的象徵體系，各種藝術，各種政治形式——這些形式已掙脫了迄今充斥於我們民主裡的多種暴力——各式各樣有同理心的倫理道德，以及對地球上的生命所展現的嶄新而自覺的尊重。

是故，如果我們為我們如今的生命形式隨心追溯其傳承的祖先，我們是白堊紀一種類似今日囓齒動物的哺乳類胎盤動物的後裔，再往前追的話，我們是水母的後裔，再往前，我們是海綿的後裔，再往前，我們是原始植物（proto-végétal）的後裔，再往前，我們是草履蟲的後裔，最終，我們是細菌的後裔：因此，邏輯上來說，您無法排除，您周遭的每種生物有一天將會產生如下後裔：蜱產生了如馬丁．路德．金恩（Martin Luther King）一樣熱切追求正義的後裔，樹木產生了與甘地（Gandhi）一樣有大智慧的後裔——或是，變形蟲產生了和碧昂絲

（Beyoncé Giselle Knowles）一樣在藝術上屌炸天（badass）的後裔。

也就是說，如果我們認真看待演化潛力的概念，那麼，從海綿到章魚，從蜜蜂到松茸，當今每種生命形式都有潛力成為甚至以人文主義和人類中心主義（anthropocentrisme）的標準來看都比我們更加精彩卓絕的物種的祖先。

至於我們人類，當然了，對稱來看，我們自也不落其他物種之後：因為世上存在其他標準，它們的價值並不低於人類的標準。我們能想像自己進化到獲得蜜蜂舞出地圖的藝術嗎？或是，進化到獲得海豚用聽的聽出地貌型態的藝術？獲得章魚用身體的每個末端做決定的藝術？樹木攝食陽光、在大氣中釋放讓其餘數千種生命形式成為可能的可呼吸之氧氣的藝術？

我們在演化中的位置：生物哲學（philosophie de la biologie）的當代變異

如果上述的可能性在邏輯上無懈可擊，又是為什麼，它儘管在達爾文學說中已初見端倪，卻沒有更深刻影響我們對自身生物圈位置的理解？這是因為，過去的幾個世紀裡，與演化論銜接的一系列哲學概念儘管並未拒斥上述的可能性（possibilité），卻否認了其發生的機率（probabilité）。

為什麼這項思想實驗恰是在當今的理論與哲學背景裡才成為可能？要了解這現象，就必須仔細審視達爾文以降，演化論潛在哲學的種種轉變。某樣重大卻無形的事情改變了。如果我們只看晚近的科學史，我們會意識到，在二十世紀，演化論隱藏哲學的某種主流版本讓「簡單生物的遠大前程」（promesses des simples）的想法變得幾乎不可能實現。該主流版本源於這項錯誤的論點，根據該論點，演化自然而然會傾向複雜：演化裡有個*telos*（被瞄準的最終目的）會帶領低等的、簡單的生物形式步上康莊大道，邁向人類繁複的盡善盡美；在費奧多西・多布然斯基（Theodosius Grygorovych Dobzhansky）、喬治・蓋洛德・辛普森（George Gaylord Simpson）、一路到恩斯特・瓦爾特・邁爾（Ernst Walter Mayr）的這些建立現代演化綜論（théorie synthétique de l'évolution）的幾位生物學家的哲學裡，都還找得到這個主流版本隱藏的、或經過潤飾的蹤影[5]。根據如是論調，那些最簡單的生命形式本質上將是攀上巍峨的繁複時必須踩過的階梯，而非好比說，儘管身為單細胞生物，卻也能做出迷人之事的獨特冒險旅程。什麼樣的迷人之事？好比細菌之間會彼此交流來共同發動集體放毒或集體發光的效果（這就是微生物學家近來描述的群聚感應〔quorum sensing〕[6]）。

然而，二十世紀的最後四分之一，一直到二十一世紀初，與上述論調打對臺、將之代換掉的，是什麼樣的敘事？是來自史蒂芬・傑伊・古爾德（Stephen Jay Gould）的敘事，我們不妨稱之為偶然主義（contingentisme），其主張為：演化本質上是偶然的；弔詭的是，如是論述將演化上的人類例外論（exceptionnalisme humain）無心地據為己用。說弔詭，是因為古爾德的目的是完全不賦予人類「受眷顧選擇之物種」的地位、拒斥一切針對其他生命形式的等級劃分。古爾德確實有推翻上述這種人類至上主義的雄心，但他卻只找到與他對生物演化的科學認知相諧的一種理論上的解法，來完滿他否定「演化趨向人類這種完美形式」的哲學計畫。為了不是演化的最終目的或最大勝利，人類必須是一場幾乎完全不可能發生的偶然，一起意外，一件怪事：此乃「人類這個事實極度不可能發生」的論點。作為生物演化的哲學，古爾德學說建基於「演化過程是澈底偶然的」這個論點上，並從這個論點出發，推斷出：人類生命形式的獨特（如此的生命形式必須耐人尋味地結合以下種種條件才成為可能：對生拇指、生物力學〔biomécanique〕與神經元的語言能力、雙足行走、巨大的腦、飲食轉變為雜食性……）必須想成是無法複製的擲骰子，是獨一無二的。

我們就算不熟悉古爾德這位偉大生物學家、淵博思想家的工作成果，卻也知曉「我們在演化中的位置」的這個版本的故事，因為它從一九九〇年代以降就深入文化之中：每個人可能都透過它非常類比性的、非常九〇年代的「為生命錄音帶倒帶」這個比喻形式，而知道它。古爾德的比喻講述道[7]，如果我們為生命的錄音帶倒帶，再按下播放鍵：好啦，它會重新播放，但會跟之前的播放非常不同，因為初始條件的些微差異（為了讓思想實驗在邏輯上更俐落，讓我們把它們加進去）將在生物體系的演化裡產生重大差異。結果是：當今各自獨特的諸般生命形式產生於純粹而完美的偶然，產生於極度的不可能裡；人類的生命形式，人類這引人神往的動物，是統計上無法重現的一樁奇異。

不過，就算不是天選之民（peuple élu）那種例外，而是樂透得主這種例外，例外仍是例外。

古爾德企圖透過這個錄音帶的比喻來解構人類出現的必然性與終極性，然而，我們身處生物之間的宇宙性孤獨，在這樁比喻裡卻怪異地留存了下來。古爾德想要把人類趕下「演化大計的終極成果」的寶座，卻也恢復了人類作為偶然的純粹獨特的例外地位。古爾德這錄音帶比喻弔詭地成為他本身前衛的生物學裡一股保守的力量（但也不應為此責怪古爾德，因為他也提出了種種概念，此後這些概念能幫助我們明瞭演化生物學的上述哲學推論是錯誤的）。

因為，除了偶然，還有限制（contrainte）：演化與蛻變的生物學限制，這些限制廣泛為所有生物共享，因為牠們擁有共同的傳承祖先、共同的環境條件，而正是古爾德與其他人共同揭示了這些限制。是另一種生物學概念的興起讓我們從此能以異於「本體論的、天選的，或是統計上的例外」的角度，思索人類的位置，同時保存了古爾德學說的論點——演化中，偶然的重要程度是決定性（但非絕對）的。

奇蹟的庸常性

如今算來已有幾年了，演化生物學受「限制」的概念滋養，打造了趨同（convergence）的概念[8]，此概念展示了，在我們處處可見生物無可化約的獨特性之處，其實有種種重大的趨同現象。這正是古爾德與西蒙・康威・莫里斯（Simon Conway Morris）針對寒武紀生命大爆發（explosion du Cambrien）的大論爭，這場論爭讓世紀之交的古生物學（paléontologie）生氣勃勃[9]。研究者揭示了，細菌（之後，植物則吸收了這些細菌）以陽光為食，將陽光變成碳的神奇稟賦——光合作用，在演化裡相對獨立地被生物獲得了超過一百二十次。在談論社會性複雜生命形式之趨同現象的一個精彩章節裡，西蒙・康威・莫里斯為眼睛、C4類二氧化碳固定的光合作用（photosynthèse de type C4）、甚至「智慧」的多次平行出現做了令人信服的考據[10]。

當然，這裡一定會產生決定性（而開放）的術語之爭：當我們提到這個據稱出現了好幾次的「智慧」，我們談的究竟是什麼？然而，從鬆散卻令人信服的意義上講，智慧在生物之中已出現了非常多次。智慧是，在沒有既定的運動模式，亦即沒有繼承來的刻板動作序列的情況下，解決複雜問題的能力；在這樣沒有既定模式的情況下，就得依靠有條不紊、連貫有致、經過中介的行為序列才能克竟全功的辦法，來達到解決的目的。鳥類沒有跟我們一樣的大腦皮質，人們長久以來都說鳥類無法擁有智慧。但這只是因為牠們大腦結構的型態採取了與我們徹底有別的演化路徑，這條路讓牠們能出色達成稱得上是智慧的最低限度任務：以身心解決問題[11]。章魚在六億年前就與我們分家了，然而，牠們發展出了非凡的認知形式，其認知載體的神經元與腦的型態與我們的迥然不同[12]。連樹木也展現了意想不到的「認知」（cognitif）活動：樹木運用神經傳導物質，不僅僅是化學形式，也作為訊號通道──請領略這現象有多了不起：樹木運用神經傳導物質，同時卻沒有腦、也沒有神經元[13]（這也正是因為，我們對認知過程的定義仍舊是非功能性的）。

並不是骰子一擲，就出現了智慧、出現了我們，我們不是獨一無二的某次擲骰子的結果，我們是這種種形式的其中一種，更是種種潛在形式的其中一種（但不管怎麼說，讓我們公道些：在某些能力上，人類確實是一種特別敏銳而奇異的形式）。其他生物複雜認知形式的發現有助於了解其他種種智慧是可能的。

弔詭的是，趨同的論點獲得一位思想家大力辯護，而這位思想家的形上學目的總而言之是相當清楚的：西蒙．康威．莫里斯是基督徒，他對古爾德的敵意可能部分源於後者的無神論。以至於，康威．莫里斯堅持：趨同現象證明生物學家高估了偶然在演化中的地位，也證明了促使一種「兩足的、有智慧的生命形式」出現的宇宙力量運作會讓演化不斷重複其大方向。以至於，我們感覺這是一場兩套關於人類在生物中地位的形上學間的衝突。其實，把他們的辯論歸結為不同形上學目的之交鋒對他們哪一位都不公平。他們兩位首先是化石紀錄正直無欺的分析者，而對於願意一觀的人來說，事實也歷歷在目，清澈明白：趨同無處不在。

生命，偶然與趨同

如此一來，今後，「我們的出現、或某種有智慧生命形式的出現是近乎不可能的」這樣的論點，就被以西蒙・康威・莫里斯為首的研究者提出的非常堅實的考證所超越了。有智慧的生命出現了好幾次，自然而然就重複出現，也將一直重複出現，因為，根據達爾文主義哲學家丹尼爾・丹尼特（Daniel Dennett）的概念，我們活著的時候，智慧是個「演化的好東西」（Bon Truc Évolutif）：智慧是讓生命更容易、更久長的一樁美妙發明。我們揮別了古爾德的主張——錄音帶的比喻及其中蘊藏的絕對偶然主義。但這絲毫無損「演化中存在相對的偶然」這個論點的中肯。很簡單，這個「偶然」是受到限制的偶然；在這樣的偶然裡，好的解決方案巧合地獲得了好幾次重新發現：但這個巧合在表達上受到演化的物質條件所限制。

接受趨同無所不在並不會迫使我們對演化採取宗教觀點：我們大可要求對趨同現象採取嚴格的唯物論詮釋（同時也默認我們不知道此「物」為何：簡而言之，它不需要「上帝」這個假設來達成種種非凡奇妙之事）。如此一來，趨同就是生成限制（遺傳限制、發育限制、選擇限制）的表達。

讓我們簡化表達：請想像一個樂高遊戲。一個隨機運作的盲目機器人在一間房裡組裝樂高積木。積木的組合限制讓可能的結構數量有限，萬有引力定律讓能抵抗重力不崩塌的結構數量也有限：房中央擺放著可能的形式，它們自然而然不斷重複。但機器人組裝出的種種變異仍然沒有終極目的。以此類推：趨同演化完全不會動搖達爾文主義對偶然的發現；此處「偶然」的意義是，變異與選擇之間並不存在終極目的。可能性的範圍受到限制並不代表其透過變異進行的探索就一定受環境條件牽制。

人類在演化列車裡的位置是否舒適？

那麼，這些理論的流轉對遠為精彩的「人類在生物中的位置」的哲學問題有何作用？這嶄新的趨同生物學蘊涵的一種哲學詮釋就在我之前展示的丹·皮拉羅的圖畫裡：當今每個物種或每個生物群體都有潛力會是種種生命形式的祖先，這些未來的生命形式擁有智慧，抑或擁有創造或愛的稟賦，與我們這種靈長類的生命形式類似，或更優越。我們只不過是生物裡智慧或高度文明的種種形式的前鋒（而且是不完美得令人沉痛的粗坯）。

在我們背後，整個生物圈以自身完美無瑕的緩慢步調前進，在生命智慧、居住、文化、溝通交流、善意，甚至是公平正義的面向上，自方方面面各種角度開展其他冒險的試驗。

如今已有一些驚人的例子，好比說，捲尾猴（singe capucin）拒絕在完成相同任務時蒙受差別待遇（這場著名實驗的影片裡，我們看見，一隻猴子位於旁邊籠裡的同伴先獲得了一塊多汁的水果作為獎賞，這隻猴子則把自己獲得的黃瓜切片丟到實驗人員的臉上[14]）。

我們的智慧並非演化上的孤例，並非獨一無二、無限逼近不可能的擲骰結果，而是諸般智慧形式的其中一種，這些智慧形式在各處各地自我實驗，長此以往很可能與我們的智慧形式類似、超越我們的智慧形式，或澈底與我們的智慧形式分道揚鑣，邁向前所未見的形式。因為，萬事俱備、只欠東風：海綿花了大約六億年的時間成為智人——這需要時間，而這正是如今我們從各物種身上所奪走的：為了能在遭到人類大規模開墾整治的環境裡繼續演化，所需要的時間與空間。

很少人注意到，面對生態危機時，趨同學說帶來的哲學意蘊；牽涉到人類在未來生命的叢林裡位置在哪（人類的稀有性、獨特性）的問題時尤其如此。古爾德與康威．莫里斯的論戰所捕捉到的理論之爭較專注於「為生命的錄音帶倒帶」的隱喻，圍繞著這個問題開展：如果我們回到過去，讓演化重新走一遭，一種擁有類似人類智慧的生物有沒有可能出現？然而，關鍵的思想實驗卻不是這個問題，而是：如果我們從現在開始給予我們周遭的其他生命形式時間以及空間，讓演化的錄音帶自由開展，會發生什麼事？

燒毀的不僅是一座圖書館

保育生物學（biologie de la conservation）有個隱喻：第六次物種大滅絕等同於燒毀演化的圖書館[15]。在這隱喻裡，每個生物族群或物種被視為一套遺傳記憶、一本書：融入器官的生態知識寶藏歷時數百萬年沉積而成的總和。每個物種為了發明非凡解方來解決變動環境生存的問題，所實施的古遠得無以追溯的動物行為學藝術——燒毀了。每一個鳥的細胞、每一隻蝴蝶與蛾記載並傳承的飛翔藝術之奧祕——燒毀了。每種動物不知不覺持續呼吸的藝術之奧祕，收攏在葉綠體的遺傳資訊裡的吞食陽光的藝術之奧祕，還有草食動物憑藉共生細菌來消化纖維素的藝術之奧祕——全都燒毀了。合成類鴉片為自己止痛的藝術之奧祕，思考的藝術之奧祕，鍾愛自己的小哺乳類以及親朋好友的藝術之奧祕……所有這些以遺傳和表觀遺傳（épigénétique）的形式局部收藏於每個細胞裡的奧祕，全燒成煙塵泡影[16]。

這個圖書館的隱喻恰當，但仍不足。當代的第六次物種大滅絕並不僅僅是燒毀演化的圖書館、燒毀昔日的所有作品，它更是：將詩人連同上述的東西一起燒毀。未來的詩人──也就是每種生命形式產生出其他擁有仍然未知的稟賦、仍然未知的生命藝術與仍然未知的能力的其他生命形式的可能性。我們燒毀的並不只是過去已誕生的，還有未來有機會誕生的一切。我們將之稱為生物每個族群的演化潛力，這種種演化潛力在強權國家的政治經濟與他們對非人類生命世界的盲瞽所打造的開採主義與資源主義機器的爐火裡灰飛煙滅。

那麼，面對當代緊迫的生物多樣性危機，這項試圖追蹤新演化生物學裡人類位置的哲學意義的思想實驗，其倫理意涵為何？

首先，我們可以說，每個物種之所以必須保育，不再只是因為牠是獨一無二的傳承，或因為牠根據某種倫理，擁有無可剝奪的生命權（droit à la vie），因為牠很美，因為牠能為我們提供新藥，因為對生命的尊重，或因為從演化觀點來看，牠已是奇蹟（這是事實沒錯）……而也因為牠是百折千迴的種種生命形式的潛在祖先；就算以全世界最人文主義的角度審視，這些未來的生命形式也將是一個個奇蹟，也將是我們尚未得以成為的，更尊重他者及其世界的物種。

上面這全部其實是個小小花招：把整桶年年春除草劑潑到蟲子、蟑螂和爬蟲類的頭上比較簡單，潑到未來的非人類文明最秀異崇隆之士的潛在祖先頭上則比較難，不是嗎？

為了全然恢復這個現象的高貴，讓我們記住，我們永遠不會知道哪一隻蒼蠅或細菌蘊藏了這種遠大的前程，哪一隻又打算在未來數百萬年一直當個細菌，並認為牠這樣真的已經夠完美了（從牠的角度來看，牠是對的）。

為了不被類比所困陷，我們仍須指出意味著「損失不可逆轉、成為定局」的圖書館隱喻的侷限：從演化的角度看，不應只將一個生物族群思索為一幢孿族摧毀的宏偉建物或一本易燃的古書，而應將之思索為一團火。達爾文式的原始繁衍力量如此強大，強大到一旦生命的條件再度變得有利，從一點星星燼火、一個小小的族群之中（只要該族群的基因足夠多樣化），就能重生出一個繁榮的、能夠產生重大的適應輻射（radiation évolutive）來邁向前所未見的生命形式的群體。但要做到這一點，就必須珍惜最後的生之燼火，不是透過動物園的樣本動物這種荒誕的形式來珍惜，而是透過受到保護的、不與外界割裂開來——因為，一種生命形式的棲地正是由其他所有生命形式交織而成——的環境裡的生物族群這種形式來珍惜，這些生物族群要能與外界順暢交流，成員的數量還要足夠，這樣才能確保牠們在基因上足夠強固，並擁有改變、適應全球暖化後必然出現的環境變遷的能力。

因為其本體論性質，要理解生物圈的演化本質，最好的類比是，一團吟詩的火：一團創造性的火——這種說法不含半點神祕主義，除了那種在我們之外與我們之中搬演的演化劇碼所需要的，平靜自在的神祕主義。

我說「火」，我要表達的是，生物圈遭到縮減也無妨，只要有一絲燼火，同時移除選擇的限制（巢穴釋出、條件改善），生物圈就能大量繁衍並輻散出去；我說「創造性」，我要表達的是，如此輻散將創造幾千種新形式。就這方面而言，對於相信「若要將我們社會的轉型路線改成較為永續的生物交織體，最具末日風情的災變論（catastrophisme）是最好的務實路線」的人來說，風險就比策略上必須承認的還來得曖昧不明。然而，生態思想沒必要去誇大負面角度，我們都知道，可信度是吹哨者最珍貴的美德[17]：其實，過去的滅絕也產生了重大而非凡的適應輻射。我們如此鍾愛、我們自己就是的哺乳類，唯有倚靠一大部分的恐龍滅絕才能變得多樣並獲致如今的繁茂；這些恐龍讓哺乳類長期只能尺寸迷你、住在非常有限的窩巢裡，而這些小型夜行哺乳類正是我們生活於白堊紀、第三紀之交的祖先。以至於我們絕對必須承認：以後還會有其他詩人，生物圈也會從其所遭受的破壞中恢復過來。最壞的狀況是，生物圈會失去幾億年盲目隨機獲得的設計，失去「演化歷史」、「遺傳和表觀遺傳的變異」、「建築圖樣的積累」這幾項必須以幾近不可能的方式組合在一起才會出現的非凡創作——如此記憶皆將消失。

這已悲慘至極。但生死攸關的問題不是這個，而是：將遭毀滅的，是我們與生物的關係——然而，這些關係自外、自內構成了我們。

而事實上，這並不是又一個採取不同行動的理由（我們已經有很多理由、很多絕佳理由來保護生物多樣性，卻沒有憑藉這些理由而做出什麼成績；在我們面臨的情勢裡，理由的效果有限）。

這就是為什麼，透過這一切，除了提出又一項值得加入世界自然基金會報告清單的保護物種的理由，我想做截然不同的事：恢復「加鹽」儀式的意義。這道儀式沒有形上學的深度，卻有異教祕儀的單純，就好像厄琉息斯祕儀（Mystères d'Éleusis），這興起於古希臘的祕儀對前來尋訪意義之人就只提醒了滋養的穀與解渴的水這日常的奇蹟。

一種祖先崇拜

如果我們串接上述兩種思想實驗（日復一日的鹽提醒我們源於海裡的海綿，還有丹．皮拉羅的圖畫帶來的思想實驗），它們就創造了連貫的意義，一個可以一言道盡的故事；此處我們不妨將其生態演化的涵義重新賦予給這道我們每次撒鹽時就已經完成的，崇拜我們前人類祖先的儀式。這個儀式靜默無聲、非常簡單，於內心深處完成，不含神祕主義——除了生命本身的神祕主義。

哪種饋贈值得我們感激？此處，亞洲各傳統的祖先崇拜是值得一觀的靈感，因為它能讓我們改變對於我們能夠感激的對象的想像。因為亞洲的祖先崇拜並未繼承西方傳統特有的柔和的瘋狂，這種溫潤的癲狂很可能繼承自人格化的一神論（monothéisme anthropomorphique），據此，只有上帝自己有意給予我們的，才是必須感激的饋贈。猶太－基督信仰的上帝，伴隨其存心的、有意識的、主動的性質，把「維持我們生命的日常饋贈（野果、解渴的水、獵到的動物）」這古遠得無以追溯的概念都變異掉了，以至於唯獨某個有意識的意志（祂的意志）所給予的東西才顯得是種饋贈。憑藉這神學把戲，一切並非存心為之、沒有索求犧牲的饋贈都不被視為真正的饋贈，不會喚起感激之情：它被視為自然既有之物、可供使用的資源、支配「大自然」的物質因果關係產生的可以據為己用的結果。改變我們與「饋養我們的環境」的關係的，正是這個概念的變異。我們之後停止信仰上帝，不再每天念誦飯前禱告來感謝上帝給予桌上的麵包，卻不懂得將這份感激重新投入給確實給予我們麵包和水的對象：生態動能，以及演化的生物浪潮，它們流轉於生物圈，奠定了生物圈的永續。我們不再曉得，為了活著的喜悅、為了我們對親友的哺乳類式依戀、為了古老演化設計給我們的身與心所賦予的日常歡愉，我們應該感謝誰。把創造我們、恢復我們的這個活生生的自然看作機械論的、荒謬的物質，這就剝奪了我們對這個生物世界的感激所蘊含的一切意義，而維持我們生命的，卻正是這個生物世界。

然而，祖先崇拜是一種避開上述形上學誤解的人類學儀式：在實行祖先崇拜的亞洲各傳統裡，祖先完全不必有意願或有意圖來製造您，您就會對祂們懷有某種感激之情，感激祂們讓您有機會活著。但在此，崇拜更挪移了：我們應當感謝的，是我們的前人類祖先，因為，比起留給我們姓氏、金錶、鄉下透天或一小塊地的寥寥幾位曾祖父母，這些前人類祖先的數量多得多，對我們也慷慨得多，牠們不吝賦予這一切鑄就我們的身體力量、精神力量、情感力量與生命力量。

我們能不能想像出對我們前人類祖先的崇拜，來讓我們這些後裔少一份健忘？我們能不能想像出簡單的儀式，以不濫情、亦不宗教狂熱的方式，感謝這些費盡萬苦千辛領我們走到這一步，饋贈我們其演化與生態力量的前人類祖先？崇拜所有這些慷慨祖宗的祖先祭壇會是什麼模樣？這座祭壇崇拜的，是那隻類似田鼠的哺乳類胎盤動物，牠從吞噬了大型蜥類（saurien）動物的白堊紀—第三紀大滅絕倖存下來，把有性生活（vie sexuée）、胎生、親職的圓滿情感這種種奇蹟一棒接一棒傳承給我們。這座祭壇崇拜的，是第一個細胞，牠透過內共生，吸收了某個日後將成為粒線體的細菌，粒線體這個胞器時時刻刻都在我們的身體裡發動能量合成的奇蹟。這座祭壇崇拜的，是我們赤身裸體、披著毛皮的人屬祖先，他出色地發現了火，以此透過血緣流轉與文化創造，成為我們今日生命形式的濫觴。

推而廣之，難道我們不必發明感恩的儀式，來感謝年復一年為我們鑄就產製食糧的植物之春的授粉者；來感謝土壤的生命，其中的土壤微生動物是沒有頭顱但偉大無比的農人；來感謝森林，森林修補著供我們呼吸的巨繭——大氣層？

我們能不能設想去為加鹽這個日常舉措注入些上述的意義？把一撮粗鹽灑進平底鍋中，就像女巫灑材料入靈藥。或者，像禪宗僧侶敲鑼一般，用食指韻律有致敲擊鹽盅三次。以此重建內在之海的鹽度，那是我們的祖先——昔日，我們曾是牠們——之海。這能不能讓曾經身為海綿的感覺浮上表面？感覺到祖先們仍然在皮膚下活動著。這些祖先締造了我們，傳承給我們種種我們的生命力量。我曾是海綿，曾是細菌，曾是眾燼火間的一絲燼火。周遭的每個生命形式裡，都能誕生豐盈著可能性的後代。

最終，舉起我們的酒杯：「敬生物的遠大前程！」

與自己的野獸共居：斯賓諾沙的外交倫理學

COHABITER AVEC SES FAUVES.

我們頭腦的無意識部分意識到了我們[1]。

——隆納・大衛・連恩（RONALD D. LAING）

你要在自我本性的水流裡平靜泅泳，並表現得像你只是一個人[2]。

——托馬斯・布朗爵士（SIR THOMAS BROWNE）

於此，我想追蹤內在動物的蛻變。西方歷史裡，人們頻繁使用動物作為隱喻，來象徵人類的內心生活，激情與感性的生活：種種衝動被形象化為野獸，溫馴被形象化為馴養的動物，勇氣被形象化為獅子，貪婪則披上了豬的外衣。這座內在動物園在受希臘哲學與猶太－基督信仰啟發的傳統西方道德史裡扮演了舉足輕重的角色。希臘哲學與猶太－基督信仰這兩個傳統非常強大，因為它們形塑了我們理解我們最私密、最飄忽不定、最稍縱即逝的激情的方式。然而，我於此有意追蹤的弔詭乃是，我們繼承了一種將我們內心生活形象化為動物的道德，但我們的傳統卻搞錯了動物是什麼。如此一來，我們的激情倫理學又怎麼能公允無失？

要有道德，首先必須把一個人視作為本身一分為二：有想屈服者，也有想堅持者，有行動者，也有評判者。不同的渴求把我們拉扯往不同的方向，道德呢，就是去選擇正確方向。沒有這原初的一分為二，就不可能有倫理的構想。不過，這些渴求往往被形象化為動物，然而是遭到扭曲的動物：動物不被理解。此處要做的，是更正確地理解我們拿來當成我們內在激情榜樣的，我們以外的動物，以此公正對待我們內在的動物性。

因此，這項調查研究的目的在於從「西方哲學道德構成了各種『割裂之自我』的理論；這些理論中，動物的隱喻扮演著特殊角色」此一角度切入，重新詮釋西方哲學道德的某個面向。確實如此，哲學家提出的道德講述的是一個個故事，這些故事裡，自我由好幾個角色組成，還被拉扯往不同方向。比如，柏拉圖《費德羅篇》（*Phèdre*）裡的神話提到，理性是必須駕馭一輛有翅馬車的車夫，色欲激情之馬與高貴激情之馬拉扯著這輛馬車。此神話中，構成自我的，是一個理性的「靈魂」（âme），他必須支配、控制無法成對的兩頭動物：激情之馬。這個「自我一分為二成『理性』與『動物性』」的形象值得簡要分析，以在其後於「我們的傳統與動物保持的關係」此一更寬廣的脈絡裡受到重新思考。由此，我們就能夠與更為思辨的方式，在哲學倫理學的領域劃出新邊界，以此顯現、耀亮那些與內在動物性維持獨樹一幟關係的哲學倫理學：這些哲學倫理學是與未受貶低的一部分自我所進行的外交，而不再是對遭編碼為自我最「低賤」的部分所進行的支配。斯賓諾沙的倫理學是這類哲學倫理學的一個絕佳例子。

馴服激情之馬

是柏拉圖提出了一切倫理學皆須立基於一分為二的對「自我」的設想（亦即將自我以地圖呈現，其中，自我分裂為兩個彼此爭奪權力的區域）。然而，蘇格拉底立即單獨指出了此種「一分為二」邏輯上存在悖論：「我想，是自己主人的人也是自己的奴隸，是自己奴隸的人也是自己的主人[3]。」

要從柏拉圖的這個悖論裡抽身，就必須假定，這一分為二的兩極存在天然的上下之分。如此一來，屬於此一傳統的西方道德就成了自我之內兩種渴求的競賽，其中一種渴求被認為是自我內較為真實的自我（我的理性），另一種則被認為是自我內較不是自我的自我（我的壞激情）。從此開始，倫理學就呈現為一種解放（libération）的問題：我體內較非我之我支配了較為我之我時，「我」為其奴隸（「他是自身激情的奴隸」）。當較為我之我取得宰制（理性），「我」就據稱是自由的。這內在潛藏的奴役行動表現於日常生活的經驗，是懊悔。確實如此，有時，我體內較非我之我做了某事，較為我之我就接著懊悔了（「我當時不是我自己」）。因此，其中一邊就絕對必須比另一邊還來得「更是我」。若說打造道德生活的要件是自我的一分為二，我於此打算批判的，是這兩極的角色分配，還有它們之間關係的性質。

因此，西方道德史肖似一部戲劇史，其中，關鍵在於如何分配兩種角色。迷人的是，在歷史上，主角與配角，我之內的「較為我之我」與「較非我之我」，其變動相當劇烈，甚至到了可以翻轉的地步。古典道德裡，我首要是我的理性，因此我的理性必須支配我的激情，讓我不致淪為自身激情的奴隸。相反地，在某種浪漫主義中，我首要是我最激越的感情（我的激情），而冰冷的理性只是一種次等的、把人標準化的社會強制手段，我應當掙脫理性的桎梏，才可以終於成為我自己。角色顛倒，劇碼不變。

一大部分的道德哲學史所涉及的，就是柏拉圖搬演的這個分裂自我裡存在的兩極。彼得・斯洛特戴克（Peter Sloterdijk）是最新一位分析整個歐洲倫理體系史的人，他揭示了，這個傳統所欠缺的，是對兩極彼此關係的關注[4]。縱觀歷史，談到自我兩極之間存在的種種關係的根源時，未經置疑的同一批隱喻重複遭到使用：訓練、控制、支配、自律（enkratéia）。談論與自身道德關係的所有動詞都是對某個不順從者、野性難馴者的克服、控制、約束、強迫，這還真奇怪，不是嗎？

哲學家斯賓諾沙（Baruch Spinoza）躋身第一批在這悠久無以追溯的自我二重奏裡看出如下真相的人：角色儘管會變，關係始終如一，而有害的正是如此的關係。克服、支配、控制。我用「馬車夫的道德」指涉這幅內心生活的圖景，在其中，大寫的理性（Raison）必須爐火純青地控制激情及欲望，激情與欲望就這樣遭比喻為非理性的、沒辦法獨自做到行止合宜的動物。（這個道德並不嚴格等同於柏拉圖、基督信仰或笛卡兒的道德，後三者的道德更為豐富。）

我們不妨將斯賓諾沙的代表作——《倫理學》（*Éthique*），重讀為：與這內化了的「自我宰制自我」的關係——於此關係中，活著就是自我壓迫——做個了斷的一樁嘗試。為此，斯賓諾沙發明了另一幅內心生活的圖景，於其中，激情並非不理性的、依賴性的、不順從的獸，而是我們內在獨立自主的野生動物，必須影響之、引導之、誘哄之。這意在撇開令人無力的悲傷，優待帶來解放的快樂。

對斯賓諾沙來說，這不是要回歸內在高貴野蠻人（bon sauvage）的神話，回歸道德上的為所欲為，回歸深受外在加諸的過度紀律之苦的某些人所聲索的、內心生活的這種平等主義（égalitarisme）：沒什麼比這個還更誤導或可疑的了。這紮紮實實是另一種倫理要求，然而更加微妙，既遠非對激情全面宰制，亦遠非讓激情不羈奔放。因為，不管是對激情全面宰制，還是讓激情不羈奔放，都建立在對激情的動物性本質之誤解上。

斯賓諾沙於焉開闢了通往另一種與自我的關係之路，我們將會揭示，這條路擺脫了西方道德傳統的古老錯誤，也就是把道德思索為自我對自我實施的理性馴化。要做的，是將《倫理學》自由地重新詮釋（不必緊跟原文，而是掌握精神）成一部教導我們與內在的野生動物（牠們是我們的情感，既悲傷又如此快樂）和平共居的教科書。

從一幅圖景到另一幅圖景：理性／激情對上快樂／悲傷

斯賓諾沙做出的關鍵倫理行動是抽換掉對立了理性與激情的自我圖景，代之以另一幅繫連了快樂與悲傷的圖景。前者之中，理性的炮管瞄準了激情：道德是以理性宰制激情的工夫。在笛卡兒的古典道德裡，這種宰制是從一道奇怪的人性定律演繹來的：「反比定律」（loi de proportion inverse）。這道架構了內在生活的定律規定，倫理生活的兩極（理性與激情、心智與身體）之間，一極行動了多少，另一極就經受了多少苦。從笛卡兒《靈魂的激情》（*Les Passions de l'âme*）的第一條就能輕易推導出這道定律，這第一條的標題是「對於一個主體來說，作為激情的東西往往在別人看來就是行動[5]」。理性行動了多少，激情就遭受了多少理性的威逼。道德變成了一種靈魂戰鬥（psychomachie）：靈魂的戰鬥，在靈魂裡戰鬥，為了靈魂戰鬥。

這道行動與受苦之間的反比定律讓個體成為戰場，受壓迫者與壓迫者、受箝制者與宰制者恆常於這片戰場交鋒。如此一來，這整套靈魂戰鬥造就了一個遭受好鬥的精神分裂*折磨的心靈（psyché）。它必然游移搖擺於以下二者間：欲望受理性支配時的痛苦與挫折，以及理性遭激情吞沒時的內疚與自恨。斯賓諾沙於其倫理學中深明此種「一部分的自我支配另一部分的自我」之道德必然創造出一套施虐－受虐的遊戲：一方勝利，另一方就遭殃（「這次你當奴隸，我當主人——明天，我們交換」）。

此外，這張對立了激情與理性的圖景，也與身體／頭腦的圖景重疊。以至於，笛卡兒的反比定律決定了，為了提升我的頭腦，我必須以苦行折磨我的身體。斯賓諾沙學說也將為這個面向帶來革命。

斯賓諾沙重繪這幅好鬥的自我圖景的方式，是改變靈魂數學的基本公理：他以單比例定律（loi de proportion simple）代替了反比定律。這不顯張揚的革命性轉變可見於斯賓諾沙與笛卡兒針對靈魂與身體之關係的歷史性辯論。斯賓諾沙如此表述單比例定律：「如果一物增加或減少，促進或阻礙我們身體的活動力量，則這物的觀念就會增加或減少，促進或阻礙我們心靈的思想力量[6]。」

這就是所謂的平行性（parallélisme）[7]：提升頭腦也會提升身體。身體的行動與吃苦能力增加，思考的能力也就跟著增加。

然而，如上所述，如果內心生活沒有分裂（clivage），就不會有倫理道德。至少要有兩條可能的自我、行動之路，倫理問題才會浮現。不過，從今以後——這正是斯賓諾莎非凡的理論行動——這種分裂不再發生於靈魂的兩個部分之間，而是發生於兩個種類的情感或欲望之間：快樂以及悲傷。

確實如此，只有在這道分裂將理性與激情視同為「靈魂的不同部分」（出自笛卡兒），亦即自我固定不變的區塊時，自我內部的戰爭才有可能發生。這些固定不變的區塊面對面存在著，彼此直接爭鬥。斯賓諾莎的學說中，快樂與悲傷不再是自我的不同部分，而是自我的不同的暫時情感，每一回都占領個體的全部[8]：快樂與悲傷是一個個過程。這些情感被定義為邁向更高或更低的完美的路途。換言之，這些情感並非靜態地彼此對立，而是彼此替代：我沿著力量之途，朝快樂攀升，或是沿悲傷之路，往無力墮降。如此一來，確實仍存在兩種渴求，但不再是二元論，因為這兩種渴求是兩種可能的、但相互排除的路途，從此統一了的自我可以走這

---

*（譯注）作者此處借用了schizophrénie一詞，指涉的並非如今譯為「思覺失調」的疾病，而是用來形容心靈遭不同力量撕扯的狀態，茲綜合二者，譯為「精神分裂」。

一條或那一條，斯賓諾莎將此渴求命名為欲力（Conatus），也就是大寫的欲望（Désir）。

與動物的關係，與自我的關係

要使這場道德革命成為可能，就得在「必須制服獸性的激情，否則就會被吞沒的馬車夫」之外另出機杼，重新思考我們與自身激情的關係，

談到我們與我們被隱喻為野生動物的激情所維持的關係，給出馬車夫道德的最明確指示的，是與笛卡兒同時代的古典道德家。

如是，義夫·德·巴黎（Yves de Paris）斷言，激情就「像一頭我們用鎖鏈栓住的動物，我們無法澈底馴服牠[9]」。皮耶·勒莫因（Pierre Le Moyne）回應道：「當我們無法馴服〔激情〕，我們就用鎖鏈栓住牠[10]。」荷內·德·瑟席紀耶（René de Ceriziers）則比較審慎，他細緻分剖道：要做的是「征服身體，而非殺了他[11]」。要讓馬車夫能征服其激情並用鎖鏈栓住它們，有個條件不可或缺：必須「將它們貶低為美德所要求的庸劣（médiocrité）的狀態[12]」。（請把此處的「庸劣」作古義解，即「貧弱」之意。）

然而，若我們著眼關注如此馬車夫道德中，自我的兩極間的關係，我們或將凜然一驚：用

來描述如此關係的隱喻總不脫對內在動物的武力（*manu militari*）控制、馴服、支配宰制。

若我們放開去闖，繞個路去探討文明與動物之間關係的歷史，令我們驚奇的上述怪事就變得明白可解。我們繞開進行的這個探討已由民族動物學家（ethnozoologue）安德烈－喬治・奧德里庫（André-Georges Haudricourt）於一九六二年發表的一篇短文裡克竟全功，這篇文章雖然低調，卻是革命性的[13]。文中，奧德里庫提出，一個社會原初與動物維持的關係往往成為這個社會建立的人類彼此間關係的榜樣：我們與自然的關係和我們與人類的關係是彼此繫連的：例如，奧德里庫認為，對牲畜的剝削是奴隸制度的一項起源。延伸此一概念，我們可以提出如是假說：我們與我們以外生物建立的關係構成了我們與我們內在生物（「野性的」情感生活）關係的原初榜樣。西方文明與生物之關係所特有的，控制與剝削動物的馴養行為，同時也是理性應當與內心生活維持之關係的榜樣。對我們以外生物之奴役恐怕是對我們內在激情之奴役的一項起源。

然而，這種對馴養動物的想像是一種地方文化現象，遠非普世現象。但這種關係悠久到我們已視若自然。人類發明的與非人動物之關係繁多難計，但在這種種關係裡，奧德里庫單獨鎖定了我們的主流西方歷史特有的一種關係，這種關係屬於我們這些一萬一千年前到八千年前間發生的近東新石器時代的承繼者。奧德里庫稱呼此種關係為「積極的直接行動」（action directe positive，或稱ＡＤＰ）[14]。

古法牧羊似乎就是一種ＡＤＰ的典型。羊必須以牧人手杖和狗群來驅趕馭引。羊被視為不獨立、不自主。在難走的路段，必須揹牠過去；牠因為害怕而困在峭壁上時，必須前去找牠；有時候，當牠朝天摔倒，無法轉正起身，甚至還必須把牠翻過來。好像牠必須時時刻刻接受控制似的——我們能時時刻刻控制羊的原因是，人擇已將羊變得溫馴、膽小、無法自己搞定問題：羊被「貶低為庸劣的狀態」，要控制羊，這種庸劣貧弱是必要的，就好像在馬車夫的道德裡，也必須將激情貶低為庸劣的狀態。其後，馬車夫的道德將這種憑藉「積極的直接行動」的馴化模式內化到了自我之中。這種馴化模式偽裝成神聖的使命，讓自我之外的自然以及自我之內的自然先是失去了獨立自主，然後接受驅趕馭引[15]。

然而，奧德里庫揭示了，至少還有另一種迥然不同的與動物的關係，他稱之為「消極的間接行動」（action indirecte négative，或稱ＡＩＮ）。於此關係中，我們預設其他動物是獨立自主、自我完滿的。馴化牠們並非是要讓牠們變得依賴，而是要在一次次協商裡影響牠們的野性。如此一來，要能改變動物的行為、與動物締結和諧的關係，靠的就是對動物行為邏輯的精細了解。西伯利亞有一支信奉薩滿信仰與泛靈論的民族——圖瓦人（Touvain），他們的馴鹿牧養中就可以見到這種關係。人類學家夏爾．思特帕諾夫（Charles Stépanoff）就分析了圖瓦人的馴鹿牧養。他們刻意將馴鹿維持於野生狀態，但馴鹿仍與人類彼此合作，這樣的合作影響、引導了馴鹿的行為。思特帕諾夫下了結論：「弔詭的是，人類只有將馴鹿維持於野生狀態，才能馴養馴鹿[16]。」在與動物關係的這另一種想像裡，與其削弱動物來控制牠們，我們在牠們生命力毫髮無傷的狀況下影響牠們，如此一來，我們與牠們共同生活得更好。

我將此處我運用於與自我內在生物共居的奇異觀念稱之為「思特帕諾夫弔詭」，這個觀念是：若想馴化最性野難馴的欲望，換句話說，若想與這些欲望共好、讓生活因這些欲望而好，就必須將這些欲望維持於野生狀態。

馬車夫的道德奠基於一個原初的謬誤，這個謬誤乃是相信我們內心的欲望是有缺陷的動物，須以積極的直接行動對治，換言之，必須剝奪牠們的生命力，然後自始至終控制牠們。馬車夫道德本質上的謬誤在於「必須剝奪欲望生活的生命力，才能合乎道德」的預設：必須把欲望生活「貶低為美德所要求的庸劣狀態」。

斯賓諾莎對人類本質的直覺於此得以全力發揮。我們本質上就是由欲望構成的。欲望不是缺陷，而是力量——我們藉以在生命中百折不撓的力量：「欲望是人的本質（……）。」[17]因此，壓制激情與欲望，就是削弱唯一的生命力量，我們唯有賴此力量才得以於生命中前行[18]。斯賓諾莎看見的是，我們只不過是欲望：成就美德，並躍為智慧之名的，正是如此欲望那快樂又充滿智慧的生命力之強化；欲望的生命力強化了，病態的悲傷就減少了。而要讓種種歡愉的欲望獲得生命力，必須要與自我內在的激情建立另一種關係，我稱這種關係為「外交[19]」。

自我的動物行為學

馬車夫道德裡，激情就像古老地圖上的異國動物：我們因為不了解牠們而把牠們幻想成怪物，我們把自己身上的東西投射到牠們身上[20]。我們試著與牠們保持距離，對牠們的需求一無所知（這就是壓抑），也不清楚怎麼做才能讓牠們朝我們的欲望匯聚，直到牠們強勢回歸，強烈到牠們顯得獸性而無法抑止（趕走被壓抑者吧，虐待被壓抑者吧，牠會飛奔回來的）。

不過，與自我內在種種如同野獸的欲望（désirs fauves）開展外交，並非要任憑獸性的激情不羈奔放。因為在這裡，「野獸」（fauve）不能理解為猶太—基督信仰教牧神學（pastorale）所描繪的幻想出來的凶殘猛獸，而必須透過當代科學告訴我們的野生動物實情來理解。動物行為學仔細觀察了牠們，並昭示了，牠們並沒有馬車夫道德賦予動物化激情的那種沒有節制的凶殘。「野獸」於此之意為：充滿生命力，但按照的是牠自己的邏輯。

倫理學的整個問題是，內心生活是變化萬端的，亦即其擁有無限豐富的蛻變可能，也沒有既定的形態：因此，我們需要隱喻來思考它。這些隱喻讓我們能具象化並操縱內心生活，然而，正如一切隱喻，這些隱喻既是解方、亦是障礙，換言之，它們解決了一些問題，卻在其他情況裡創造了新問題。

如果道德的根本隱喻奠基於對動物性的錯誤理解上，會發生什麼事？傳統道德以動物隱喻欲望，卻誤解了動物的本質[21]。因此，傳統道德也弄錯了與動物關係的隱喻：它要求的，是宰制一頭無法獨立自主的獸，而不是與居住於我們內在、構成我們的那些活力十足的動物同居共處。

如此一來，外交，就是憑藉以自我為對象的動物行為學，細緻認識自我情感生活那精微又熱烈的行為，以此誘哄、影響那些生命力毫髮無損的欲望。然後，讓這些欲望朝向上提升的，也就是豐盛富饒的方向匯聚。就好像我們恆常對自己喁喁私語著合適的故事，以此掌握自己的內在話語（discours intérieur）（「耐心點，我的心」，尤利西斯早已講過）。

斯賓諾莎的獨創性在於，他提出了一種自我對自我的關係，這種關係比其他關係更為接近奧德里庫稱之為「消極的間接行動」、我於此稱之為「外交」的關係。當我們在同一塊土地上與種種抵抗著、堅持著的生命同居共處，這種與自我之內及自我之外的生物開展的外交就成了一種適切入理的關係。這些生命並不應該遭到摧毀或過度削弱，因為我們的生命力取決於牠們的生命力。我們的激情也是如此。

柏拉圖對上切羅基人

要動身尋訪受與動物關係較非支配宰制、較偏外交來往的文化所啟發的，與我們內在動物維持的倫理關係模式，現在或許是時候了。這些文化並不立基於秉持自然主義的我們西方在人類與動物間帶有階級的劃分[22]。這些文化的其中一例，要在種種泛靈論的本體論裡找尋。

因此，讓我們比較馬車夫的道德與美洲原住民切羅基人（Cherokee）的一個故事所呈現的道德。這個故事裡，自我由兩匹狼組成：一匹是白色的，高貴而快樂；一匹是黑色的，傲慢而低劣。故事大體上是這麼說的：

「每個人裡面都有兩匹狼，」老酋長說。

「一匹是黑的，一匹是白的。

黑狼自以為是，恐懼一切，因此易怒，滿心怨恨，自私貪婪，因為牠沒有什麼可以付出的。

白狼強大自在，明智公正，隨時付出，所以慷慨，因為牠足夠堅實，不會自覺受事件傷害。」

孩子聽著故事，詢問老酋長：

「那麼，我是兩匹狼中的哪一匹？」

「——你餵養的那一匹。」

我們可能會震撼於其與馬車夫道德之相似，尤其是其柏拉圖式的形態（兩頭動物，一白一黑，分別象徵人類心靈的對立兩極……）。但也必須震撼於其與馬車夫道德的差異：馬車夫道德認為，自我是由注定要服從的奴隸動物所組成，必須訓練、支配牠們，為此必須剝奪牠們的生命力；切羅基人的自我學（égologie）則認為，自由是由野生動物所組成，也就是說，牠們是獨立自主、活力十足的，必須親近牠們、促進牠們。

我們可以從這個美洲原住民寓言汲取靈感來詮釋斯賓諾莎的倫理學，後者正是要促進正面的激情——白狼，以此消滅負面的激情——黑狼（「來吧我的野獸，乖，真溫柔，沒事的，請往這邊走」，斯賓諾莎學說的切羅基擁護者在內心如是密語）。

當自我不再自視為以鐵腕宰制生命力遭剝奪的種種衝動的主人，而自視為由生氣蓬勃的野生動物組成的奇異集合，人類的生命，生命這場實驗，又會是什麼模樣？

大概會是完全不同的模樣，會是個體與文明的另一種存在方式。

如此一來，關鍵不再是去貶低、去控制，而是去餵養某些欲望、以此消滅另外一些欲望，來將牠們扭轉往斯賓諾莎所說的對我們「真正有用」的方向，換言之，促進自我與其他個體的行動與思考力量的方向。這就是斯賓諾莎學說的外交理性，它旨在理解而非服從，這個細微差異據德勒茲所言，使斯賓諾莎的倫理學有別於一切道德——外交家的態度有別於馬車夫的態度[23]。要影響自我內在欲望的生態系，應當做的是與自己的野獸密切往來，亦即深刻理解牠們的行為，一毫一釐皆不放過，以此形成「恰當的觀念」（idées adéquates）：這是一種自我的動物行為學，自我之內的動物生活。

在什麼具體意義上，要以外交替換宰制，就必須針對欲望的種種行為實施細緻的動物行為學研究？成癮學（addictologie）為此提供了好例子。要擺脫一種癮或是強迫性思考（pensées obsessionnelles），似乎時時刻刻都必須使盡力氣：對於，比如說，試圖戒菸的人來說，這是無休無止的挑戰。然而，黑狼的動物行為學教導了我們這個不引人注目但非常關鍵的事實：吸菸的劇烈渴望（與其他許多癮頭的劇烈渴望一樣）在每個生理高峰期持續二到五分鐘。過了這段時間，不管遭欲望誘惑的人有或沒有屈服於誘惑，這劇烈渴望無論如何都會消失。如果外交家此時知曉自身野獸衝動的節奏，他只須在這短短的時間裡高舉一種快樂的欲望與之競爭，不必付出超人的努力，也不必霸凌自己，就能避免經驗到意志的無力。生命中，五分鐘的勇毅與計謀往往已經足夠。

那麼，外交的倫理中，欲望的「精神鍛鍊」是什麼模樣？我們可以於專攻菁英運動員心理學的精神科醫師史帝夫・彼得斯（Steve Peters）之作《黑猩猩悖論》（*Le Paradoxe du chimpanzé*）一書中找到卓越的精神鍛鍊。彼得斯的論述立基於如是隱喻：活著，就是與內在的一頭黑猩猩共居。這位精神醫學專家說，當您經驗到了在衝動時說出之後後悔的話、強迫性進食，或明明真的很想運動卻沒去運動，不用再找其他原因了：是您的黑猩猩挾持了您。彼得斯的這個很實際的隱喻，其獨到之處在於它與我們於此捍衛的斯賓諾莎學說共享某些根本的直覺：「由於您的黑猩猩比您強壯得多，您最好透澈了解牠，以便餵養及管理牠[24]。」這位精神科醫師建議，該把我們與自身黑猩猩的衝突與對抗關係轉變為互利共生的合作關係。這種外交的具體例子，就是針對自身黑猩猩進行的細緻動物行為學理解。好比說，我們必須知道，「一道訊息總是首先傳到您的黑猩猩那裡，而不是先傳到您這裡（這是腦的一項運作原則），然而，黑猩猩總是情緒化反應[25]」。斯多噶主義（stoïcisme）全部奠基於如此的不同步（asynchronie）上：黑猩猩總是快您幾秒接收到事件，斯多噶主義的克制就在於不去評判感受到的印象。與黑猩猩共居的一項技巧因此在於，影響牠之前，總是先餵養牠：「如果您好好照顧您的黑猩猩，如果牠被餵得飽飽的〔……〕，那麼很可能，這頭小動物會很開心，不會給您添任何麻煩，管理起來也會很容易[26]。」而要影響牠，就得當個動物行為學家。好比說，彼得斯提倡，黑猩猩激動或憤怒時，我們應該一貫地讓黑猩猩盡情表達，「讓牠想什麼就說出來，要說多久就說多久，內容再怎麼不理性都沒關係[27]」（彼得斯明智提倡，只有在獨處或與不會把牠說的話當一回事的值得信任之人在一起時，才讓牠暢所欲言……）。他估計，黑猩猩表達牠的恐懼與牠最強烈的情緒需時不到十分鐘，之後牠就終於能安靜下來，開始傾聽，並且接受影響（牠有時需要好幾回的訓練）。

德勒茲已經說過，斯賓諾莎的《倫理學》就是一部「動物行為學」，一門探究事物行為的科學，一種學習如何對待生命，尊重牠們與我們間組成與分解關係的方法：一種組織生命種種邂逅的藝術。維吉尼亞．吳爾芙（Virginia Woolf）寫下如此句子時，也是斯賓諾莎主義者：「人們對與自己一起生活的人的期許，就是他要能將您維持在您本身的最高程度[28]。」了解欲望的動物行為學，就是了解事物如何影響我們。

外交的倫理即是促進並餵養自我內在力量的感受或強大的感受：這種感受正是那白色的狼。根據尼采的箴言——「所有的慷慨都是力量的過剩」，所有的慷慨都源於這種力量感、強大感。悲傷，故而也無力的生命，一點能給予他者的東西都沒有：這樣的生命將他者拽入無力之中。這樣的生命餵養著他們的黑狼。黑狼就是無力感，其動物行為學的型態是恐懼，恐懼導致任何與外界的交會都被視為是侵害。就好像，即使是日常生活裡再平凡不過的遭遇（一張帳單、一個拒不服從的對象、對方的冷淡），病中的我們也覺得是對自己的進犯，我們因此憤怒，採取攻擊—防禦的態度。這個神話的涵義是：「餵養你自己與對方的內在力量，但不要去欺負軟弱與恐懼。」因為，黑色的狼與白色的狼並不是自我的不同部分，而是攀升或墮降的路途，它們相互排除，自我可以走這一條或那一條。

從以意志馴服，到與自己的野獸做外交

馬車夫道德的捍衛者一貫的反對意見是，透過外交影響自我的手段——正如馬可．奧理略（Marc Aurèle）撰寫其「自我省思」*，在自身這匹野馬的耳際喁喁私語不懈那樣——在面對激情的不知節制、變化無常、盲目猛暴凶殘時，太虛弱無力了。他們認為，做外交影響自己是某類人的特點，這類人對於去預設「面對他們所恐懼的事物，暴烈的強制力是唯一的解方」感到驚懼不已。斯賓諾莎如此回應這些人：反正，不管怎樣，擔任馬車夫的意志並不存在。

當斯賓諾莎批判了笛卡兒從某種斯多噶主義繼承來的、於《靈魂的激情》第五十條表述為能夠對我們的激情實施的「絕對宰制」（empire absolu）此一迷思，斯賓諾莎思想裡的與自我開展的外交關係就於此昭然若揭。斯賓諾莎認為，對激情「絕對宰制」這種專橫暴虐的意志只是幻想的煙雲。不過，我們無法澈底控制的，我們必須影響之。這就是斯賓諾莎「理性」概念的轉變：理性不再被設想為一種有能力宰制欲望的抽象意志，而是欲望自我影響，自激情付諸行動的某種方式。

斯賓諾莎學說非常斯多噶主義的一點在於，激情本質上並不存在「不知節制」，而應該說：激情因為遭到一種故障的理性（殘缺與混亂的觀念）所誤導，才變得不知節制、失去控

制、對自身與他者都危害重重。因為，自我內部，有害的激情並不以理性的對立面之姿存在，愛比克泰德（Épictète）早已說過，激情與理性本為一物，換言之，激情是個體的圭臬，只不過遭到了誤導與變易：激情只不過是欲望流動的個人化形式，而一個人本身就是欲望的流動——只不過，激情遭到外在的原因與錯誤的表述，不正確地被勾畫成了破壞性的海嘯[29]。

不過，如果主權意志不存在，要怎麼持續行動？答案是，養成好習慣去改變哪怕是最熾烈的激情之奔綻。不是手執長鞭，對自己發號施令，而是在我們周圍的環境設置種種小措施，這些小裝置能讓快樂的欲望自發地浮現、讓悲傷的欲望失去生命力：去組織種種邂逅。哲學家費哈特．泰蘭（Ferhat Taylan）以環境政治（mésopolitique，字面意義為「以環境為手段的政治」）稱呼一種領導公民的方式，這種方式不指揮公民，僅僅透過改變他們的生活環境來影響他們的行為[30]。我以環境倫理（mésoéthique）稱呼一種與自我的外交關係，這種關係不透過指揮內心生活來改變內心生活，僅僅透過改變生活環境來影響欲望，其方法是——養成習慣，也

＊（譯注）原文為pensée pour lui-même，即古羅馬帝國皇帝馬可．奧理略之作，中譯書名為《沉思錄》，唯此處作者是使用書名本身涵義而暗示這本書，而非直接提及這本書，故茲不直譯為書名。

就是說，內化種種修改本性的特質，這些特質將為自己，從而也將為別人提升行動與思考的力量（這是斯賓諾莎針對快樂與悲傷的因果式擴散作出的絕妙推論）。

環境倫理，就是洞悉純粹意志與純粹理性並不存在，就是恆常運用自己與自己的融洽關係，拼湊修補出種種促進我們內化良好習慣的裝置措施，將它們向外設置在日常生活環境裡。良好習慣是沒有上限的，甚至能到聖人的境界，聖人也是一種良好習慣。

人類獨樹一幟的一大特色，是利用技術人造物來組織自身環境。這些裝置措施可能是物質的，或是非物質的（禮儀、價值、行動準則、鬧鐘、時程表、活動的重新規劃、提問的方式）。它們一旦設置妥當，就能加速生活、加速解決問題，並讓能量可供其他欲望的計畫所用。馬可．奧理略實踐的書寫與閱讀這兩種精神鍛鍊就是環境倫理的有力例子[31]。在危機時刻，要餵養白色的狼、以此消滅黑色的狼，讀幾頁《內在堡壘》是一種不顯張揚但強而有力的裝置措施。有本書叫《每天讀點斯多噶》（*The Daily Stoic*）[32]。這本書在我們每天起床之際提供我們閱讀斯多噶思想的一個片段；為了呼應我們面臨的複雜情勢，書中的斯多噶思想已重新勾勒過。這是個一流的環境倫理裝置措施。

環境倫理所關照的問題是：將改造我們的生活領地——我們的生活領地則改造著我們——的力量重新收歸己有。環境倫理之路的門楣上刻著：「請打造那打造你的環境，請調整那調整你的周遭」。

外交的倫理屬於一種自我的樸門農藝——而不是一種對自己實行的，干涉主義式（interventionniste）的集約農業：外交的倫理立基於對激情的生態學的了解，還有對欲望的疏導、灌溉與致敏（potentialisation）。「我」是半是森林、半是園圃的樸門栽培，古典道德卻希望我是一座無可挑剔的法式花園，而浪漫主義幻想我是一座英式花園，新自由主義的道德則要求我是一塊種植單一作物的高產地皮。

總而言之，古典道德的謬誤，是拿動物來當作激情的模式，對動物的了解卻從根本上就是錯的。根據古典道德，激情本質上就是不知節制的，這導致了激情變化無常、依賴而無法獨立自主：激情必須接受驅使馭引（它們是盲目的）、壓制徵服（它們總是狂妄恣肆〔*hubris*〕——也就是不知節制）。然而，我的假說是，讓激情變得不知節制又盲目：讓它們變得愚笨（abêtir）——將它們化作獸（bête）的，一部分正是由不適切的想法與不妥當的對待所構成的，帶有「積極的直接行動」的，這種特殊的宰制支配形式。一旦我們與激情維持外交關係——在這樣的關係裡，我們並不為了將自我提升到高於自身「低劣」的動物性或在自我內強制支配這動物性，而樹立權威——這些激情就擁有某種變化萬端的自在可能，因為我們大體說來是一種演化精心構思的動物，因為環顧其他動物，我們能清楚看見，不知節制的瘋狂並非生物的常態。我們能清楚看見，獸性激情的狂暴凶殘此一論點並不符合動物行為學所觀察到的任何真實動物。因此，一定是發生什麼事了，才會這樣。外交的倫理不是要回歸高貴野蠻人的神話、回歸大自然的善良。外交的倫理不是在稱頌自由放任。正相反：與樸門農藝一樣，外交的倫理帶來了對「設計與資訊[33]」的更高要求，這樣的要求取代了對控制與支配的要求。

這就好像農業中，土壤的生命：已經遭到集約農業榨乾、破壞的土壤，需要更多的投入物來維持生產力，需要積極的直接行動不間斷的控制：它變得依賴而不自主，變得不穩定。然而，一塊仍然活生生的、經我們悉心照料的、自身微生動物仍富有生命力的、我們對其與生俱來的力量與演化潛力施加了影響的土壤，並不需要強力控制：我們可以透過外交手段影響其表達，栽培出對萬物都永續且健康的生物多樣性。

從鐵腕馬車夫到激情外交家

由是觀之，馬車夫道德與外交家道德的根本歧異是：我們可以對自身激情實施怎麼樣的控制。也就是意志的問題。斯賓諾莎拒斥否認的，正是意志這個絕對權力，他反對的，首先是它的絕對性，其次是它勝利的、強制的形式；這一點仍未獲得足夠的強調。

確實如此，斯賓諾莎身為他那個時代的人，仍使用著控制激情這樣的詞彙，我們卻可以察覺，斯賓諾莎所談論的東西，已經與嚴格意義的控制——如同古典道德所設想的某種宰制或某種支配，完全不一樣了。

在斯賓諾莎看來，人無法對其激情實施絕對宰制，因為我們是自然的一部分，且是其有限的一部分，因此會受不良遭遇的影響（《倫理學》第四部分命題四的繹理：「人必然常常受制於激情，順從並遵守自然的共同秩序，並且使他自己盡可能適應事物的本性的要求。」*）古典道德提倡支配自己內在的自然，斯賓諾莎則將與激情的關係設想為一種順從自然的共同秩序並為此創造性調整自我的關係。不過，此處的「順從」與「自我調整」，其意為何？其本質又為何？

對笛卡兒來說，意志宛如自身船艦上的舵手。斯賓諾莎對這個模式的批判可以如此表述：航海真正的問題所在，不是水手的意志，是風的行為。根據笛卡兒模式，人深信，船開往正確

* （譯注）本句中譯引自斯賓諾莎著，賀麟譯，《倫理學》。唯此處為維持用詞一致，茲將原譯文之「感情」改為「激情」。

的方向，是因為舵手的意志；然而，推動船隻的，當然一向是風。風在這裡要理解為於情感中流動的動機，也就是動機的力量。

斯賓諾莎的倫理學中，理性的力量並不存在，存在的只有比其他欲望更合理的欲望。對真理的欲望也是一種欲望。如此一來，倫理的解放不再是透過殲滅或馴服來戰勝某部分的自我，而是在自我之內騎上另一匹同樣野性的馬，一道流向相反的方向——正確的方向——的欲望之流。斯賓諾莎的倫理學並不建立在一齣水手對抗環境的劇碼上，而是立基於對風的關注、立基於將自己轉變為一個「半是船艦、半是狂風」的生命；為了抵達目標，如此的生命隨時準備好改變風、準備好以一種風對抗另一種風。

又一次，我們看見斯賓諾莎為什麼是斯多噶主義的：正如愛比克泰德所言，問題不在於要去戰勝某部分的自我，而是要讓自己的內在話語承擔一個「高貴的表述」（noble représentation），以前往他方。問題始終是表述的運用。我們於是揮別了靈魂的戰鬥，搭上了帆船，在心理之海航行；如此的航海首先必須了解風，接著必須與風共處、隨風而行、交織航行（louvoyer）。不再有任何人強加純粹的方向：擔任舵手的意識或純粹意志並不存在——舵手自己也由動機決定。

但我們是否應該如此理解：「如果一切都絕對取決於動機與情感，人其實也就無法行動了」？在古典道德的圖景裡，自由被理解為自由意志（libre arbitre），即頭腦統御身體的能力。一旦我們抽換掉這幅二元論的圖景，代之以只由種種欲望，也就是種種動機所組成的圖景；當瞭望臺裡不復存在著對欲望的群氓發號施令的首領，只剩下複雜的群眾——各種互相交錯、彼此衝突的欲望，自由能夠是什麼？

斯賓諾莎認為，人類是能夠行動的，其方法為：自己也變成一個動機。斯賓諾莎學說的倫理生活並不建立在「事物的流轉中，異化的痛苦」與「從動機的流轉中解放出來，因而自由的行動」的對立上，而建立在兩種動機的差異上：恰當的動機與不當的動機。如此一來，自由就是：讓恰當的動機表達自己。您是種種動機中的一種動機。您的欲望是種種動機中的一些動機。尤其，您的恰當想法是種種動機中一些自由的動機。於此其中誕生了倫理學，也就是行為的價值問題，因為動機並非個個具有等量齊觀的價值。

因此，自由乃是讓恰當的動機表達自己，乃是成為自己種種行動的良好動機，而不是成為遭外界事物歪曲、誆騙、利用的動機，也就是不當的動機。這不當動機的模式是受人擺布的卒子，是心不甘情不願遭情報窩巢利用的刺客特務：他是自己種種行動的不當動機，他被外來動機所指揮擺布。然而，我們內在就有種種不當動機：憤怒、恨、所有悲傷的激情。這些我們內在的不當動機並不是我們。它們是我們內在的壞主宰，它們利用我們，我們接著為此痛悔。

要做的，也不是把自身種種快樂欲望當成一門門大砲，瞄準悲傷的欲望，而只是放手讓這些快樂欲望占領自己：再也沒有直接的爭鬥，只有一門自願受到占領的理論，讓一個表達出較多力量與快樂的情感—野獸占領自己。這是一種組織得宜的巫術：於自己內在留出更多位置給這個欲望而非那個欲望，讓此欲望更加強旺熾烈。我們深知，當我們被會傷害我們的某個東西誘惑，之後又讓自己被對立的快樂欲望征服，前一個欲望並沒有遭到羞辱、遭到挫折，它只是遭到遺忘。不必反比，不必內在爭鬥，就只是以快樂取代悲傷，而非以快樂對抗悲傷。要往如此方向拼湊修補，已經相當不容易了。

此處，與斯賓諾莎英雄所見略同的，是路德維希．維根斯坦（Ludwig Wittgenstein）及其針對解決問題的設想：「你在生活中看見的問題解決辦法，是一種讓問題消失的生活方式[34]。」要做的，不是以智力或意志力正面解決問題，而是找到一種讓問題失去所有意義的生活方式。

增強白色的狼而不壓制黑色的狼

一代又一代的教師與神父重複著馬車夫道德：讓理性宰制激情（「控制你自己！」，這一句衍生自「控制你的馬、你的奴隸、你的妻子！」）。

這個陳腔濫調，斯賓諾莎以一道明澈的、每個人都做得到的直覺來回應：一個欲望只能用一個更強烈的欲望來壓制。他是這麼說的：「一個情感只有通過一個和它相反的、較強的情感才能克制或消滅[35]。」要做的，不是壓制黑色的狼，而是增強白色的狼。理性因此必須身為一種欲望，其實踐必須非常快樂，否則它將無力影響行動。如果要有理性，就必須剝奪所有激情的生命力，這將帶來悲傷。因此也將會帶來脆弱，因為悲傷就是力量的削弱：在壞欲望面前變得脆弱[36]。換言之，這餵養著黑色的狼。

斯賓諾莎的自我圖景裡只有欲望，但有些欲望比其他欲望更理性（也就是說，它們能增加自我與他者的行動與思考力量，並達成有助於此的政治融洽）。有些欲望則能被這種理性所顛覆、轉變、影響，從而變得快樂。理性是餵養並裨益白色的狼的那隻手。而如此的餵養與裨益，始於建立關於激情行為的恰當觀念（自我內在野獸的動物行為學）。

因此，斯賓諾莎的學說裡、外交的倫理之中，沒有意志與欲望的對抗，惟有一張只由欲望與情感組成的內心生活圖景。抵抗那會讓我們損失慘重的欲望的力量也仍是一種欲望，不過是一種明智的欲望。以愛回應恨的高貴欲望也是一種欲望（它源於一個恰當觀念）。正如很久以後，尼采所寫就的：「克服一種激情的意志，終歸總是另一種激情的意志[37]。」虛無飄渺又高過一切的意志如今不復存在，存在的，是一種事物表面的生活，要做的，是以合宜的圖景來為自己辨位定向——種種恰當觀念的圖景，或尼采《查拉圖斯特拉如是說》（*Ainsi parlait Zarathoustra*）的比喻裡，比「精神的小理性」（petite raison de l'esprit）還有智慧的「身體的大理性」（Grande Raison du corps）的圖景。

若我完全由欲望構成，那麼我們可能會想，為什麼某些欲望必須獲得優待、獲得促進，其他欲望則否。為什麼我不同樣去追隨我悲傷的情感，怒與恨，也就是我內在的黑狼？為什麼餵養、優待白色的狼是理性且合宜的？

我不追隨我悲傷的欲望，因為我是一道生氣蓬勃的欲力，換言之，我是一道力量，這道力量偏好健康而非疾病、偏好食糧而非毒藥、偏好自在豐沛的力量而非沮喪且滿溢憤恨的無力。每個生物都努力堅持自己的存在、堅持走自己的增強行動與思考力量的路途，而悲傷會減弱牠行動與思考的力量。締造我的，是生命的欲力：我們不妨將之描繪為一頭追蹤、覺察出偉大健康的生氣蓬勃野獸（我內在的白色之狼）。因為牠，我不可能希望自己健康敗壞。悲傷卻是心靈的疾病，因為悲傷減弱我的種種力量。我是一頭野獸—欲力，在積極的快樂中，我本能地綻放；在憤怒的無力中，我本能地凋零。因此，我的理性不是單獨分開來的渴求，而就只是我的力量那有智慧的根本傾向，這份傾向是朝著快樂、朝著增強我、賦予我豐沛無比的力量來與他者分享的構成關係走的。外交的理性並非冷冰冰的計算能力——而是自我內在生命欲望特有的智慧，它追尋快樂，懂得認出並避開毒害與悲傷。

自我內在的這種生命意識沒有忘記羅伯特・穆齊爾（Robert Musil）一錘定音之言：「要贊成或反對一個存在，唯一的理據是去看：有它，我們會墮降還是提升[38]。」這句話在對倫理學關係性質的理解上是精準的斯賓諾莎主義（沒錯，某些存在讓我們墮降，卻讓他人提升。某些存在則讓每個人都墮降，這種存在就真的毒害深重。）

這部道德史之所以混淆不清，是因為在斯賓諾莎之前，道德家們並未充分區分宰制與鍛鍊，他們把激情看作必須壓制的獸、必須駕馭的力量。

彼得・斯洛特戴克認為：「最壞的情況只會在接受了壞教育後發生——其標準是，一件事物需要壓抑，且若事態進展順利，該事物能毫不費力受到壓抑；而這樣的事物仍然不受壓抑（*akolaston*）[39]」。

當然，激情的毀滅性爆發必須受到克制；然而，習慣一旦建立，正是激情本身於其自發行為中體現了個體的節制與生命力。這就是凌辱自身的制欲苦行（ascèse）與內化生命習慣來構成更高自我的制欲的混淆。

好習慣讓我們能將激情視為唯一有待駕馭的力量——但在這「動物行為學」的馬術裡，騎士與坐騎相互混融，是彼此的延伸，是快樂協商的殷切夥伴。

因此，一而再、再而三陷溺於有毒激情的人，並不是被意志或理性內建的弱點所害。這樣的人的悲劇在於，他不懂得於其內在升起比他有害的激情更高、更強烈的欲望。這是因為，他沒有藉好習慣之助，充分壯大白色的狼。馬車夫道德遭自身對激情的恐懼所惑亂，混淆了紀律與欺凌。至於外交倫理的嚴謹紀律則在於：於我們內在找出、形成、增強帶來解放的欲望，這些欲望熾烈、無可抵抗到能輕易取代讓我們不幸福、不健康的有毒激情。我們必須透過活生生的理性來拼湊修補出一種野性的快樂經驗，這種快樂是如此熾烈生猛，以至於奴役人的病態愉悅、貶低他者與為惡的可悲欲望都失去了意義，甚至失去了光彩。我們必須以這些激情織就一種強健的快樂，一種吃苦而不受苦的力量，亦即吃苦的同時，不因無以避免的有害遭遇而過度痛苦。外交的倫理是內化並改變欲望的種種習慣，亦即影響情感的生態系自身的藝術。自由是存在的：自由就是整治自我內在的灌溉系統的藝術，這些灌溉系統讓帶來解放的欲望湧現，並餵養我們最高貴的野獸。倫理不再是驕傲地將自己提升至內在動物之上，而是某種方式上來說，成為我們所身為的動物。

斯賓諾莎以降，一路來到一種外交的倫理學，轉變的，正是理性的地位。理性不再是控制激情的一種純粹精神，而是據其本性產生的某種想要生活得好的明澈欲望之形象。如此的欲望渴求與生氣蓬勃的種種欲望—野獸（désir-fauve）共居，這些欲望—野獸為其真正本質。理性成了一種外交的藝術：一種和我們之內與之外不願遭到馴化的對象融洽共處的藝術。

意志的祕密在於，它確實存在，但不是存在於我們之內。沒有人擁有意志。

「意志」（volonté）是人們從外部看見另一人身上，內在生命的能量之流匯聚起來，朝同一個向上提升的方向非凡奔流，哪怕前路崎嶇險阻（「她擁有無比的意志力！」）的時候，所使用的詞彙。其實，意志只是欲望的灌溉系統在受眷顧的時刻裡，種種欲望組織起來，匯聚往同一個可說是事先選定的方向時，我們事後給予這套灌溉系統的名稱。我們「沒有意志」並不代表意志不存在，而是代表我們並未擁有它：意志並非一個量，也並不先驗地存在於我們裡頭。

意志並非我們於己身之內擁有的抽象的量，而是一種拼湊修補各種匯聚欲望的裝置措施的本事。我們在自身之外與之內拼湊修補它們，我們內化它們。在斯賓諾莎倫理學的這種解讀中，外交家成了欲望之流的內在渠圳之整治者。

這種藝術在我們之外，行程表上，我們生活的房間中，與人事物安排的邂逅裡，拼湊修補種種改變欲望之流的小裝置措施，以此將欲望之流輕柔聚攏至某個方向。這是與自我內在的野獸共居的精神鍛鍊，旨在將牠們與生俱來的力量匯聚往對我們有益的方向。優秀的外交家將自由湧動的欲望之流巧妙匯聚為強而有力、蘊含方向的一束力量；我們從外面看來，以為這是一聲獨立且至高的「我想要！」，因此喚之為「意志」。然而，這不過是一種水手的習慣，是後天獲得的，一種解讀風、改變風、駕馭風的習慣。

上升的倫理學

不過，這並不是要為一種沒有上升（ascension）可能的水平倫理學辯護。正相反，我認為，整個倫理學問題都有力地建立在垂直的隱喻上，這些隱喻擺脫了牠們神學上粗劣的相似品，而只是講求實際地，將「精進」（perfectionnement）形象化。有意志、有精進的可能，才有倫理的存在。然而，這種上升未必是從動物到天使、從獸到人。上升的方式也不只宰制支配，從自我動物性冒著煙的燼墟裡冉冉提升這一種。倫理學隱喻裡常見的上升隱喻（提升，s'élever）傳統上捕捉了某一種文化的歷史哲學所提供的兩極，儘管這些兩極是任意的、虛假的。這些兩極——高與低，令人嚮往與令人憎惡，往往於其神話內容產生歧異：「低劣」（bassesse）的原型——動物，在其他文化中反而可能位居高處。比如說，禪宗裡頭，朝「無念」（non-vouloir）的境界上升，就是朝動物的境界上升。這裡說的動物是一個絕佳隱喻，用來比喻聯想性思考（pensée associative）、幻想、束縛人的想像的減少。要做的，是重新成為動物的一分子，牠們在解決與經驗裡的遭遇有關的問題時頻繁思考，而很少進行幻想性的、評判的、帶來干擾的聯想性思考：禪宗認為，這種聯想性思考讓人類這種動物變得不幸福、不健康、不善良。西方聖人希望往上提升到離他內在的野獸愈遠愈好，禪宗智者則希望與他的貓愈相近愈好。他這隻貓的動物智慧：用來度量未被錯誤欲望蒙蔽的思考的原初尺度。

我們繼承的這個文化大體上將智慧思索為：在自我之內、自我之外，超越動物之上的提升。為此，必須歪曲真實的動物，將之標舉為一個醜惡的反襯對象，將一切人類之惡皆投射其上。其他的文化傳承則較有洞見：某些古老智慧（犬儒學派〔cynique〕以及懷疑論者〔sceptique〕）致力尋回語言出現以前，動物性的寧靜自在。達薇・科佩納瓦（Davi Kopenawa）這位美洲原住民薩滿也有如此的奇異智慧：他珍視他的金剛鸚鵡羽毛，因為這些羽毛賦予他鳥的智慧及其雄辯的動物能力，以讓他去與毀滅森林的那些身穿三件式西裝的白人酋長交談[40]。

我們不妨假設，精進的可能（perfectibilité），也就是上升，也就是倫理的可能性，是生物固來擁有的。這種可能性存在於有生命的物質裡：與石頭不一樣的是，肌肉這種物質會因為鍛鍊而精進；神經系統亦如此。本體論上，問題乃是去確定，當上頭沒有神的計畫、沒有充當榜樣的天使，當樓上空無一人（沒有由超越性構成的完人，沒有充當模板的神），甚至連樓層都沒有，當向上跨的每一步都為階梯創造了新的一階，當每次自我精進並不是去效法一尊先驗地高高在上的神，而是每一回都為現實創造了一個新維度，「上升」意味著什麼。不過，這個問題，亞洲種種關於「道」（Voie）的倫理學早已提出過了。某些傳統中，「道」這樣的上升之途並沒有建構出來的模範，「道」是沒有先驗的完美典範的一條精進之路。比現在更完美一點的人類狀態尚待創造，如此的人類階段會是複數的，並將肖似一頭混種奇獸：一張由種種動物性組成的臉。

來到夜的彼端：走向相互依存的政治

PASSER DE L'AUTRE CÔTÉ DE LA NUIT.

窺伺動物的這些夜晚

高原中央，岩石懸空的一角上，我們靜靜就定位，以熱影像儀——它捕捉身體與地景的溫差，將之透過顏色對比重現於觀景窗中——瞄準夜色。此時，由刺目的光芒構成的狼群剪影顯現於黑色的林間空地，牠們玩耍，重複種種儀式，這些儀式就是牠們的生活，牠們動身狩獵或巡邏領地。這臺熱影像儀是禁止販售的軍用品：所謂「敏感」的戰爭物資。它是設計來讓部隊的邊境管制點使用的，用途主要是令企圖非法入境的移民無所遁形。儘管目標不同，使用為監控移民打造的熱影像儀來觀察狼仍令人不安。技術裝置具體化了我們與全部生活都與我們截然有別的相異性的各種關係之共同點。每個技術物（objet technique）都蘊含了一套導引其用途的內建理論。我們使用熱影像儀這件事耐人尋味之處，是其挪用、顛覆了蘊含於監視攝影機中的內建理論，使之成為外交轉變的工具。

這幾年，我便是如此進行一項行動研究的計畫，為了觀察一群狼的夜間生活及其與羊群、與牧羊犬的關係，而在法國南部度過好幾個埋伏窺偵動物的夜晚。我們觀察這些動物的所在，是一座軍營：直升機飛越我們頭頂，我們則在黎明時分撞見四頭幼狼在廢棄的坦克裡玩耍。某個夜晚，狼嚎與自動步槍的連發射擊一齊鳴響。我們走在烏有人煙的自然中，邊走邊聽見砲彈爆炸。遠處有一座座鬼鎮。在這片荒寂無人之處，動物們轟然蓬勃重生。在戰車與羊群之間，這一切人與技術的群集中，狼落腳安居、重新掌權：牠們學會了在這承繼了一段複雜的人類歷史的環境裡生活，並改造這環境。這片廢墟裡，生物重新編織成了嶄新的組合。

這項行動研究計畫名為CanOvis，是由動物行為學家尚－馬克・蘭得理（Jean-Marc Landry）及其團隊構想出的。我以義工、同行者與研究者的身分，在連續三年的夏天、好幾次為期一周的行動裡，與他們一起工作[1]。主要在瓦爾省的康茹艾高原進行。這段經驗首先讓我們接觸到牧羊人與畜牧業人員，母羊與狗，羊群的路線，草原與小樹林，夜空，最後，狼。我們與牧羊的各個要角持續對話，在一群狼的領地裡追蹤羊群。牧羊人可以在營地裡放牧：羊群對地貌維持一定的食草壓力，這讓地貌不會長成森林，牠們讓草原的草維持得光溜溜，從而限制住火災的風險。這是軍隊與畜牧業結成的奇異聯盟，解釋了為什麼所有村莊都疏散時，他們卻出現在這邊。牧羊人會收到軍事演習的通知，他們會依照砲兵與步兵棋推演的時程表來移動羊群。

CanOvis這項研究計畫致力於透過熱影像儀，了解狼在夜間接觸羊群時的動物行為學，以此預測並更整全地防範羊群遭到獵食。CanOvis旨在透過重新創造知識與訣竅，來讓實地的各要角在面對狼這種自然風險時，重獲行動的能力。最初的診斷，是人們低估了狼對畜牧系統施加的壓力所帶來的一個問題：除了經濟或技術層面，問題首先與畜牧世界的各要角在面對狼攻擊羊群的風險時，實際上的與體驗到的無能為力有關。狼襲擊羊群是幾乎無法預測、控制的事件。面對所遭受的這種狀況，關鍵是要去組構以一種嶄新的取徑，以動物行為學與種種幫助決策的工具為形式，重新賦予牧羊人操作空間與行動能力。

未知的生命

當代的生態學與動物行為學讓我們曉得，要理解與影響生物，就必須意識到生物之間無形的關係；這樣的關係可以遠溯往昔，並支配著生態系統。要想觀察這些低調不引注目的關係，熱影像儀這個裝置非常關鍵。在CanOvis計畫中，我們使用這項科技來攝錄夜晚。因為我們得以進入「夜晚的世界（monde de la nuit）[2]」，這項研究讓我們知曉，狼、羊群、牧羊犬、人類彼此間的關係遠較我們以為的豐富許多，獵食行為本身只不過是冰山一角。熱影像儀重現了其他眾多乍看之下不可思議、一般時候則看不見的互動：狼與牧羊犬玩耍，與牧羊犬共享羊屍，挑逗勾引牧羊犬……蘭得理及其團隊認為，對系統的真實理解就在於此：「正是在獵食者與畜牧系統的關係『隱不可見』的這部分中，各種劇情——會或不會通往有或沒有規律、激烈或不激烈的獵食行為——建立了[3]。」

這些新資料能夠顛覆我們所自以為知曉的：好比說，CanOvis計畫用熱影像儀拍到的一些精彩影像展示了一匹安詳的狼廁身一群從容的母羊中央，母羊近距離審視著狼。自我們對狼與羊的傳統觀念看來，這幾乎無法想像。這開啟了動物行為學的嶄新思索空間。要怎麼理解母羊毫不驚慌、狼心平氣和？是否必須假設，母羊對「狼」的分類，並不像我們一樣一竿子打翻一群狼？是否必須假設，對母羊而言，並沒有唯一一種狼，而是一匹匹各自有別的狼？是否必須假設，母羊不像人類一樣「本質主義」（essentialiste），也就是說，牠們不像人類一樣傾向把只在某些個體身上出現的特徵廣泛投射到整個群體（或種族）上？是否必須假設，母羊們看待狼之個體差異的眼光較為微妙、較為審慎周到（有的狼危險，有的狼不危險）；或甚至依情況變動：同一匹狼可能某天是必須避開的獵食者，另一天則是稍微注意即可的有趣漫遊者？影像揭露了夜晚的世界，謎奧從這夜世界升起。這些謎奧動搖了我們對羊、對狼自以為是的了解。狼從「饑餓的獵食者」這項成見脫身而出——我們老是本能地想像狼這饑餓的獵食者，注定要在邂逅一匹對牠來說是種刺激（stimulus）的羊時，盲目吞吃羊。羊則從「溫馴綿羊」的汙名中抽身離開。解決這些謎團是否能讓我們設想出更有效、更配合複雜現實的，保護與共居的裝置措施？

當我們研究調查各種存在的方式，每一種生命形式都以「未知的生命」（*vita incognita*）*之姿顯現。牠們每一種都是我們實踐與科學知識的地圖上，尚未探勘的聖地。要想將自己引導到這些聖地，正如身兼森林護管員與哲學家的奧爾多．利奧波德（Aldo Leopold）所言，「永遠別去懷疑不可見的事物」。但不去懷疑它們並非是去幻想它們：而是，學習對這不可見的事物展開研究調查，讓它變得明晰易解，讓我們的行動更有智慧。

* （譯注）此處暗用未知之地（*terra incognita*）的典故。*Terra incognita*為一拉丁文詞彙，在地圖學中指未為人類所知、所探的土地。該詞如今廣泛指涉「尚未為人所知的領域、知識」。

一位正在成為外交家的人

涼爽的簡報

CanOvis計畫的體驗，是進入一個悄悄影響了進入者個性軌跡的奇異裝置之中。我們來的時候，帶著知識與無知，帶著厭惡與親近，帶著對牧羊人的神話或對狼的喜愛，帶著對傳承的珍視或對獵食者的鄙厭，帶著對交戰的一方或另一方的明顯同理。我們離開的時候，幾乎成為了外交家，一名與眾不同的外交家：相互依存（interdépendance）的外交家。

既然我們總是在夜晚工作，為了讓敘述清晰，我們不妨將這場啟蒙融匯進一個夜晚的故事來講述。一個傍晚，一個深夜，一個黎明，它們全都由回憶編織而成，旨在讓全部於此濃縮為一個循環的經驗講起來更為豐富。（每個黎明裡有那麼多的黎明，每個夜晚裡有這麼多的夜晚。）

時近涼爽的傍晚六點，一切始於一場簡報。這項在康茹艾高原進行的計畫的行動負責人——尚－呂克．柏黑利（Jean-Luc Borelli），簡報了行動計畫。我們請他釋疑狼的行為、釋疑前一夜錄到的狼與羊群的互動所蘊含的意義，我們齊聚於營地撥給我們的部隊宿舍裡，就著一爿電腦螢幕觀看前晚的影片。

柏黑利花了無數時間觀看熱影像儀，總共幾千個小時。他為了做綜合整理、為了析離出種種不變數，用了其中幾百個小時專門觀察狼。然而，當我們就我們所觀察的對他提問，他往往回答：「說真的，不知道。」這種態度給出了基調。CanOvis計畫的一大挑戰，是詮釋時的誠實無欺。這種誠實性的科學定位是由尚－馬克．蘭得理這位動物行為學家構想出的，它給了CanOvis這段經驗獨樹一幟的基調：劃定範圍的無知乃是最誠實的知識，乃是「尚未下結論」的藝術，乃是一項美德。要做的，是為自己畫出一張已知、未知清晰分明的地圖，其中占上風的，是未知。不管怎麼樣，積累至今的知識已非常有說服力：二〇一八年夏天，我們紀錄到了——有影像為證——法國最大的一窩幼狼（共十隻，可能是同一位母親生的）以及狼回歸法國本土以來，據我所知史上最為狼多勢眾的狼群（確定有十六匹，也可能是十七匹）。

仍有一把陽光

傍晚時分，在布爾雅克（Bourjac）的廢棄大農莊，陽光以一種豐盈的緩慢，落在高原的界線後方，一塊塊新陰影浸沒了平原。成群的戴勝（huppe fasciée）在暮色裡歡躍。我們與牧羊人共度光陰。每天傍晚，這座大宅的廢墟周圍，羊群回來喝大飲水槽的水，牧羊犬於此獲得餵食。我們與牧羊女交談，她從她龐大的白色貨卡車上卸下了一大包一大包的狗飼料。她雖身懷六甲，仍不願我們幫她太多。我們開著玩笑，詢問她她隆起的肚皮，接著我們與她一起檢查羊群，我們對她講述前一夜我們用熱影像儀看見的情景。前一夜，狼群試圖攻擊羊群，群犬擊退了狼，但大混戰持續多時，羊群奔跑良久。時當八月底，母羊有孕在身，但離分娩還有一段距離。牧羊女以專業的目光察看母羊，看牠們有沒有受傷、有沒有跛腳、下半身有沒有流血——有流血的話，恐怕代表母羊失去了牠的羊羔；然後，她換了種眼神觀看牠們。她是這樣說的：「當我想到你們前晚所看見的，我就在心裡想像，母羊，就是一名懷孕的女人，她整夜奔跑，試著躲開狼。」她將雙手撫上肚皮。精神開始向這個世界敞開。一步步，透過邂逅，情感的絲線將我們與這片孤絕高原上的各個角色編織在一起。

但曖昧不明迅速成為了基調。地方上有些傳言。有人說，某些畜牧業者透過各種花招，讓狼殺死更多的羊。有人說，又有些畜牧業者沒有盡可能有效保護羊群，因為，一旦專家認定殺害羊的是狼，國家一律會補償這些畜牧業者。有人說，某個畜牧業者用這筆補償金，從零開始為自己蓋了新房子，在地人稱之為「狼別莊」。當我們檢視社會學調查、政府部會的數據，以及酒館吧臺的街談巷議，就會發現，上述這些做法實際上流行到什麼程度，似乎很難有個明確答案：這些做法的確存在，沒什麼好懷疑的，但它們幾乎不可能是主流或甚至是代表性的做法。某些為狼發聲的激進人士將狼回歸所衍生的問題簡化為畜牧業者的不誠實或懶惰。這種對問題的表述顯得既不公正、也不全面，無法捕捉到情況的複雜。

我們掛心於另一項小道消息。來自畜牧世界或之外的一些要角堅定認為，某些對狼實施的「制量射擊」（tir de prélèvement）* 特意針對狼的巢穴或狼群集合處左近的幼狼。若此等行徑屬實，那麼就違反了法律的精神：殺戮旨在調節族群數量（但若是保育類，殺戮是非法的）而

*（譯注）此為法國政府允許的一種控制狼群數量的射擊，行動時間與允許捕殺的狼隻數量都是固定的。目前，法國全年允許捕殺的狼隻以狼群總數的百分之十九為限。

非實地保護羊群。因為，正如我們好幾次觀察到的，當年新生的幼狼基本上不會在九月初以前離開狼群集合處，也從來不會去攻擊羊群。於是，同理心就這麼擺盪到交戰了另一方，擺盪到在廢棄坦克裡歡笑嬉鬧時遭到狙殺的小狼身上。又一條情感的絲線如是織就。

傍晚，夜幕垂降，我們與其中一名牧羊人重新碰頭。他每天都來跟我們「鬥陣講笑詼」。我們跟他講他的羊群在哪，我們盡己所能協助他，我們動身幫他尋找受傷或遇害的羊，偶爾也幫他照顧。他是一眾牧羊人之一，牧羊人的性格與魅力各個不同，不過，隨著時間推移，我們與他締結了情誼，於是，某天早上，他跟我們講述了一個狼攻擊羊的夜晚。黎明時分，他從旅行拖車走出來，四周，羊群星散一地。不對勁。好安靜。接著，一隻羊接著一隻羊，他走到牠們的遺體前，有的已死，有的傷殘，偶爾半身遭到啃食，在痛苦裡咩咩叫著。二十幾隻羊啊。他望向別處，望向山脊。「很苦啊，」他說，「很苦啊。」我們也望向他目光之所至，囁嚅著：「很苦，是啊，很苦。」又多了一條情感的絲線。同理心時而來來去去，宛如潮起潮落。「伺機牟利的罪大惡極牧羊人」這種以偏概全的形象成為了取巧的形象，讓人能逃避不去面對道德上無以縮減的曖昧不明、面對狼回歸法國創造出的活力十足的混亂。

黃昏之始

我們從同理羊擺盪到了同理幼狼，再擺盪到同理這名牧羊人。接著，夜色升起時，我們看見了牧羊犬工作。

牧羊人才剛離開，回家睡覺。只有我們留著，與羊群、狗群、高原為伴。受到照護後，母羊一隻接著一隻跟隨牠們的領袖，前往夜間寢息之處。我們在熱影像儀後方就定位。平坦的康茹艾高原上，二十五條安那托利亞牧羊犬（berger d'Anatolie）與庇里牛斯山犬（patou，俗稱大白熊犬）所組成的非凡犬群守護著龐大的羊群。牠們如今已落腳於蠅圈山（collet des Mouches）下的夜寢處，一塊光溜溜草皮與黃楊樹叢交雜的地帶。忽然，悄悄接近的五匹狼成功包圍了離羊群很遠的一頭母羊。獨獨一條狗嗅到了狼味，趕上去與被圍困的母羊會合。母羊靜止不動，可能受傷了，也可能怕到無法動彈。狗嗅了嗅羊，然後擋在羊前面。透過熱影像儀，我們清楚看見，狗面對五匹狼，挺身捍衛羊。狗抬起了頭，挺起了胸膛。牠以吠叫聚集牠的同袍，狼群則散成扇形逼近牠。有時，牠會把頭轉向那隻靜止的羊。牠站定不動。五匹狼包圍了牠。狗，牠大可逃跑，大可與狼維持距離。但牠打量牠們，吠叫，挑戰牠們。牠會一直站定不動的。三條宛如雪白龍捲風的狗前來馳援，三條安那托利亞牧羊犬奔馳而來，狼群四散入灌木叢。方才落單的狗重新融入了狗群，追逐起逃逸的狼。

這些狗達成了守護者的非凡工作，觸發了我們對所有英雄——生物的、遠古意義上的英雄——那動物行為學上的感激之心：強者單純以未使用的過剩力量保護弱者。如此一來，狗也參與進了各方混戰裡。我們傍晚會在飲水槽那邊溫柔慰撫牠們，牠們之中也有些小狗，這些小狗明年就會長成龐然大物，但現在還相當可愛，儘管最好不要晚上在羊群這裡忽然出現在牠們面前。狗也與我們締結了情感絲線，牠們一個個收歸進了隸屬與繫連的網裡。

「切莫溫馴地步入良夜[4]」

潛伏窺伺動物的夜裡，月亮高懸，平靜得一成不變，於此，追蹤的感官是眼睛，目光熾烈燃燒，連續幾個小時以貓頭鷹的眼睛不懈審視平野，尋找手姿特異的一縷白色幽靈，尋找一個動作，尋找一個事件。靜定不動也成了制欲的苦行：一旦對完焦，手就不該再去碰熱影像儀了。萬一我們必須啟動錄影來攝錄某個精彩場景，我們的手指就在離熱影像儀操縱柄幾公分處像音樂家彈奏鋼琴一般點動，盡可能讓觸碰細膩，使移動熱影像儀時不致模糊了影像。幾百個小時的影片歸檔後，將在一個個漫長的冬夜接受分析。而這邊所說的「精彩」並沒有既定的封閉定義，一切都可能符合這精微震顫的「精彩」定義：狼與狗的互動，狼與羊群的互動，但也包括狐狸與母羊的互動，狗與狍的互動，人類與其他任何生命形式的互動，還有其他乍然顯現、我們想都想不到的奇事。我們無意識屏住呼吸來消失自己，以讓呼吸本身不會擾動到如此經驗。

狼來了。

我們一開始會聽見星散各地的幾聲狼嚎。往往是晚上十點十五分左右：我們稱之為「黃金時段」。狼群受嚎叫指引，集合在一起。狼爸媽小跑著回來，牠們的身影是刺目的光芒構成的，像是夜幕中的幽靈，在瓦爾省的乾草原上滑移（狼的小跑與疾馳流暢到，從紅外線熱影像看來，狼腳有時似乎沒有真的著地）。瘋狂奔馳，舔舐嘴唇，奧祕儀式，身體姿勢的遊戲。

接著，另一種嚎叫出現了：這一次，狼集體嚎叫，嚎叫的狼齊聚一處，肩並著肩。這稱為「合唱式嚎叫」。它往往是個預備群體活動的儀式，例如開拔狩獵：因為，合唱式嚎叫之後，狼群其中一名領袖開拔往某個方向，狼群跟隨著牠，調性就改變了。牠們展開行動，協調無間，靜默無聲，堅定無疑。

合唱式嚎叫是一種功能不明的儀式，但既然它改變了群體關係的內涵，它身為某種「開端」的地位就昭昭無疑了。

它是一個開端，將群體帶入夜晚的另一個時代。

我們在筆記本上記下了：

「晚間十點十五分，出發巡邏探勘，十匹狼，六匹成狼，四匹小狼，往巢穴去。」

「凌晨三點，三匹成狼，狩獵小隊消失在康茹艾高原，往野生動物去，往艾吉訥（Aiguines）去。」

還有：「清晨六點。在盧比耶（Loubière）下方。四匹狼（應該是亞成狼？），激動，奔跑，會合，分開：謎樣的行為。」牠們這種姿態讓動物行為學家與專家都啞口無言。但要是我們讓一個孩子觀看熱影像儀，不出幾秒，他就會轉頭對我們說：「嗯，牠們在玩。」這是無庸置疑的。

筆記本充滿了不怎麼科學的詞。我們寫道，某匹狼「拖拖拉拉，晃來晃去」，三匹狼「玩啊玩的」。這些詞其實都是動物行為學工具——它們模糊的輪廓貼切表達了：我們無法單獨析離出支配牠們行為的意圖。

某一夜，我記下：

「晚間十點三十分：全員從集合點出發，包括幼狼。單獨一道足跡。成年狼似乎教導著幼狼有效率且順暢地移動，成狼糾正幼狼漫遊、探索、在每座灌木叢前停下來的習慣。晚間十點四十分：小狼分散著回到集合點。假說：這是不是一堂巡邏探勘、行動路線的教學，沒有玩耍、嬉戲、分散精力？」翌日，我們觀察到類似的現象，但範圍擴大了：幼狼走得比上次更遠，然後，有點受驚，夾著尾巴往回走。我們觀察到，牠們熟悉的圈子，範圍逐日擴大：幼狼一步步被帶到愈來愈遠的地方。

先到山脊，接著到山脊後的山谷，然後到山谷後的平野。幼狼都還沒開始狩獵，但牠們顯然擴大著自己的領域。牠們學習著集體行動。

某一夜，天上傳來了低沉嗡嗚，嗚響逼近我們。驚心動魄又稍縱即逝。心臟怦怦跳動（那是一艘外星太空船嗎？）。在我們頭上幾公尺處，它停了下來，與夜一樣黑。那是一架匿蹤直升機：它用它自己的熱影像儀逮住了我們，它辨別出了我們哪怕再怎麼微小的動作，我們無能為力，無法隱藏，忽然，我們與狼產生了連結——片刻以前，我們是匿蹤的那一方，我們透過觀景窗觀看牠們。視角反轉了。

翌日，營地的上校向我們說明：要想不被逮到，就必須保持不動。讓巡邏直升機看得見您的，正是您與開展的地景間的速度差異。

某一夜，我記下：「迷人啊，我們自然而然就開始對牠們說話：來吧，大家，平靜排好隊，走出森林吧，讓我們可以算算你們有多少狼。」

「為我們唱首歌吧……」這是我們在追蹤時也常有的體驗。某些行為不必進行形上學探討，就能自發將我們與世界的關係變得更泛靈論。與幾公里外走失的羊說話的牧羊人，對我們來說簡直心有靈犀。

某一夜，一股駭人的密史脫拉風席捲整座高原。放置熱影像儀的最佳位置處於強風中。這是任務為我們所選的。一大半的夜晚，我們將得站在狂風的流湧與渦旋裡守著熱影像儀。我們蜷縮在雪地大衣裡，用七湊八雜的各種衣衫層層疊疊裹住自己。我們下一個夜晚回來時，帶上了一切能讓我們的身體——身體每一丁點熱量都會被冰凍的風偷走，帶到遠遠的地方——

保暖並防水的東西。必須撐住，有東西等我們看、等我們紀錄。在戶外，沒有壞天氣，只有壞裝備。

這一夜，我們嚎叫，吸引幼狼們應答。這讓我們有辦法確認狼當年的繁殖狀況，並精確定位狼群會合點。幼狼們回應了，片刻後，狼群在夜裡走了出來，蓄勢待發，我們看著狼群前進，牠們走成一道直線，氣勢非凡。法國的狼不需要以綿羊為食：法國有充裕的野生動物，狼也完全有能力獵捕牠們。此外，儘管狼與羊群住得很近，也儘管羊群不是一直都被保護得好好的，我們於此追蹤的狼群常常對綿羊視而不見，反倒深入森林狩獵狍與野豬。有時候，我們會觀察到，這群狼漫不經心排成一列，沿羊群的邊邊走，受另一種更難捕獲的獵物所吸引。而當羊群被牧羊犬保護得好好的，狼又吃過牧羊犬的苦頭，這些狼就會評估道，攻擊羊已是得不償失。不過，有時候，出於神祕難解的動機，牠們決定攻擊綿羊。

那一夜，我們不間斷追蹤這些狼，幾乎追蹤了三小時之久，牠們五匹狼前去對抗一群有牠們五倍數量、兩倍體重的狗，我們觀察牠們面對逆境的勇毅與團結，牠們與狗鍥而不捨戰鬥，就為了獲取伙食，來餵養在狼群會合處等著牠們的一窩饑餓小狼。

這個晚上，我們看見了，野生動物活出自己的生活，打造自己的生活，創造世界，集體行動。我們看見了，牠們做著共同生活的種種決定。我們看見了，牠們將自己的生命全然掌握手中；思及我們對遭到馴化的動物所做出的事，我們就感到一絲哀傷。這些動物被馴化到，牠們在情感面與實際面都依賴著我們，我們就好像恐怖情人，把對方變得脆弱而依賴，好讓對方依附自己依附得更深，如此一來，我們也就不再尊重對方。牧羊人與畜牧業者不厭其煩重複的一句話：「這些羊啊，很蠢。」這就迴盪出了不同涵義。盪響出別樣意蘊的，還有這些牧羊人與業者談到狼，從容重複「牠的智慧」這謎奧難解的話語時，閃閃發亮的眼睛。

我們於此感受到「野性之美」（beauté du sauvage）這有點遭到濫用的說法涵義為何：我們體會到如此生命形式的特殊之處。這樣的特殊性，遭到過度馴化的狗或羊已經沒有了；某種程度來說，這種存在方式是完美的，牠們沒有我們，遠離我們，在我們之間，達成了自我完足。如此的生命形式其實是四十億年來生物發自本能的主流狀態。不過，這樣的狀態遭到我們的形上學傳統賤斥為「野蠻」，認為它是文明的「他者」。它遭到虛妄怪論所扭曲，我們偶爾會從牧羊人的嘴裡聽見此等奇談怪論，據他們所言，「自然需要我們，否則天下大亂」。

而於此織就的，是對整群狼深刻不渝的情感，這整群狼身為一整群狼，在這軍事營地裡面對著困境，為以下種種所包圍：擊發的砲彈，經過的坦克，滅狼人（louvetier），射手隊，開著貨卡繞來繞去的畜牧業者；這些牧人總帶著卡賓槍，卡賓槍端坐死者的位置上（「我殺了兩匹」，其中一人輕描淡寫說道）。

「你得在夜幕降臨前點燃你的火炬[5]」

一個夜裡，我們見證了不可思議的情景。六匹狼離開了會合點，在森林小徑實施主權在我的巡邏勘查。牠們來到了一座隘口，眾路於此交會：六條小徑往四面八方放射。要走哪一條呢？只花幾秒就有結論。我們目睹了一個集體決策的非凡場景，每種個體性格與社會關係的力量都在其中片刻閃現。六匹狼停了步，排成一列，佇足了漫長的幾秒鐘，像來到交叉路口的赫丘利（Hercules）*。擔任領袖、很可能負責繁殖的成年公狼走上了北邊的小徑。牠身後，負

*（譯注）羅馬神話稱赫丘利，即希臘神話的海克力斯（Héraclès），為半人半神的英雄、宙斯之私生子，年輕時曾受美德、欲惡兩女神誘惑，赫丘利選擇了美德女神，走上美德之路。

責繁殖的母狼比自己的配偶還瘦弱（通常領導整群狼的是母狼），牠猶豫了片刻，然後跟上了公狼，態度卻是漫不經心的。一匹亞成狼往西邊岔出去，或許是去聞個味道，或許是為了讓狼群集體改變方向，但沒有狼追隨牠，似乎也沒有狼注意到牠，牠的路線宛如裝飾的花紋，很快又回歸牠母親的路向。一隻看來不太自信的小小狼立刻跟隨著領頭的成年狼。中間，另一匹年輕狼觀望著、猶豫著，遲遲不做決定，被東邊的什麼東西吸引。因為，某匹狼離開了路線。

因為，有一匹桀驁不馴的狼。

桀驁不馴的狼也還很小。但牠試了一條不同的道路：牠自信滿滿、昂首闊步，看都不看狼群一眼，走向正東方。或許牠預想了狼群未來會走的方向，還是說，牠記得之前的決定，並遵循之？大家全都放慢了腳步。那隻羞澀的小狼靜止不動，猶豫、糾結，牠眼看牠的兄弟或姊妹動身追尋一種欲望，但爸爸是在前面那邊，媽媽則停了下來製作領地標記。擔任領袖的公狼減緩了步伐；須臾之間，牠似乎轉向猶豫著的那一位，然後，順著猶豫者的目光，轉向桀驁不馴的這一位（不過，我們看了好幾次錄下來的影片，這個動作沒辦法確定，要認清楚是很難的，我們離牠們太遠了：也許，這是我們為了重建這齣無聲芭蕾的敘事連續性而在事後進行的投射？）。此時，領袖做了件奇事：牠改變了自己的路線。自原先的正北，偏往東北方走，將自己的路徑改變為兩種方向（牠自己的以及桀驁不馴者的）折衷出的路線。這匹桀驁不馴的狼呢，則若無其事，微微偏斜了自己的路線，但沒有朝狼群其他成員回頭，牠尾巴仍翹得高高的，就好像是牠自己選擇要這麼偏斜著走的，走著走著，牠終於在一百公尺開外處，一派無辜地與狼群會合了。牠追隨這折衷出的新方向，步伐卻精心計算，讓牠闖回狼群行列時占據第三的位置，次於負責繁殖的母狼。我們離牠們太遠，沒有聽見狼發出的聲音，也沒辦法認清楚種種身體姿勢的遊戲或狼臉面具的互動。我們重看了十次影片。看起來，這個決策由領袖推動，桀驁不馴者的固執卻也調整了它，它是經由協商、經由靜默的爭論所獲致的。夜間生活的這十五秒裡，上演著什麼樣的奧祕？

這匹桀驁不馴的狼可能是雄是雌，牠擁有成為未來領袖的稟賦，或不管怎麼說，擁有成為未來開枝散葉者的稟賦，也就是：成為離開狼群，動身前往另一塊領地建立另一個王朝的狼。這匹桀驁不馴的狼曉得自己想去哪裡。另一匹幼狼喜歡被領導，第三匹幼狼則無所適從於自己對不同成員的忠誠，因之動彈不得。

須臾之間，我們驚奇地發現自己成為此處這匹無所適從的年輕狼，這名懷疑者：牠就在螢幕上，在鏡頭裡，相互衝突的歸屬撕扯著牠，而我們看見的，是無所適從的我們，我們看見，我們對牧羊人、對羊、對狼、對狗、對群體、對環境、對草本身那各自的忠誠情意撕扯著我們。然而，我們必須勾勒出一條道路並採取行動，而要做的，是為了所有角色之間的關係來周旋應對：「雖說眾要角在某些點上的利益彼此衝突，卻仍能於此共居」的這樣一條道路如果存在，那就是我們的路線，儘管從外面看來，這條路線像是無止盡的妥協、無止盡的協商。但這就是真正的外交會有的悲劇，正如尼爾森．曼德拉（Nelson Mandela）所展示的真正外交，曼德拉試圖透過他的真相與和解委員會的核心思想——不為一個陣營工作來對抗另一個陣營，而是為各方關係工作、為了改善各方關係而工作，因為各方必須共同生活——來讓承繼了最暴烈的掠奪與宰制的整個國家和解。「狼群裡的曼德拉」——這是我對CanOvis計畫的祕密理想，或者說，最打動我的詮釋。

隔天夜裡，一座隱密的山谷裡，我們隱約看到了什麼：我們以為是頭羊，牠後肢一瘸一拐，這不會錯，步態是我們觀看熱影像儀時分辨得最清楚的，我們與牠一起受苦，我們感到腿與臀遭到啃咬的痛，牙關嘶嘶作響，忽然，我們意識到，這是一匹狼，一匹被那些比牠重、比牠強壯的龐然巨犬咬傷的狼，這些巨犬阻止狼取得羊這種容易獲得、可以餵飽巢穴裡苦苦等待的一整窩小狼的食糧。

熱影像儀宛如夜之眼，貓頭鷹之眼，要在危疑不定中盛放。每一個移動的生命如果距離夠遠，是無法一眼就篤定辨別的：必須要去詮釋牠的手姿、步態、風格，笨拙或靈巧，就算都如此詮釋了，也還是必須接受去將它同時解讀為可能的兩種不同生命。

凌晨兩點，眼睛與睡意鏖戰，手指凍僵，我度過了平淡、一成不變、被地景的荒寂弄得了無生氣的一個小時。然後，我察覺一頭犬科動物的身影，牠看來正走向羊群。是誰呢？是某條閒晃的狗回來了？是某匹年輕的狼在進行調查？目光灼灼，不敢眨眼，為腎上腺素所刺激，然而，心智必須把握住，這頭動物可以同時是狗與狼，介於狗狼之間。狗與狼靠近羊群時，牠們行動的模樣在熱影像儀上非常相似，狗的顏色比較灰，但在電光石火之間，此一微弱差異極難辨明。狗與狼這對本是同根生的敵人彼此相似，但必須分辨的卻正是牠們兩者。遠處的所有動物在鏡頭下都是薛丁格的貓：同時處於存在的兩種不同狀態裡，同時身為兩種不同的物種。牠們是心智為了避免犯下詮釋錯誤，所必須馴服的混種奇獸。當這頭犬科的混種奇獸奔到了羊群前，我們將試著透過牠所映出的倒影——羊的行為，來解讀牠的身分。但就算如此，仍非易事：有時候，似乎連羊都搞混了狗與狼。在此，這頭犬科動物抵達時，羊群沒有動作，這犬科動物的尾巴呈圓弧狀高舉，還與一條庇里牛斯山犬玩鬧：注意力於是放鬆了下來，這是一條巡邏歸來的狗。

這種情況所要求的精神鍛鍊，乃是去同時生活在好幾幅圖景裡：藉由與刻正上演的事物之性質有關、與同一個存在之身分有關的一致或分歧的種種不同線索，來對情況同時作出兩、三種彼此矛盾的詮釋，並追蹤之。

然而，其他生物也一樣同時生活在好幾幅圖景裡，牠們的忠誠是多重的，狗與狼可以偶爾一起玩耍，母狼與庇里牛斯山犬可以彼此挑逗示愛，也可以互相戰鬥至死。牠們可以按照自然主義最簡化論的預測來行事，而在其他某些時刻，牠們也可以像泛靈論所安詳從容講述的那樣，充滿智慧，無可言詮。

夜晚的隱蔽一面

接著，當然啦，這一夜終於到來了，這最後的一夜，所有的所有都在這一夜連結起來，彷彿這真的是一個故事，彷彿生活有時也以寓言之姿顯現，不過，這樁預言不含道德教訓，無法判定對錯，因此不如說是一件藝術作品，名副其實的藝術作品，換言之，它在您心中創造出矛盾、強大、無窮無盡、無可歸結、無可調和、以各種軌跡流動的種種情感與意義。

我們在高原中央就位，夜看來相當平靜。北邊羊群的動靜吸引了我們注意，騷動開始了，數百頭母羊像椋鳥（étourneau）起飛一樣朝四面八方狂奔，會合又分開，我們聽見驚恐的羊鳴，聽見狗吠，全都在那裡，在大馬傑斯山（Grand Margès）下。是襲擊。我們將熱影像儀對準了這螢火蟲般的無數光點，笨手笨腳追蹤著羊群，羊群如今已成為了澈底失控的一群魚。危疑不定之中，一切交融匯聚，我們混淆了羊與狼，混淆了狼與狗，一條狗被一匹被狗追的狼追（還是反過來？），攻擊者成為防禦者，逃逸者回頭發動攻擊；在這布爾雅克向陽面的山坡上，生命蛻變的時光裡，角色互換著。我們在康茹艾高原的中央，眼睛緊緊貼住熱影像儀，我們是笨手笨腳卻又能看見一切的小小神祇，心繫眼前情景，浸沐在超高科技的熱影像儀發出的舊日電影院的噪音裡，膠捲在古舊放映機上運轉時發出的就是這種噪音，黑白影像在我們眼前流轉，宛如一部愛森斯坦（Eisenstein）的電影，成千上萬的臨時演員正進行戰爭，在混亂又模糊不清的戰鬥裡，沒人分得清朋友與敵人。

狗，狼，羊，形式在變形的對話裡融合：你是我的祖先，如今我挺身對抗你；你是我昔日的獵物，如今我冒生命危險捍衛你；我是你的後裔，我有時候會跟你玩，但要是你靠近昔日還是我獵物的我所保護的對象，我就殺了你；我是你的祖先，我渴望你，我欺騙你。

也就是說，如果我們透過一種跟熱影像儀一樣奇異的工具——哲學影像儀（caméra philosophique）來觀看事物，這一具哲學影像儀能以演化時間的尺度來觀看這一切，我們會看到：我是我所殺的你，你是我所保護的我，「我」是他者（je est un autre）*。

這些影像喚起了那些僅僅是自己的自以為是之人不願聽聞的一項古老真理：獨特形式的偶然性。叔本華（Schopenhauer）在他鼎鼎大名的書頁裡說明了，如今我們喚作同理心之物，必須滿足一項條件，才會在情感之流裡浮現。叔本華所說的同理心，是以動物行為學為基礎的道德感情意義上的，他以十九世紀的用語稱之為「憐憫」（pitié），德文是Mitleid，字面意義是「與之一齊受苦」。這項同理心浮現的條件，叔本華稱之為「對獨特形式的偶然性的意識」。要讓一名移民打動我、要讓他的命運震撼我，我必須認為，他之為他、我之為我，乃是偶然的事實：我必須認為，我完全有可能是他，他也完全有可能是我，我們的不同是幸或不幸的偶然，而非與命運、甄拔、能力或價值有關的必然。弔詭的是，熱影像儀的技術於此重現的，正是如此經驗：以一瞥辨識動物的困難，眼睛—頭腦辨認誰追誰的工作，在在讓人看見「獨特形式的偶然性」這項哲學真理：它為恢復這些生物牠們漫長的歷史開闢了一道突破口。它提醒了我們，這些獨特的生命形式在演化長河的最初是無法區分出差異的，而在與現在的生態關係中，這些形式則交織在一起。單單是這樣難以區辨動物的危疑不定，就讓幾百萬年的演化透過影像盡顯：最初，狼、狗與羊這三種動物有一位共同的祖先。而這位祖先透過一代接著一代、代與代間無法區分出差異的子孫，創造出本是同根生的一個個支系，這一支系終於演化為以吞吃另一支系為生，而另一支系則部分透過被其兄弟支系吞吃，獲得了自身的優雅、活力，以及自身族群的健康。又有哪位道學家能擁有普世原則來在此處將麥子從稗子之中揀選出來[†]？

這一夜，我們感覺到，對羊來說，最糟的或許是驚慌失措的夜晚，牠們在遭到噬咬的痛苦裡、無能為力的感受中、對這一切無力理解的情緒裡，遭到追獵，氣喘吁吁疾奔。我們驚異地發現自己對著熱影像儀咒罵狼、鼓舞狗。然而，矛盾在於，要為如此驚惶負一大半責任的，是人類：綿羊是摩弗侖野綿羊（mouflon）的後裔，這種摩弗侖野綿羊是曉得自我防衛，曉得逃跑，曉得進行組織的。牠十次裡將近有九次能挫敗狼的襲擊。然而，數千年的人為選擇幼體化了性野難馴的摩弗侖野綿羊，將之變為溫馴的綿羊：也就是說，成年綿羊面對威脅時，是被維持在幼體的情感狀態與無能為力中的。這是馴化的一種典型現象，它讓馴化者能利用演化發明的一項發育可能性——幼體延續化（néoténisation），亦即延緩個體的成熟，以在牲畜群裡獨

*（譯注）語出詩人韓波（Arthur Rimbaud）。本句關鍵在於，韓波以法文動詞變化為手法，將「我」（je）配合的第一人稱單數動詞變化suis換成了第三人稱單數的動詞變化est。

†（譯注）此處典出《聖經》的《瑪竇福音》（新教稱《馬太福音》）。

獨留下最易受影響、最易操縱、最順從、最受人擺布的品種。

如此一來，我們就覺得自己有責任殺害狼來保護羊。但歷史學家麥可・外斯（Michael D. Wise）糾正我們：這個「牧羊人身為羊群保護者，對抗獵食者」的故事也是為了掩蓋畜牧業本身的獵食面向而杜撰的。「牧羊人捍衛羊群，對抗嗜血成性的獵食者」的意象（topos）被用來塑造畜牧業的形象——畜牧業保護弱者（將牠變成弱者的，卻正是畜牧業本身），對抗凶殘的自然——也被用來遮掩畜牧業隱藏在保護者形象背後的，獵食者的本質。這是外斯析論蒙大拿州牧場主環境史之作《生產獵食者》（*Producing Predators*）裡強而有力的直覺：他在書中分析了畜牧業「『生產』肉類」的形象表述之建構[6]。外斯闡明，在這個美國背景下，牛肉的「生產者」是個必須自我呈現特定形象的獵食者，什麼樣的形象呢？他必須將自己呈現為「其他『獵食者』（狼、熊、美洲原住民）虎視眈眈環伺周遭，他自己則保護著他那些天真無辜的牲畜（亦即他的獵物）」，以此為他自身產業活動曖昧模稜的獵食面向贖罪，亦以此將其產業活動描繪為「生產的」而非「破壞的」。當然，在康茹艾高原這邊，牧人們不是資本主義牧場主，結論卻仍然相同：把羊變得脆弱的，是我們的傳承，想要消滅狼來保護脆弱的羊是站不住腳的。我們不能再一派天真地說：「可憐的羊……」

我們不下定論。這是乾草原上的一夜，這一夜，我們躋身生命之間，不，我們悄悄溜進彼此的生命裡。那倫理道德的斬釘截鐵、善惡分明，就留給教會與政府部會辦公室的光天化日吧。

翌日早晨，在破譯影像方面遠比我們專業的CanOvis計畫各負責人檢視了夜裡拍攝的影片，當然，他們觀看的時間片段沒有我們完整，我們也未必一直都拍得很好，不過呢，根據他們所言，這整宗奇案裡，狼只有一匹，還很晚才抵達羊群。這場騷動仍然是個奧祕。這些影片無法用於科學計畫：它們是一個外交未來的啟蒙經驗（expérience-seuil）。

於此蔓延的哲學感情構成了一種擾亂，這種擾亂又轉化為謎奧。從對謎奧的如此表述裡，浮現了外交的概念。我們現在將開始探討此一概念。這種感情，是「我們自己也是變形者（métamorphe）」的曖昧：在小心對待自己圓滾肚皮的懷孕母羊裡認出牧羊女來；望著狼群踩著足跡上攀，紀律分明、團結一致、成突擊隊形，有那麼個片刻，我們在狼群中認出自己；透過熱影像儀遠遠看著成群的小狼整夜玩耍，為牠們的歡樂所感動，然後在翌日黎明抵達羊群，看著成群的幼犬玩耍，那是與小狼一樣的態度、一樣的臉孔、一樣的愛之邀請，我們溫柔撫摸牠們，與牠們一起打滾，彷彿移轉了牠們的情感。獨特形式的偶然性，無可區分的血脈交融。

我們與高原上出現的所有生物交織在一起，將自己一一扦插在牠們身上，以與所有生物一起成長、與每個生物一齊受苦，釘槍將我們與牠們釘在一起。偉大的外交蜘蛛編織了我們，這頭蜘蛛用隸屬關係與紐帶連結一一將我們全都繫連在一起，以至於到最後，我們與高原上所有生物都為這一束束的情感絲線所纏縛繞綑，無論是狼、是羊，還是草地，沒有任何一個角色在遠颺時，您的心不起漣漪。

來到彼端

然而，我們本身也是混種奇獸，因為我們半是研究狼的科學家，半是牧羊人的助手。這一夜，我們該不該出手應對，該不該前往羊群阻止狼的攻擊？有時候，如果羊群位於到得了的地方，壓力又大到難以忍受，我們之中某些人會介入去擊退狼群。這一夜太過晦暗不明，而且羊群太遠了，在到不了的地方，我們沒有動身前往。之後，也就有了悔恨。這悔恨是為所有生物而發的，我們自覺沒有做出正確的決定，因為，道理非常簡單——正確的決定是不存在的：恰好相反，這種悔恨代表我們有在工作。

在這一團混亂中，如何選擇航向？海軍有種負面航行（navigation négative）的做法，這做法自然而然能讓我們拿來在生命裡找方向。當我們不曉得、也無法曉得自己在哪，這做法就派上用場了。這做法中，最重要的是去曉得我們尤其不應該去地圖上的哪裡，並在紙上嚴謹確定，我們在這些死亡之地周遭應該觀察什麼。在我們出現在不該出現的地方，因此有航線偏入礁石、遭到砲擊、被潮水捲走、擱淺於淺灘的危險時，什麼樣的導航標誌——燈塔、海岸、熱那亞塔（tour génoise）、懸崖、群島——會映入我們的眼簾。接下來的重點，是與這些地標保持距離：航行，就是不要看見它們。航行，就是在它們每次進入注意力的視野時，做出應對，讓它們離開注意力的視野。優秀的航行就是致力於讓任何地標一貫消失於視野裡。這是一種耐人尋味的藝術。以每次都遠離唯一可辨別的、已知的點的方式來航行：將未知當成指南針，將沒有可見的地標當成我們身在正確位置的訊號，因為每個已知的地標都是我們身在錯誤位置的訊號。只有抵達了未知，才能放下心來，確信自身之路，肯定自身航向。這是將自己保持在地圖空白之處、未經涉足之地的藝術：危疑不定成為了安全保障，成為了前進的航向。

那麼，在真正的外交，相互依存的外交，為關係服務、而非為關係其中一員服務而對抗另一員的外交中，負面航行正是一種重要的、日常的藝術。指南針清清楚楚：必須避開的地標——我們必須一貫遠離這樣的地標，以重回危疑不定的大海，換句話說，重回安全的所在——正是心靈的安寧，正是道德純潔感。必須避開的地標，是為了排他性的正義目的服務的感受（為無辜的狼對抗不誠實的剝削者）。是神聖的憤怒（針對專事偷盜、暴虐成性的野獸），是真理的啟示。必須避開的地標，正是如下的信念：相信自己屬於對抗惡者的善者陣營，相信自己屬於對抗獸性者的正義者陣營，相信自己屬於對抗罪犯的無罪者陣營，相信自己屬於對抗汙鄙人類的高貴野蠻人陣營，或者，相信自己屬於對抗野蠻的文明陣營。

任何心定無疑、覺得自己有理有據、為所當為的感受，都必須驅除掉，否則我們就並沒有公正對待關係本身，換言之，沒有公正對待所有牽連其中的、絆纏在無數關係的交織裡的個體，這些關係從衝突一路到照顧，從剝削一路到愛，還得加上一項細膩潤飾：我們共享同一塊土地，在這塊土地上，一種生命形式的棲地正是由其他所有生命形式交織而成。

我們必須接受自己澈頭澈尾是個變形者、是個混種奇獸，也就是說，連倫理道德都是，我們有羊的心、狼的嘴，沒有鱷魚的眼淚。

另一面山坡的黎明

回到康茹艾高原，漫長的夜晚過去了。這是一個非常激烈的襲擊之夜，我們為羊戰慄，痛罵狼，鼓勵狗勇猛戰鬥，為被咬傷的動物痛苦（沒有任何動物遭到殺害），為遭五條狗重創的年輕狼顫抖。這段故事之後，我們之中某位睡了一覺，做了一個夢。

她醒來時，說自己睡得「像服用了嗎啡一樣」，彷彿被一晚之間經歷的世上所有情緒的化學雞尾酒醉得飄飄欲仙。她說，她夢見了自己就睡在這裡，露天睡在康茹艾高原中央，上方是無垠的天空，周遭是乾草原，就在這塊密草叢生處，我們實際睡覺的地方。然而在她的夢中，有個什麼東西驚醒了她：她裹著羽絨睡袋直起身子，環繞她的視野就是我們所在的高原此處的視野，我們於此可以透過熱影像儀觀察地平線圍成的圓圈裡發生的一切。

她看見了牠們。世界上所有的動物（這是確定無疑的）。牠們在這裡，在普羅旺斯的這片乾草原—莽原—石灰岩質荒地上奔馳：象，駝鹿（élan）、長頸鹿、熊、狒狒、高角羚（impala）、馴鹿、加拿大馬鹿（wapiti）、狍、綿羊。狼追趕著牠們，這些狼凌空飛行，就像牠們在夜視攝影機的鏡頭裡似乎在做的一樣，群狼全速飛翔，像不受阻滯的一道道風或一條條河，帶著牠們狩獵時特有的平靜的凶殘。不過，她補充道，那不是惡夢，也不是充滿壓迫感的情景。因為，這些夢中的狼同時是狗，牠們引領動物們前往某一個祕密所在，動物們在那裡受到庇護，很安全。

有時候，夢是一項夜間藝術，它深諳將白天事件的情緒波瀾撫得平平順順。深諳將這些事件代謝掉。此處，夢彷彿對犬科動物如此的曖昧模稜下了工夫——無法區分，同時是狗又是狼，以同樣的力量奔馳，以同樣的勇毅衝鋒，以同樣的鬥志不懈奮戰。

在新石器時代，我們發明了一種新的生命形式：之前的兩百萬年間，我們像狼一樣，以尋找和追捕為生。有了馴化，生活不再是尋找，而是看顧，就好像牧羊犬被養來看顧羊。看顧那被我們據為己有之物。

狼與狗在這一夜的戰鬥具有如此的哲學力量，因為這場戰鬥搬演了人類的雙重面貌，是不折不扣的兩種生命形式的戰鬥，是狩獵採集者對抗馴化者的戰鬥，這樣的戰鬥在人類民族的歷史裡到處重演：在新石器時代，對抗的是最後的遊牧民族，在美國西部的拓荒邊界，是美洲原住民黑腳民族（Indiens Blackfeet）對抗資本主義牧場主的戰鬥，在撒哈拉以南非洲，是馬賽人（Massaï）與哈扎人（Hadza）的戰鬥。狗看顧，狼則試圖奪取：兩種生命形式我們都經歷過，我們每天都重啟它們、在它們之間切換。這兩種生命形式在生物裡早已存在：藏匿種子的鳥與飛行狩獵的鳥，從事探索的螞蟻與保護自己所馴化的真菌的螞蟻。我們也繼承了如此的曖昧模稜——介於狗、狼之間的曖昧模稜。羊呢，牠也存在於我們內在動物園的某處：我們也曾有獵食者。關乎生物的一切對我而言都不陌生。

每個個體都蘊含了全體生物的狀態。

夜的政治哲學

「如果夜變得黑暗，請你變得比它還黑暗[7]」

現在起，我們可以詳加闡論這些田野經驗如何影響哲學實踐。此處的田野（terrain），其意義非常特殊：它並不遵循社會科學的方法論與認識論規範，而是一塊哲學田野（terrain philosophique）。在社會科學中，田野確切說來，是需要實證描述與理論工具闡釋的（田野既是有待描述的材料，也是為了描述而蒐集實證元素的實踐）。然而，如此意在描述的雄心壯志並非哲學活動的首要意義，儘管它可能對哲學活動有所幫助。傳統社會科學與田野的關係於焉在哲學中不復存在。問題變成了：田野有什麼用處？它對哲學產生了什麼影響？換句話說，它對哲學活動的獨創性產生了什麼作用？此處，我援用德勒茲的取徑：道地的哲學活動就是去創造概念。問題變成了：「在田野」，而不一定是「有田野」，對概念創造有什麼影響？我一路至此已闡述了浸淫在田野實踐裡如何促成一系列可以稱之為「哲學經驗」的經驗（其不折不扣正是生活本身，如此的生活保留了自身的謎奧與矛盾，人人皆能擁有這樣的生活）。這些經驗是決定性的，因為它們有助於創造相互依存的跨物種外交（diplomatie interespèces des interdépendances）[8]的概念。現在起，我要探討的，就是此一概念。

目前，我要從田野提取的，僅是同理心在各陣營流轉所產生的情感，以此情感來周延打造此一概念的表述。這種情感是在關係的空間裡占據了獨樹一幟的立場的徵兆。

確實，從此經驗浮現的啟示是：要找到外交的立場，最好的羅盤就在自己的內心。那是一種自覺在倫理上對當地互相衝突的各方都稍有虧欠的感受，因為我們是為了關係而工作：為了各方之間的永續關係而工作，為了關係的利益而工作，而關係中的每一方往往是為了他們自己的利益而工作，在關係乍看之下是衝突性的時候，因此損害了他方的利益，這很正常。

這是CanOvis計畫如此悄悄產生的一種啟蒙經驗。一臺臺大卡車中，與我們為伴的是田野在地人，必要的守夜將他們鍛鍊得很強硬，他們擁有直逼軍隊的組織，對狼群使用間諜戰術，我們在散落著砲彈破片的小徑上疾駛了一整夜，以捕捉狼群的、狼群與羊群互動的影像。儘管如此，這樁經驗的情感調性，與行動、冒險、衝突、陽剛考驗這種種的情感調性迥然不同。如此經驗的情感調性，是互相衝突的多重同理心所導致的道德虧欠感。我清晰記得，CanOvis計畫那飽經風霜的行動負責人——他覺得自己得再去跟牧羊人朋友們喝一杯，接著得再去檢閱一次牧羊犬——嘴裡總是傳達出如此調性：為了所有「世界的不幸」，亦即為了衝突裡所有的參與者，依次感到難受。在田野裡，他不停說著：我為這一夜獨自被隔開包圍的母羊感到難受；我為獵狼大隊要來射殺的狼感到難受；我為被這匹混蛋狼攻擊的羔羊感到難受；我為受傷的牧羊犬感到難受；我為這一夜又將不寐的牧羊人感到難受；我為那窩再也沒有奶喝的小狼感到難受。我為過度密集的放牧將會啃食殆盡、再也無法重新生長的這片小小草地感到難受。

「感到難受」這種講法十分含糊，又恰當詮釋了這種感覺的矛盾曖昧。但西班牙文裡有種無可翻譯的說法，我認為能更透澈表達這情感的細膩：lo siento，字面解釋是「我感受到了」、「我內心感受到了」。當有人遭受了悲劇，我們又對這悲劇無能為力，我們就會用這說法來向他傳達：「我很遺憾。」

當我們內心感覺自己在道德上略微背叛了每一方，我們就確實處於外交家的位置。最明晰的道路是煩擾[9]。這可沒有純粹主義（purisme）的暢爽，沒有選擇了某個陣營來對抗某個體系或另一個體系、來對抗某種意識形態或另一種意識形態的那種舒適感。奇異就奇異在，我們必須主動將自己維持在這種「因為一直不選擇某一陣營來對抗另一陣營，所以成為了所有陣營的叛徒」的輕微但潛伏不散的感覺裡。我們必須堅定選擇矛盾曖昧，將自己保持在危疑不定之中、保持在互相衝突的多元觀點裡，以尋找種種為相互依存的關係服務的，更健康、令人更能忍受的解方。

我認為，這種道德上的虧欠感是一種特殊的哲學與政治立場的徵兆，這種立場正是：真正意義的外交，相互依存的外交。此處特別指的是：跨物種的外交。「感到難受」構成了奇異的內在羅盤，它指明了，此處的您、現在的您，就是一名外交家[10]。我們很少注意到，倫理的稟賦有一點非常迷人：唯獨它這種稟賦是這樣子的，只要我們為自己缺乏倫理稟賦而誠心感到難受，我們就已經擁有了些許倫理稟賦。這一點並不引人注目，卻是深刻的。只要我們為了自己曾對有所需要的對象不夠慷慨或同理而感到難受，我們就已經稍微是個有同理心的、慷慨的人。相反地，要演奏巴哈的組曲，為自己不會拉小提琴而感到難受是不夠的[11]。

對相互依存擁有監護權

現在，我們可以具體說明外交家的立場，這個處於種種相互依存關係的交會之處的奇異立場，涵蓋了什麼樣的內容。我們在歷史裡「外交家」這個角色身上已能發現相近的態度：外交家提醒委任他的人，他們是無法獨斷獨行的，他們的存在無法離開外界。然而，歷史裡那種國與國之間的傳統外交家並非好的榜樣，因為這樣的外交家往往只把他的外交實踐用於讓戰爭以其他方式持續，為自己的一方服務。我們於此描繪的「關係的」外交家擁有迥然不同的性質，因為他的立場是為相互依存服務。

這個「關係的」外交家同時是一個中介（intercesseur）、一個跨物種翻譯家，以及一個中間人（*go-between*）。這邊所說的中間人並非比別人還清楚他們的利益在哪的高人一等的智者。他並不是要重現家父長、重現所羅門王的審判。正相反，他承認集體的智慧，關係中各方的智慧——知道自己在做什麼的正是關係中的各方——他也承認實踐與生活的力量軌跡。他與生物等量齊高。但他的奇異之處與他「之間」的立場有關：這樣的奇異之處是「立場—關係[12]」的。也就是說，他的奇異之處，與他在一眾交織的關係裡所持的計入脈絡的立場有關。儘管他曉得，關係中的各方——狼、羊、牧羊人、環保運動分子——都不缺乏智慧，他卻也承認上述各方對自身利益的想法所帶有的立場面向：也就是說，每一陣營都本能地傾向忽略自身與其他陣營那些最不明顯的相互依存關係，並相信自己是抽離出相互依存關係的。如果說牧羊人對羊擁有監護權，外交家就對相互依存關係擁有監護權，這壟斷了外交家本體論上的注意力。

而這就是為什麼外交家能在關係中的各方忘了他們其實無法離開彼此時，實施斡旋，提醒各方。外交家可以拼湊修補出種種解方，讓這些相互依存的關係在所有角色眼中清晰顯現，或讓這些依存關係得到尊重，儘管這些關係看似與每一方的短期利益相悖。

有幾個倡議行動，尤其是法國的牧狼行動（Pastoraloup），讓同情狼的人可以來當義工，協助牧羊人保護羊群。這些體驗迷倒我之處在於，我聽到有幾個人出發的時候非常肯定狼無辜、放牧的模式有罪，做完義工回來時卻變了：他們還是對狼那麼熱情著迷，同時卻也比以前困惑、思緒攪擾得多，說到誰對誰錯、說到捍衛荒野這一方以對抗牧業「剝削」的那一方時，他們無法肯定斷言。他們的心歸於羊、歸於牧人、歸於庇里牛斯山犬、歸於某些地景、歸於某些實踐、歸於牧羊人及其牧羊犬間的非凡關係。他們企盼捍衛這一整張蘊藏內在矛盾的關係之蛛網。

牧狼行動這樣的裝置措施吸引他們以狼的捍衛者之姿，前來協助牧羊人，他們做完義工歸返時，變得更加地「外交家」，也就是說，他們接受，當地所上演的事情是複雜的，同時，他們也會去尋找交戰雙方的好處。雖說如此，他們捍衛狼之心仍不減，也一如往常批判無差別射殺的荒謬政策，與此同時，他們的參與則變得更成熟、更深刻、更有遠見。他們的批判也變得明晰：敵人被更生動地描繪出來、更明確地勾勒出來，抗爭行動也變得流暢了，因為對手從一個抽象體系（籠統的「剝削者」、籠統的「有害的人類」）中脫離出來，不再缺乏名字。變革的能量於是能夠集中到具體的公共政策上。好比說，如此能量可以瞄準二〇〇七年至二〇一八年間國家計畫的演變作為目標，在這些年間，法國保護羊群的範式（paradigme）從立基於旨在嚇阻的射擊，轉變為一種立基於制量射擊來調節狼群數量的狡詐而非法的模式。如此能量可以去批判，有關當局拒絕實行認真可靠的支持羊群保護的政策、拒絕獎勵保護羊群的人，轉而把大規模屠殺狼當成沒有辦法中的辦法。如此能量可以專注在我們可以抗爭的法條上、專注在我們可以針對的地方性文化態度上。

奮鬥於是重新回到更大的挑戰上，好比說，我們了解到，在歐洲，狼與畜牧業如此的關係危機一大部分源於法國羊隻畜牧業因為經濟邏輯——歐盟共同農業政策（Politique agricole commune）與羊肉市場的全球化，雙雙貶值了法國羊隻產業所生產的羊肉——而遭到摧殘的經濟情勢。

這個「相互依存的外交」的想法之所以這麼難理論化，是因為我們承繼的傳統將道德與政治思索為各項原初詞彙——它們彼此澈底分離，並且互相衝突，包括一個受害者與一個罪人

（我和我的同類、亞伯和該隱）——之間關係的階序化。但在「關係本身才是原初的，並且比彼此分離的各種存在還真實，而生活就是捲入種種關係中、被種種關係打造」這樣的一個世界裡，我們這個傳統的取徑就很可悲地一無是處了。

一部分也是因為這種思維習慣，人們很容易去相信，同理心在所有觀點間的流轉會導致去政治化，因為選擇陣營變得不再可能。其實，這種對政治的設想是非常貧乏的（近乎沙文主義）。我認為，我們這裡的情形剛好相反：道德上的虧欠感並不會讓產生這種虧欠感的人去政治化，在我看來，這種虧欠感反而以更好的方式政治化了這些人。我們一旦已在種種觀點間流轉過，我們會感覺到，其中某些觀點並不具備它們自己所宣稱的正當性。我們看見了一條條明確的動員軸線漸次浮現，看見了行動所須的合宜裝置措施，也看見了鍵盤戰士*每天在做的強烈道德譴責是多麼一無是處。外交的裝置措施帶來了政治化，之所以這麼說，是因為它們促使那些經歷了它們的人去具體分析一種具體情況，我們之後會看見，相互依存的觀點擄獲了這些經驗過外交裝置措施的人[13]。

* （譯注）原文為militant d'écran d'ordinateur，直譯為「電腦螢幕戰士」，即臺灣語境裡，躲在電腦後面出一張嘴、不做實事的「鍵盤戰士」。

經驗過這類裝置措施之後，我們就再也無法用道德教訓別人了，然而，我們可以在目標明確的戰鬥裡燃燒自己的不同意；我們再也無法宣布純潔者與不潔者各自在哪，然而，弔詭的是，我們更能正確指認出全新意義上的敵人——關係的敵人。這就是我所謂的「一位正在成為外交家的人」（un devenir-diplomate）。

像山間牧場的草地一樣思考：剖析種種結盟

由於我們非常不習慣以這種方式來思考，一開始或許看來很難想像，一個給定情況裡的相互依存觀點究竟是什麼。它究竟涵蓋了什麼？它又如何浮現？讓我們回到我們關照的案例：狼與放牧業的共居。於其中，相互依存觀點會是什麼樣子？

舉個例。堤野希是一名與CanOvis計畫合作的牧羊人。就像牧羊人的行話說的那樣，他在山間放牧時，總是整天「跟在羊屁股後面跑」。也就是說，羊一天要走遍的路線，他會全程跟隨、溫柔領導牠們。我們從羊群後面趕著羊時，他對我闡述他對草地的愛戀：必須靈巧移動羊群，讓牠們在一塊草地上僅僅佇留恰到好處的時間。牠們如果在同一塊地吃草吃太久，就會破壞根系，耗竭地力，把一切啃得片甲不留。如果牠們多停留了一天之久，羊糞就會為草地施肥，使土壤含氮量增加，來年的草就會長得更茂盛。可是，萬一羊糞施肥過多，來年的草就會過度強盛，羊群也就不願意吃了。羊群既必須能為草地施放牠們生產的天然肥料，讓植被生氣蓬勃，又不能過度施放糞肥，否則會燒毀、窒息草地。這就是牧羊人對此處不同生物彼此交織的利益所投入的細緻關注。這邊說的生物並非一切的、全體的生物多樣性，因為每種生物的存在都會有利於某些夥伴、不利於另一些夥伴：在法國南部，羊群的存在有利於乾草地的某種植物多樣性，卻會削弱其他某些物種。這裡有一個社會問題：在以後的世界，我們究竟願意讓放牧的草場擴張到什麼程度？我感興趣的問題卻是另外一個：在「什麼樣的植物多樣性應當充滿山野」這項論爭以外，存在著另一項巨大差異——某兩類放牧業之間的差異。有一類放牧業照料它們賴以為生的草地，另一類放牧業的放牧方法則會讓很少受到看顧或看顧得很差勁的龐大羊群對草地施加其無法承受的壓力，榨乾並殺死草地。這一點，奧爾多·利奧波德也提醒了我們，他提到，山「活在對草食動物的死亡恐懼裡[14]」，這些草食動物能夠在數十年間將山坡啃食殆盡。為相互依存關係操心的牧羊人則同等關注他的羊對狼的恐懼以及草地對他的羊的「恐懼」：他必須照料這接待、餵養他的羊群的草地；「未來，我們應該支持哪些形式的放牧」這個大哉問就在此處。

於此，我們可以看見，我們習以為常的選項——不加分辨地譴責全體牧業，彷彿牧業正是生物多樣性那欺狡不實的敵人，或是不加分辨地贊成全體牧業，彷彿牧業正是維護地景的重要環節——是多麼站不住腳：一切都取決於實際上怎麼做，我們必須構想一種土地作放牧之用的變革，如此變革會加強保護草地、狼、以及放牧業本身；我們必須讓這些「重要性共同體」（communauté d'importance）的軸線浮現。

挑戰因此在於，如何捍衛某種尊重草地、尊重環境的放牧業。這裡重要的是，要如此尊重草地的話，羊群的規模就必須縮小，牧羊人也必須較密集地看顧羊，如此一來，也就成了一種更尊重牧羊人這門職業的放牧業——「牧羊人這門職業」在這邊的意思是，引領羊群的祖傳藝術。最後，這成了一種與狼的存在更加兼容並包的放牧業（因為牧羊人的在場與小規模的羊群能有效地大規模減少羊群遭到狼的獵食），重要性共同體也於此浮現。

因此，最能保護環境的放牧技術也是最能保護羊群免於受狼襲擊的放牧技術，而羊群受到保護意味著消滅狼的被動政策得以減少，這些被動應對的政策是主動保護羊群失敗時的不得已之計。此外，最能保護環境的放牧技術也最能保護牧羊人這門職業，保護牧羊這項祖傳藝術、這項實踐、這項訣竅，長久以來，這門職業做的就是緊跟羊群，將牠們從這一帶移動到那一帶，讓牠們彎來拐去地走，以能活化草地的方式繞行草地，而羊群也為草地成為地景出了份力。然而，如果牠們數量太多、缺乏引導，就會自然而然摧毀草地。某一類畜牧業就有這種惡劣狀況，這類畜牧業旨在生產廉價肉品，與來自世界上以不列顛群島和紐西蘭為首（這些島嶼很早就滅絕了島上的獵食者，他們生產的肉品之所以這麼便宜，這是箇中原因之一）的其他地方生產的便宜肉品進行一場未戰先輸的競爭。我們在這邊就有了一個致力於相互依存關係的措施：這些最能保護羊群的放牧做法如果可行，也將是最能保護狼、草地、牧羊人這個職業的放牧做法。這是重要性共同體的一個具體案例，不過，還有其他重要性共同體的例子必須去探索、提出、捍衛。

這當然意味著要減少肉用羊的養殖數量，不過，我們如今已必須減少攝食肉類以避免加劇氣候危機，面對如此境況，縮減肉用羊的養殖真的是個問題嗎？如今，動物的痛苦成為重大挑戰；如今，物種滅絕、動物消失；如今，氣候暖化，反芻動物的養殖成了森林消失的一大原因——在這樣的時刻，我們該做的，是重新構想羊隻放牧業，變革其做法，使之更為永續。

這並不是說，所有的羊隻畜牧都必須以唯一一種、同樣一種方式進行，因為從開發的類型與地景來看，放牧技術多元化是必要的，不過仍有必要優先提倡那些捍衛最豐富的重要性共同體的放牧技術，就好像——順此一提——義大利與西班牙的放牧業未必聲張、未必自覺，卻已經在做的那樣。與此同時，我們面臨的挑戰是：不要在政治上屈服於大規模放牧業遊說——這種放牧業拒絕將自己的做法改變得更為永續、更重視關係的交織——所提出的殺狼要求。在這方面，要是被狼攻擊的羊來自一個未受保護或保護不力的羊群，對這些受害羊做出的一切補償都是不可接受的。儘管法國國家級狼計畫（plan national Loup）*規定，賠償以保護羊隻的行為為條件（這措施立意良善，但從未實行），下面這種情況仍然常常發生：那些拒絕一切羊隻保護措施的畜牧業者（即便政府也補助保護措施），他們實際上獲得的補償，跟努力調整做法以應對狼群回歸的畜牧業者，所獲得的補償一樣多。這項公共政策應該要被批判、被消滅：它打擊了想要將做法往好的方向變革的那些畜牧業者所做的一切嘗試。確實沒錯，要是不保護自己羊群的畜牧業者比致力保護自己羊群的畜牧業者收到更多的經濟回饋，那又何必還要這麼累去發明一種與獵食者的存在兼容並包的放牧業呢？這是政治上的一個錯誤：我們優待那些拒絕保護羊群的做法來加深放牧業對援助的依賴，然後利用媒體對未受保護的羊隻死亡的濫情報導來獲得對狼的殺戮。這是一種原可避免的苦痛，它被用作工具以炮製另一種原可避免的苦痛。這是雙份的死亡，其中一份被用來合理化另一份——會搞成這樣的政策很少會是好政策。

此處確實就是個外交的情況，因為我們面對的是好幾個陣營，每個陣營都自認正與其他陣營彼此衝突。關鍵挑戰在於外交，因為要做的，是捍衛各方都接受的模式，讓各方彼此間的種種結盟浮現出來。這並不是一個泛愛所有角色的大和解指令，因為某些角色是被排除在外的：那些澈底拒絕實行羊隻保護措施、一有羊隻損失就要求殺狼的放牧業就不會在聯盟裡。那些置最有效率的非致死性羊隻保護措施（這些措施其實是給獵食者的訊息，旨在告知牠們，牠們對共享環境的使用限度）於不顧，仍然一意孤行攻擊羊群的狼也會被排除在結盟之外，可以被射殺。摧毀草地的非永續放牧業，還有那些下毒、盜獵的獵人或畜牧業者，都將是這個聯盟的敵人。他們將遭到步步為營、寸土必爭的抵抗。

如此一來，劃分出各個利益團體的解剖刀不再將狼與放牧業分開、人類與荒野自然分開，它分開的是與各自促進或摧毀的生物結盟的不同放牧形式、是人類對土地的使用與非人類對土地的使用的不同編織方式。這就是一種擴大到其他生命形式的，對環境多重使用的取徑：動物、植物與人類對環境的多重使用。

因此，值得捍衛的放牧業意味著使用方法的變革：它必須在動物受的痛苦（也就是說，屠

＊（譯注）全稱為「法國二〇一八至二〇二三年狼暨畜牧業行動計畫」（Plan national d'actions 2018-2023 sur le loup et les activités d'élevage），為法國政府擬定的包含一系列裝置措施的行動計畫，旨在於狼的保育與羊隻保護之間取得平衡。

宰與繁殖的做法）、在對生態系的照顧上持續精進，它必須變得更有韌性、更加永續，有能力與庇護、支持它的野生動能同居共處，與牧場的授粉者齊心協力，能夠為野生有蹄類動物、為比較不好相處的生物多樣性——比如狼——騰出空間。它也可以重新構想自己的盈利模式：朝短通路（circuit court）*轉變，短通路可以讓透過哪樣哪樣的承諾、哪種哪種的做法所生產的肉類獲得經濟價值。以新生代為主的許多畜牧業者已往這些方向提問思考。這種嶄新重塑的放牧業透過與環境及環境裡的野生要角締結聯盟，可以打造出品牌；它憑藉這面品牌，就可以在社會面與經濟面收穫成果。除了以「技藝」（arts et métiers）之姿代代相傳、成為遺產、以昔日記憶之姿保存下來的做法與土地締結的關係，上述的新放牧業可以捍衛與土地的不同關係。未來的羊隻放牧業值得成為我們未來所需的與環境永續關係之急先鋒、之中流砥柱，它總是力求對生命形式展現出隨時制宜的顧念敬重，什麼樣的生命形式呢？它本身牽涉的生命形式、與它共居的生命形式、創造出它的基礎環境的生命形式。而這是透過有智慧地繼承放牧的藝術、繼承它意味著的對生物的愛來達成的，以此，它將這樣的愛擴及這個庇護著它的，既豐富、又複雜的環境。雖然弔詭，卻和諧安詳的是，狼因此顯得像是一個加速器，牠加速土地用法的變革，使之更為永續、更有生態意識。

中介者（intercesseur）的創造性面向

因此，一切都始於對關係的加強關注，以及對詞語壟斷的拒絕。「現實首要是由關係構成的」，這樣的主張，二十世紀的哲學已經捍衛過，生態思想也記住了這一課。不過，接下來，如果我們忘了去查考經驗的這個關係面向是誰主責的，這實際上意味著什麼？並沒有「關係的天使」這種東西，不知打哪裡冒出來的智者並不存在。所有談論抽象意義關係的論述都該記住這一點：該關係是從誰的觀點設想、捍衛、表述的？誰為此關係工作？這個「誰」永遠不會是關係本身。關係本身沒有雙手，也沒有聲音。它無法光憑自己就獲得接受。有個事實，我們永遠不該忘記，如果忘記了，恐怕就會掩藏了這個事實：在我們的形上學傳統中，我們總是從來自一個單獨分開的陣營、對抗另一個單獨分開的陣營開始的（那些由民族誌紀錄的文化慣習〔habitus culturels〕可能比較不是這樣，在這些文化慣習中，首要的，是對與饋養萬物的環境形成的相互依存關係的意識）。

要在變革的力量裡啟動關係的思考，就必須在詞語的邏輯——我們繼承的是正是這種詞語

＊（譯注）法國政府定義短通路為：商品從生產者不經中轉、或僅中轉一手，銷售給消費者。

邏輯——與關係的邏輯之間，找到中介者。我們必須將雙手賦予給關係的概念、賦予給相互依存的概念，然後，這兩個概念還需要聲音。

而外交家這個角色正能在此全力揮灑，因為，人類文化創造出的繁多角色裡，很少有角色像外交家一樣擁有這種邏輯上的雙重特殊性：來自某個陣營，結構上卻能投身為關係服務。就我所知，只有薩滿（chaman）與外交家擁有這種奇異而迷人的身分（要從我們的傳承啟動薩滿這個角色，比啟動外交家的角色還困難）。

像這樣針對「以某個化身來體現相互依存關係[15]」之必要性的認真考量，可能是受到哲學傳統裡一個鮮為人知的文本所啟發：唯心主義（idéalisme）哲學家約西亞·羅伊斯（Josiah Royce）於一九〇八年出版的《忠誠的哲學》（*The Philosophy of Loyalty*）[16]。他強調，要讓關係的邏輯降臨到變革的力量裡，中介者是不可或缺的[17]。

最明晰的例子，是國際關係領域的口譯員。關係中的雙方可以不說相同的語言，不共享相同的符碼、相同的慣俗：中介者讓互動成為可能，因為他並不是透明的中間人，而是貨真價實的參與者，承載、轉變了關係中兩造的互動；因為，中介者為關係本身賦予了獲得接受的機會。在一九一四年的著作《戰爭與保險》（*War and Insurance*）裡，羅伊斯悄悄加入了他的一個直覺，這個直覺讓他躍為相互依存政治的理論家，我在此則試著概念化這個「相互依存的政治」[18]。就連中介者的存在本身都意味著一種特殊的邏輯狀態：一種「之間」（entre）的邏輯。處於一個個建構出的共同體「之間」。「然而，代理人不能只是一個陣營或另一陣營的代言人。相反地，他必須將自己與每一陣營區分開來，儘管他與兩造都共享一種語言或一整套利益[19]。」

有時候，中介者，就命名為B吧，會稍微調整他對A致C之訊息的翻譯，以此避免引爆衝突，或以此引導互動。這位中介者B會稍微對翻譯做出背叛。為什麼要這麼做？因為他認為，A與C之間關係的利益對A來說，比A深信對自己最為重要的利益——也就是A自己這一方的利益——還來得重要。因為中介者並沒有決策權，他不可能從關係的觀點來獨斷支配一切，但相反地，他可以在兩個陣營之間提請注意關係的觀點，這兩個陣營隨時可能退回自我中心，從此只看見他們各自的排他、短視的利益。

羅伊斯寫道，這位名為B的中介者「像任何一位代理人可能企盼的那樣，企盼的不是只完成A陣營的意願，也不是只完成C陣營的意願，而是一次創造出雙方的聯合意願，使之成為自覺的意願，並一肩扛起這個意願，以使雙方成為並維持為一個共同體的成員，於此共同體中，他這位中介者B為雙方進行口譯的工作[20]」。我在這裡傾向不為「聯合意願」這個羅伊斯過於普世主義（œcuménique）的概念背書，我比較偏愛稍後會出現的另外一種講法（也就是「重要性共同體」這種講法），不過，上面這段引文的重點不在這裡。這段引文的重點在於中介者的創造性面向。中介者必須與各方都劃清界線，儘管他來自其中一方。這種情況在結構上將他擺上了矛盾的位置：一旦他圓熟運使他的藝術，矛盾就是他藝術的正字標記[21]。然而，這樣的矛盾是豐饒多產的：「中介者為了擔任斡旋者，不得不超越現有互動情況所給定的內容，創造出新選項，並做出不被任何一方的原則牽著走的決策[22]」。就此而言，這些中介者成為了貨真價實的代理人，注定要讓新事物浮現，而這正是因為——我為此進行的閱讀給出了答案——這些中介者對集體的情況擁有獨樹一幟的觀點，也就是相互依存的觀點。一次創造、並且一肩扛起重要性共同體；當我們被引領著從相互依存的觀點去感受，這樣的重要性共同體就會顯露出來。

將羅伊斯的邏輯置入雙重脈絡之中——其一，以生態上的相互依存作為條件；其二，以跨物種的關係作為框架，須要有專屬的翻譯形式——能讓我們看見「跨物種相互依存的外交家」這個概念性角色現身顯形。

將外交家思索為相互依存的積極視角，與將海洋、亞馬遜叢林、激流全都以民選官員之姿呈現的「代言人」（porte-parole）這個概念卻又不同[23]。現實上，代言人這樣的角色自然而然問題重重。因為，將每一個非人類都表述為為了某項預先確定、必須捍衛的利益發聲代言的自由主義參與者，會對情況產生非常明顯的效應：如此表述加強了分裂，重演並延續了利益那排他、彼此衝突的性質（他們的利益對抗我們的利益）[24]。如此一來，非人類最終總是輸家，因為危機愈是熾盛，人類中心主義就愈是強烈[25]。這裡所描繪的外交家並不代表狼、大洋或核能，他喚醒了相互依存的觀點。因為遭到顛覆的，是各方利益的力場（champ de force）：從「互相分離的個體為了排他的、無可妥協的利益而彼此爭鬥」這種自由主義的老調重彈，轉向了布置安排身分和欲望的其他方式，這些布置安排形成了流動不居的一個個重要性共同體，將好幾個物種一起編織進某個地方、某個時間、某場戰鬥。而這位外交家其實是雙面的雅努斯（Janus bifrons）*。他其中一張臉朝向其他生物，以構想一套與他們的外交關係（他直接與生物進行外交，而不是在我們之間進行關於生物的外交）。他的另一張臉朝向組織、機構、制度的網路，朝向人類，來讓自己成為代言人——不是成為狼的代言人，亦非成為羊的代言人，而是成為相互依存關係的代言人。

* （譯注）雅努斯（Janus）是一尊羅馬神祇，是開始、結束、選擇、過渡、大門的神。祂有兩張臉（bifrons），形象是一張臉面向過去，一張臉面向未來。

因此，他代表相互依存的關係發言：他是這些關係產生實效的觀點。確實，「相互依存」就像「關係」一樣，是一個概念，並沒有用來落實的雙手。在環保運動者的大雜燴裡，大家都在談它，但誰來捍衛它？要捍衛它是很難的，我們在前面已看見了，因為它是一種關係，而我們的政治與形上學傳統以陣營為核心，換言之，以詞語為核心。挑戰在於，必須為相互依存的觀點提供裝備：賦予它雙手去實地為解決問題努力，賦予它聲音來讓它不致沉默無聲，還要賦予它在政治上勇於挺身戰鬥的果敢。

重要性共同體

因此，外交家盡其所能提請大家注意關係的觀點。他這麼做，並不是去捍衛完全沒有改變的各方意願之間的妥協，而是啟動了布置安排欲望的新方式的創造，對欲望的這個新安排會挪移原本的界線。我姑且稱此為「重要性共同體」（communauté d'importance），以擺脫一個糾纏我們的自由主義用詞——「利益」（利益是事先就決定的，與個體相繫連，這個個體的邊界固定、與其他個體分開，還可能在接下來透過契約來最大化這些利益）。

重要性共同體與上述這定義個體的利益截然不同，它描述了人類與非人類生物組成的相互依存的群體之間的脆弱連結，他們的共同點是：他們共享的生活環境是否宜居，對他們來說非常重要。共享的生活環境是否宜居，對活生生的土壤、狼、羊、草地、沉默的牧羊人來說非常重要，儘管他們嘴上不說。之前的篇幅裡，我們透過某類放牧業的例子看見了如此的一個重要性共同體正運作著，這種放牧業能夠看見自己充斥著比想像中還多的生物，能夠同時惦記操心著草地、羊群、牧羊人這個職業、種種野生的共居者。

從排他性的利益轉變到重要性共同體，意味著身在其中的人類的身分認同也有了創造性的轉變。好比說，有一名自己的羊多次遭狼襲擊的畜牧業者，他曾是最早一批反對狼的人，然而如今，他卻捍衛著相互依存的觀點，他透露了他的身分認同是怎麼在與狼的遭遇中發生變化的：「有一點很神祕，就是狼這個來搗亂的傢伙啟蒙了您與您的環境那微妙的關係。這蠻棒的。〔……〕這讓您與您的羊在一起，您是羊，您保持注意，您肯認與您住在同一個空間的其他生命的智慧。因此，在某種意義上，您對這些生命的智慧產生某種形式的敬重，您說：對狼，我們可以生氣，我們可以激動，沒錯，狼是個來搗亂的傢伙，但就算這樣，狼還是會重新繁殖，重新占領土地，儘管我們有這所有的手段來消滅狼，狼所做的就只是稍微捍衛牠的權利。因此，這是關於自然、關於環境的真正啟蒙[26]。」

無論我們來自哪裡，如果我們被相互依存的觀點所擄獲，就可以讓我們過去自認為的身分認同發生變化，以此將一個個群體編織在一起，在這集體的交織中，這些群體成為了他者：在這集體的交織中，一種之前並不存在的意志間接被創造了出來，而自我也以另一種方式編織。因為歸根究柢，要做的總是去創造發明各方都接受的模式的裝置措施，這些裝置措施內含的理論是外交的，它們讓一個個重要性共同體能夠成形，它們挪移界線，創造了這些重要性共同體。其實，這些重要性共同體老早就存在了，要做的不是無中生有、從零創造它們，而是活化、增強、突顯它們。確實，不管哪一位土地、森林的實踐者，一旦這位實踐者對自己也包含在內的生物世界（這整個生物世界全由相互依存關係打造而成）的存在模式有所感知，他就已經將自己的身分認同放射到這個讓他得以生存的環境，並感受到這環境是一個重要性共同體。逼得生物世界的實踐者偶爾忘了自己知之甚詳的東西的，往往是外部力量，包括經濟力量（收益至上的追求）、政治力量（外加的規範）、意識形態的力量（崇拜對遭到貶低的自然進行的自動開採行為）。

因此，在相互依存的觀點裡，重要的是創造力，讓新的布置安排、新的斡旋者、不可見的結盟、重要性共同體浮現出來的可能[27]。如此一來，關係的外交家又成了另外一種存在：相互依存關係的創造性之聲。如果沒有這種創造力，我們就只能達成陣營與陣營間簡陋又疲乏的妥協，沒辦法發明創造出恰當、公正、合宜、總是不斷重新協商調整的關係：隨時制宜的顧念敬重。

然而，重要的是，不要以嚴格的功能生態學（écologie fonctionnelle）意義，將「相互依存」理解為「一個物種在物質上生存的生物必要條件」。此處，相互依存應當理解為讓更繁榮、更盛放、更緊密聯繫、更多元、更尊重生物世界的生命形式成為可能的種種交織關係。「狼與我們相互依存」的意義並不在於狼消失會導致我們死亡，而在於狼的存在讓我們投身變革土地使用方式，往更永續、更能為環境與人類做法本身帶來活力的方向邁進。因為我們能主張，對一個實踐者來說，一種讓該實踐者得以存活的環境更豐富而非更貧瘠的做法，一種與餵養自身的環境裡其他居住者編織在一起而非根絕這些居住者的做法，才稱得上更有解放力量、蘊含更豐富的意義[28]。

因此，我們必須理解，相互依存關係並非由生態學專家提出、得以為民主群體指示如何合宜使用土地的事實上、「本質上」的數據。當然，相互依存關係揭示了容納人類群體的生物環境所擁有的多重物種需求，但這些關係一部分也是建構出來的，牽涉到一個個決策。有所改變的，正是這些民主決策的方向：這些決策不再追求將我們從「自然」——這個自然被認為限制了自己統治自己、不假外人之手的群體的主權——中抽身而出、獨立自主。相反地，這些決策旨在將我們與饋養我們的環境更好地編織在一起：將我們與這些改善個體生活、集體生活、非人類生活的相互依存關係編織在一起。

外交家並非與生俱來，而是被推了一把才成為的

如此一來，我於此探討的「觀點」邏輯讓我們能夠明瞭外交家所擁有的立場的、關係的面向：外交家並不是一個官員，而是場域中的一個立場，一個個體化（individuation）的時刻，一個我們遭到撼動後置身之處。這樣的觀念讓我們能夠不把相互依存的外交職業化，不過於僵硬地將它制度化到一個生態事務部裡，也不將它人格化為某個個人或某位專家[29]。把相互依存的外交職業化、制度化或人格化，將會剝奪其內涵，是大有問題的。因為，相互依存的外交並不是一種職業、一種契約規定的任務（此外，它也沒有正式的委任者），而是多重物種力量交織的動態場域裡，一種機動的、變動不居的立場。無論您是一個群體、一個個體、一種職業，還是一個行會，你會忽然站上這個立場，或者說這個立場會落到你頭上，誰都有機會遇上這種情況。唯一可靠的指標，是內在的指南針（道德的虧欠感：覺得自己因為為關係服務，略微背

叛了每一方）。而當然，我們所背叛的，只有那些看不見自身相互依存關係的角色。

這是一種關係的立場：比起那些相信自己獨立自主的各陣營的利益，一旦我們更在乎相互依存關係的利益，我們就在這跨物種的交織中，站上了外交家的立場。因此，外交家並不是某某當局賦予某某人的任務，而是關係場域裡一個自由的立場：當我們再也無法忽視相互依存的觀點，當我們為相互依存的觀點所擄獲，我們就被推上了外交的立場。幾乎身不由己，我們成為了外交家。

在這方面，CanOvis計畫團隊是個深具說服力的例子：該團隊原初的任務並不明確，其成員最初是為了生產狼與放牧體系互動的相關知識而來，最終目標是改善羊群的保護。在我看來，正因為他們任憑自己受田野影響，他們才得以脫胎換骨、蛻變為另一種存在，因為，由於種種相互衝突的同理心交織在一起，他們為相互依存的觀點所擄獲。

這位相互依存關係的外交家，因此與國與國之間的傳統外交官截然不同，因為前者並沒有正式的委任者[30]。實際上，並沒有哪個外部機關提交任務給相互依存關係的外交家，他自己提交任務給自己。當這位外交家被相互依存的觀點所擄獲*時，他就自我提交任務，他的委任者

* （譯注）法文的saisir同時含有「擄獲」與「提交任務（給某個人、某個機關）」的意思。

是道德虧欠感本身。這是他的弱點（他的權力沒有制度上的保證），也是他的力量（任何一個人，哪怕再怎麼愚鈍，一旦被推上一把去從相互依存的觀點進行感受，都有可能被這個立場所擄獲）。這讓他成為一位非常獨特、幾乎讓人認不出來的外交家。如果這樣顛覆原本的「外交家」這個人物對您太過衝擊，那就叫他別的吧，怎麼稱呼他並不是最重要的：他是相互依存關係的聲音與手、代理人、專員。

因此，「相互依存關係的外交家」這個概念就可以為那些置身於「為相互依存關係而戰」此一境地的參與者（他來自哪裡並不重要）來命名。他是個外交「專員」（attaché），這是字面意義上的——他眷戀（attaché）著關係*，就好像我們談到我們住的地方景致時會說：「我非常眷戀這片地方。」就好像一個人拿金屬鏈子把自己栓上奧勒岡州的一株「世界爺」巨杉（séquoia）。但相互依存關係的外交家並不是與一棵樹相繫連，而是與相互依存的關係相繫連†。他不為自然工作、不單獨為狼工作、也不單獨為蜜蜂工作（偏偏這工作又非常必要，自然保護協會往往令人欽佩地履行此一任務）。他也不單獨為人類、牧羊人、農人工作。（為這些人工作的人向來還會少嗎？）不過，他並不反對他們。這兩個陣營太單一死板了，它們的存在比不上關係本身。這些陣營壟斷了問題的提法，如此的壟斷削弱了真正的編織，而真正的編織一向是人類與非人類生物因地制宜形成的種種相互依存關係。相互依存關係的外交家支持生物形成的種種交織，反對一切讓這些編織失去生命力的事物。

於此，外交家是擁護著關係的基進者、關係觀點的守護者[31]。相互依存關係的利益將優先於一切，就算會得罪雙方陣營那些只考慮陣營利益的成員，因此樹了敵，也在所不惜。這位外交家必須在我們為了生物的編織所進行的奮鬥裡，引入相互依存的關係。他是自我捍衛的生物那無數變化的化身。

一齊為相互依存的觀點所擄獲

這讓我們可以去設想種種外交形式，在這些形式裡，發揮外交作用的，是多重物種結合成的一個個共同體。

* （譯注）法文的attaché同時含有「專員、隨員」、「繫連、綑綁」、「眷戀、愛慕」的意思。因此，本句在法文是雙關語，同時可解作「他眷戀著關係」與「他是隸屬於關係的專員」。

† （譯注）承前注，本句因此亦可解為「相互依存關係的外交家並不是隸屬於某棵樹的專員，而是隸屬於相互依存關係的專員」。

於此，就有了一個既耐人尋味又值得關注的現象：相互依存的積極觀點並非由人類單獨占據。於此方面，站上這另類外交的立場的，是一個個聯合了人類與非人類生物的集體，這些集體真是奇異。好比說，我們可以把下述的團體想成這一類在關係裡由人類與非人類共同組成的參與者：蜂農與蜜蜂結盟，形成了團體，要求大規模減少工業化農業相關產業的化學投入（intrant chimique）*——控制病蟲害的製品明顯導致了蜜蜂的「空巢症候群」（syndrome de la ruche vide），削弱了馴養與野生的授粉者[32]。我們可以主張，「蜂農—蜜蜂」這雜駁奇異的集合事實上是「農業做法」這一方和「與鄉村地帶野生生物多樣性編織在一起的土壤微生動物」那一方之間組成的一個外交同盟，因為施用化學投入的農業，削弱的並不只蜜蜂，還有土壤、環境，以及農業本身的永續。這個外交同盟置身的處境讓它必須去捍衛土地使用方式的變革，使土地利用邁向對相互依存關係本身更為永續的做法。這個同盟讓人看見了，被削弱的，不只是養蜂業或蔬菜栽培：受化學投入所苦的，是授粉者與環境間的相互依存關係。它讓人看見，化學投入看似對某一陣營（農業相關產業）有利，實際上卻並非如此，因為長此以往，化學投入會摧毀授粉者，而正是授粉者讓所有水果、菜蔬在每年春天重新開花——昆蟲與鳥讓蔬菜水果受精婚配，花朵因之綻放。「蜂農—蜜蜂」外交同盟在此卻並不要求為了讓授粉者單獨得益，而停止一切對生態系的開發利用；它也並不要求僅僅為了拯救永續的工業化食品生產，而停止施用化學投入（這是一種人類中心主義的做法）。

我們可能一時會認為，這些蜂農圖的只是自己的利益：他們想要蜜蜂，這樣才能把牠們的蜜拿去賣錢，管他農業和環境變成什麼模樣。但這樣的想法完全誤解了那即將到來的新時代裡，我們將全體深陷其中的攸關生命的地緣政治。正確的理解是這樣的：蜂農的利益受到了侵害（蜜蜂的危機），使得蜂農被悄悄推到了這非常奇異的關係立場上；蜂農們置身如此立場，就能以授粉者、蔬菜栽培、農業間相互依存關係本身的眼睛，看見他們糧食生產的地景。站在這立場上，他們就能看見回饋（rétroaction）與編織的循環，這些循環意味著，對每一方最好的顧念、敬重，其實正是對關係本身的顧念、敬重。這麼做的同時，是不惜對其中一個陣營進行大規模批判、投身意在改造這一陣營的奮鬥（也就是說，在農業做法的方面，責成種植單一作物的集約型工業化農業轉型為重視相互依存關係的各種生態農業）。

因此，在外交的立場中，沒有什麼是純粹的：外交的立場並不是「一個人既然不再擁有自身的利益，就終於成為了能認真對待一種抽象關係的利益、能在自私的各方間擔任中介者的智者」這樣一個超越自我的時刻。完全不是這樣的。我們之所以遷移入、置身於一個多重物種的

＊（譯注）指在生產過程中施放的化學品，包括化學肥料、殺蟲劑、促進或抑制生長之製劑等。

外交中間地帶，並不是因為我們自己的利益消失了，而是因為各方利益飽和、環環相扣、彼此交織，我的利益他們的利益你們的利益全都錯綜複雜成團，而這各方利益彼此纏結的錯綜交織又如此微妙難解，以至於我們從此只能透過這團編織本身的眼睛來觀看事物。

在這裡，蜜蜂是發出警報者：牠們對環境中化學投入的含量那獨一無二的敏感度使牠們能以衛哨之姿，讓整個生物編織遭受的無形攻擊無所遁形。蜜蜂成為了哲學家卡爾・施密特（Carl Schmitt）定義下的政治指示語（déictique politique）：牠們靜默無聲指出（或者說，用觸角點出）誰是對生物編織的某項永續使用的敵人，誰則是它的朋友。對於想要改變利用土地的做法的人來說，蜜蜂是政治上的盟友，因為牠們的利益（亦即要讓牠們存活，必須滿足的條件）與他者的利益交織在一起，在結盟與權力關係的平衡中舉足輕重。（要是蜂農只為了自己的收入奮鬥抗爭，換句話說，沒有將自己與蜜蜂的命運聯繫起來，他們還能斬獲如此的政治迴響嗎？）

蜜蜂與抗爭的蜂農結成的同盟關注的不只是蜜蜂的健康，更超越了它，幾乎身不由己地成為了一個外交樞紐：這並不僅是因為蜂農為了拯救蜜蜂而挺身對抗化學投入，而更是因為蜜蜂與蜂農的同盟成為了以下兩方之間的外交行動：一方，是工業化農業相關產業及其對收益的「要求」，另一方，是深為開採主義所苦的，環境的野生生物多樣性（全體土壤微生動物與授粉者）。

那麼，受益於蜜蜂—蜂農同盟採取農業與土壤生命間相互依存關係觀點的能力的，則是這些環境的整個生物群集[33]。

蜜蜂或土壤裡的彈尾目節肢動物（collembole，通稱跳蟲）給人似乎缺乏外交協商能力的既定印象，彼此卻能夠結成外交同盟，這倒是清楚展示了，能夠以清晰明白的方式與這些生命形式對話只是某一層次外交的先決條件：在第一個層次，有相互依存關係，也有好幾方一起採取相互依存觀點、為關係工作的可能性。「高等」認知能力有時候能促進交流，別的生物卻完全不必擁有這項能力才能開展外交。在第二個層次，翻譯的稟賦能夠實現與其他生命形式的交流，往外交方向調整集體行為（當蜂農為蜂箱漆上彩色圖案來為每隻蜜蜂指出家在哪裡，他就已經在這麼做了）。

最後，人類與非人類各方並不一定要有結盟的意圖才能結盟（這正是「客觀同盟」〔alliance objective〕此一描述性概念的含義）。一個各方勢力交錯的場域要出現跨物種同盟的凝聚這類的現象，只需要三個條件：一、兩個以上身屬同一個重要性共同體的參與者之間締結出一道共同陣線；二、這道陣線挺身擁護對他們來說十足重要的土地使用方式變革；三、他們這麼做，也就對抗著其他的土地使用方式。心理意圖、協議簽訂、口頭磋商，這些都不重要：三個介系詞就能構成一個同盟——擁護（pour）、之間（entre）、對抗（contre）。

建構與奮鬥

彼此衝突的同理心造成的道德虧欠感，與戰鬥抗爭的情感及倫理調性截然不同，我們可能還覺得它們是對立的。要如何設想它們的串連呢？

我的取徑是因時制宜的：上述兩種調性都是必要的，但取決於不同情況。當每個人被其所面臨的情況的性質所促迫，當他必須公正對待這個情況，他自然而然會從這個調性切換到那個調性。

在這裡，我試著區分兩個往往在同一個情況裡出現的外交時刻：以跨物種同盟進行戰鬥抗爭的時刻，以及建構的時刻，後者立基於相互依存觀點的創造力。不管是哪一個時刻，都必須為相互依存的觀點提供武裝；只不過，在政治上對抗相互依存關係的敵人在戰鬥抗爭時刻是主要關鍵，在建構時刻則是次要關鍵。

面對不合理的宰制或是不公不義，衝突是必要的，更充滿創造力：唯一合宜的態度，就是權力關係。在這樣的情況下，外交家有個明確的職能：負責形塑有待組建的聯盟，以此對抗與種種構成整體的相互依存關係為敵的角色（好比說，前面提到的對抗農藥的戰鬥）。

這種必須採取抗爭行動的情形，如今遍地皆是，而跨物種的外交家致力於讓生物與人類某些土地使用方式之間生長出意想不到的同盟，以此對抗另一些土地使用方式[34]。其所對抗的，最經常是開採主義式的土地使用方式，以及所有削弱生物交織之維繫的使用方式、所有參與「廉價化」（cheapisation）生物交織之過程的使用方式[35]。所謂的「參與『廉價化』生物交織的過程」，就是參與在所有意義上將生物交織變得廉價、低價值的過程，這個過程同時在本體論上貶低生物交織，將生物交織非政治化，並將之轉變為供生產主義所用的原物料。然而，如果像現代人一樣將生物交織（tissu du vivant）天真地命名為「自然」（Nature）——必須保護、喜愛或開採利用的「自然」，那恐怕就錯了（但我們也不應該沒有這個詞。應該說，我們須要有無數蘊含反思的詞，我們必須去解放、發明、挪用這些反思之詞）。因為，正如拉傑・帕特爾（Raj Patel）與傑森・W・摩爾（Jason W. Moore）所言，「自然不是一件事物，而是一種組織生命——以及，讓生命變得廉價——的方式[36]」。在這種情況下，宣稱「我們就是自我捍衛的自然」是含糊不清的。我們是自我捍衛的生物——我們的自我捍衛也反對將生物轉變為自然。

而當然，我們並不是與所有的生物結盟，對抗那遭到恨惡人類之心妖魔化的所有人類，而是這樣的：某一些人類群體以相互依存關係的名義，與某一些生物結盟，來對抗其他某些同盟，後者有時也是某些人類與某些生物締結成的（例如，拜耳—孟山都公司和它的基因改造黃豆也構成了一個由人類與非人類締結的多重物種同盟）。要怎麼知道，盟友與敵人的分界線得畫在哪裡？這必須透過集體智慧、透過對具體情況進行具體分析來得知。因為，不是所有的關係都是相互依存關係：相互依存關係首先一定是發生在某個地方，是從某個環境、某個生物群集裡生長出來的，有它的一段歷史。孟山都及其基因改造黃豆的關係並不是相互依存關係，原因有二：首先，它們的關係發生在實際土地以外，其次，它們的關係所到、所宰制之處，生物的編織都遭到摧殘。人類的土地使用與生物的土地使用間的相互依存關係，一向意味著這些人類與生物居住在同一個他們一起利用的環境裡，這樣的同居共處是個必要條件。只有如此，利用環境的種種利益才能夠受到動搖、受到推翻，因為我們住在這裡，就必須活在利用環境所導致的各種效應中，從而被迫感受這利用環境對相互依存關係帶來的影響。在實際的土地以外，不會有相互依存關係。

然而，戰鬥抗爭的面向不應掩蓋了另一個須要處理的問題：我們不應該把某個陣營的敵人與相互依存關係的敵人混為一談，否則恐怕會把所有的不同觀點都視為敵人，還恐怕會去相信，戰鬥抗爭解決得了所有關乎土地使用方式的問題。在找不到破壞相互依存關係的明顯罪魁的狀況下，在土地必須由各方共享的情況裡，外交行動不外乎是去為了關係的利益而工作——這真是起初設想不到的奇事。這些時刻裡，外交是「建構」的，要做的是超越短期的矛盾衝突，重新發明出種種土地使用方式，以公正對待一個個重要性共同體。

我們不妨對這個困難的點進行歸納概括。卡爾·施密特的句子將政治的本質定義為區分朋友與敵人的行為，他這句話如今重新受到重視，是因為這個定義能為「政治並不侷限於商議與談判的共識形式，並沒有被投票的公民那有限的制度操作空間所沒收，而是由戰鬥抗爭、權力關係、衝突所組成」這個主張賦予活力。如今，在生態政治學的場域，協商的擁護者與衝突的擁護者彼此壁壘分明。針對這個問題，我認為，僵化而單一的立場——將所有協商一視同仁看成是向「體制」妥協的鬥爭信奉者之立場，以及把一切基進鬥爭都想成浪漫的不成熟的改革者之立場——讓我們看不見智識與政治上的真正挑戰：要如何以有組織的方式，加之以適當的目標，串連起協商與鬥爭？此處主要難就難在必須共同思考針對其他生命形式、同一塊土地的好幾種使用方式的一套外交取徑的必要，這意味著要去創造發明各方都接受的模式、協商土地使用方式的種種形式，同時若有必要，也不排除對某些角色展開抗爭戰鬥。

相互依存的政治是這樣回應這個問題的：與所有維繫著這片編織、也被這片編織所維繫的編織成員，進行協商；對破壞編織、以結構性削弱編織的方式利用編織的所有角色，則開展戰鬥抗爭。

好比說，在林業的種種做法中，「非暴力林業[37]」（sylviculture non violente）同樣是在利用森林，然而，這種林業的做法公正對待森林本身的動能，充滿對森林的顧念與敬重，所以這種林業屬於編織，是編織的一分子。因為，這些林業人員的同理心已經在森林及其各個野生角色的種種觀點間流轉了一遭：這些林業人員面對這些昔日被認為是「資源」的角色，將牠們的觀點納入了考量。相反地，另外一些林業種植的是單一樹種，投資人住在離遭到開採的森林幾千公里遠的地方，這些林業的功能是將森林地皮轉變為木材生產工廠來滿足全球市場，像這種林業，就是將環境中各個生物要角繫連在一起的相互依存關係的反對者。

我並不是說，在盟友與反對者之間做出取捨，從此是一目了然、殆無疑義之事：在這邊，我提供一個羅盤，讓我們在複雜難解的情況中，借助具體分析，航行得更順暢一些。與哪些盟友協商、又與哪些敵人戰鬥的運籌施展不再是根據陣營（人類的陣營、自然的陣營、狼的陣營、牧羊人的陣營、樹木的陣營、去增長〔décroissance〕擁護者的陣營、資本主義者的陣營），而是根據為環境賦予生命的相互依存關係來進行。我知道這個羅盤相當脆弱，不過，我們正面臨這麼晦暗的情勢，要想為這樣的情勢帶來一點光，這是我迄今為止找到的最好的羅盤了；而且，這個羅盤說不定能幫助我們弄清楚某些情況。

試著透過相互依存觀點來感受，就成全了一幅新的政治圖景。在這幅圖景裡，同理心的流動與戰鬥抗爭的必要不再顯得無法相容。因為，為相互依存觀點提供武裝並不等於對所有角色都一視同仁付出鄉愿的、一意安撫的同理心，而是以另外一種方式讓朋友與敵人浮現。敵人不再是從與生物的編織裡拉出來的、我的人類陣營的敵人，而是編織本身的敵人。而從相互依存的觀點來看，存在著許許多多必要且可能的戰鬥抗爭：精確地說，這些戰鬥抗爭，對抗的是所有摧殘或蔑視相互依存關係的土地使用方式。這場戰役是以一個多重物種重要性共同體的名義、以一個相互依存關係之永續編織的名義開展的，它對抗的是那些危及這個編織、這個共同體的人類土地使用方式。

透過相互依存觀點來觀看，就是讓與編織為敵者一個個清晰浮現。這麼做，是「以更好的方式」進行政治化，因為我們不再捍衛與實際土地無關的打高空想法，我們捍衛的是一個個重要性共同體、是生物領地利用方式的集體變革，如此變革將公正對待這些土地在演化、生態、人類方面的歷史。

然而，這麼做並不舒服，因為幾世紀以來的自由主義政治哲學教導我們的剛好相反：在過去，陣營是穩定的政治單位（在這裡，我們心不甘、情不願碎嘴呢喃：相互依存關係是變化萬端的政治單位）。以前，陣營講求的是封閉的移情認同（國旗、國歌、祖國），全面禁止同理心四處流動、甚至流動到對立陣營（鄰國的敵人是蟑螂、移民是侵略者、異族人是野蠻人）。這種模式已經演變到陣營間各種形式的衝突裡頭了：支持狼的人可不准對畜牧業者產生同理心，否則就會被指責為叛徒；畜牧業者則不准易地而處，去提到狼的生存權，否則恐怕會遭受放牧業極端反狼邊緣團體有時非常暴力的報復。

相反地，在我們於此粗略勾勒的取徑裡，同理心必須在所有陣營間流轉，甚至一路流轉到「敵人」那裡，接著才能看清楚，是誰不顧念締造了他的種種生物編織，執意與這些編織作對：是誰摧毀了這些編織，拒不配合那讓他能夠生存的對象。

不管來自這個或那個陣營，任何一位只要經歷了同理心的如此流轉，這個流轉就有能力促使他以相互依存的觀點來感受環境，儘管他本身可能並不情願。於是，問題換了一種提法：如何去創造、蘊育出嶄新的創造性布置安排，讓重要性共同體顯現出來、成為現實[38]？這位為構成編織的一眾關係所服務的代理人，成為了相互依存關係的活生生記憶，他為相互依存關係起身行動，提請那些遺忘了相互依存關係的角色注意相互依存關係，與此同時，他是一道創造性的力量，開闢行動的一條條路徑，使界線挪移——凡此種種，皆由新的觀點本身促成（在山上，每個人都知曉，當我們換一座隘口、換一個觀點觀看，景色會發生多大的變化：其他所有地方一直無法看見的嶄新路徑就此現身顯形）。

掛心相互依存關係就是自我掛心

田野對哲學發揮的作用於此顯現：田野啟動了概念的打造，使其潛力、其意義的多元、還有其他種種布局全都浮現。田野能夠讓我們澄清概念的某些方面，以此引領其演變，例如外交的「立場—關係」面向，還有道德虧欠感這個讓我們曉得自己何時置身外交立場的內在徵兆。

不過，這種道德虧欠感只是一種徵兆，而不是將我們與其他生物繫連在一起的情感本身。繫連我們的情感首要是一種體會到生物重要性的感受，一種促使我們對牠們投以應有關注的需求，一言以蔽之，一種關懷（sollicitude）。一種對我們之外、之內生物的掛心。這一點值得探究，因為它讓哲學在這樣的推衍中重新變得重要。皮耶・阿多（Pierre Hadot）這位鑽研哲學實踐原創性的偉大理論家認為，哲學是一種掛心的轉向（conversion du souci）。

好比說，他寫道：「原則上，我們會為自己掛心的對象賦予價值。改變掛心的對象，就是顛覆價值觀，就是改變關注的方向[39]。」這就是為什麼哲學對阿多來說，是「對世界的認識的一種轉變」、「教我們重新學習觀看世界的一種努力[40]」。

阿多在此揭示了現象的次序：並不是「因為我們理性證明或邏輯推導出生物有價值，我們才掛心牠們」，而是「因為我們掛心生物，我們賦予了牠們價值」。掛心（souci）是優先的，是一種力量，讓政治關注在「重要的事物」與「不重要的事物」之間的結構界線產生挪移。掛心有一種本質的模稜兩可：它同時是擔憂（préoccupation）與關懷（sollicitude）。掛心是一種訊號，它向我們透露：某某事物很重要。要如何讓遭到隱形的生物成為我們掛心的對象？要如何讓面對分歧卻編織在同一環境裡的這些生命形式而發的彼此衝突的同理心進入政治關注的範圍？

在我看來，與其訴諸對自然的愛、或煽動末日的恐懼，比較能呼應時代挑戰的一條路，是去增加種種取徑、實踐、論述、事業、裝置措施，以及經驗，這些取徑、實踐、論述、事業、裝置措施、經驗必須能夠讓我們從相互依存觀點去感受、去生活——讓我們以廁身眾生物間的生物之姿、像牠們一樣置身編織裡那樣地，去感受、去生活，共享祖先傳承與生命方式，共享共同命運，共享連帶的脆弱性（vulnérabilité mutuelle）。

弔詭的是，上述這類裝置措施之中最有效的一個，正是如今的危機：蜜蜂的危機，土壤生命的危機，身為碳匯（puits de carbone）的亞馬遜森林的危機。因為，置身編織中的某種生命形式變得脆弱了，會讓整張編織都叮噹鳴響，一路傳到我們這邊，提醒我們，我們從來不孤單，在連帶脆弱的情況下，我們只有悄悄置身入其他生物的生命裡，才算是活著。

驅動我們從相互依存的觀點去感受、促使我們擴展掛心的範圍的，正是我們與授粉者、與蚯蚓、與海洋生命彼此連帶脆弱的經驗。這是因為，從此以後，我們的態度是生物對生物，不再是「人」對「自然」。牠們變得脆弱，讓我們也脆弱了，是因為牠們很重要。那如果牠們重要，為什麼其他所有生物不重要？於是，我們的政治注意力就這樣打開了一道缺口，其他所有生物都得以湧入其中。這讓我們能夠理解，為什麼像反抗滅絕（Extinction Rebellion）這樣的運動會以燎原之勢猝然開展，而該環保運動乍看矛盾的口號——「以愛與怒」（Avec amour et rage）又蘊藏了什麼深邃意義。愛，是對相互依存關係的掛心；怒，以對抗摧殘相互依存關係的敵人。

這邊所進行的，不折不扣正是我們自我理解的轉變：因為，在政治上對生態相互依存關係的掛心，並不只是應對系統性生態危機的策略，而亦是對「我們是誰？」換言之，「誰造就了我們？」的問題，以另一種方式回答的體驗。

因為，這種對生物的掛心正是傅柯所說的「自我掛心」（souci de soi），但我們這邊的「自我」是一個擴大了的自我，由其種種編織構成。這個「自我」不再是孤獨廁身於荒謬宇宙裡、孤立而自戀自負的一個詞語，而是已經提升至其真實的存在所抱持的觀點上頭了：「自我」是與其他生物相連的節點，「自我掛心」就是掛心相互依存關係。

班圖語支（langues bantoues）有個重要的詞，澈底不可譯：*ubuntu*。這個詞的意思簡單來說，是「我們是我們所是，因此我是我所是」，或者：「憑藉我們全體之所是，我是我所是」。這個想法作為政治指南針，隨著南非種族隔離制度的結束，在戴斯蒙・屠圖（Desmond Tutu）領導的真相與和解委員會的框架下，開始大放異彩。這個表述是南非的一套政治哲學一試必靈的訣竅，這套政治哲學將個人的身分聚焦在他與社群中其他人的關係。不過，沒有人注意到的是，這套美麗的表述也精確而近乎完美地定義了生態演化——定義了生物世界。在這裡，我們要做的，是致力彰顯一項古遠無以追溯的事實：上述的美好表述雖說侷限於人類關係，其實卻值得推展到我們與生物的關係。我身為生物，「我是我所是，因為我們——我們全體生物——是我們所是。」同時也是對相互依存關係的掛心的這種自我掛心，是一個擴大適用到人類以外的*ubuntu*。一個多重物種的*ubuntu*。

如此一來，讓掛心的界線挪移，就是對構成一個人的，由種種「依附」（attachement）與「脫離」（détachement）*組成的變形體進行重組。一個人對自己陣營專屬利益那單一、僵化的執著掩蓋了他與饋養他的環境的連結（施用化學投入的農業削弱了土壤的生命，而沒有了土壤的生命，就不會有農業），他脫離了這個執著，就在如此挪移之中，他依附到一個將各方要角編織在一起的重要性共同體裡，這些角色看似為了土地使用方式彼此衝突，其實卻構成了提供饋養的環境本身，這個環境讓我們的活動、我們的存在成為可能。一個人依附到他「真正」

---

* （譯注）attachement本義為依附，若為情感的依附，則可解為眷戀、依戀。至於détachement則為attachement的反義詞，本義為脫離，若為情感的脫離，則可解為冷淡、疏遠、擺脫、抽離。這與作者前面談到attaché的複義——「他眷戀著關係」與「他隸屬於關係」，也與作者談到的掛心／不掛心都彼此呼應。

的利益上，如此的利益無法再以發生在實際土地外的、擺脫連結的自由主義個體「專屬利益」的角度去設想，而要以帶來解放的、賦予生命的連結的角度去想像。讓個體與集體所抱持的「依附」與「脫離」界線產生挪移，是一種外交體驗的關鍵挑戰，在這樣的外交體驗裡，忽然，我們猝不及防就被推著去以相互依存的觀點感受、戰鬥。我們被推著去脫離昔日還很重要、甚至為我們的身分下了定義（「碰我的利益，就是侵犯我本人！」），如今卻因為所有無形的支持都被我的利益損害而不再真的重要的東西；我們被推著去依附昔日仍不可見，其實卻為我的生命賦予了活力的東西——我的生命與其他這麼多生命的交織。去脫離，去依附。

因此，問題不再是像現代對「自主」（autonomie）的理解那樣，去斷開與整個生物群集的連結來達成自主。在這裡，相互依存確實就等於自主，這個自主的意思是：與生物群集的諸多元素深刻繫連在一起。所謂「深刻繫連」的意思是，它的連結是多元、強韌、永續的，不會完全受環境的不穩定所左右。既然與生物環境斷開連結的這種自主並不存在，唯一一種真正的獨立乃是一種均衡的相互依存。如此的相互依存讓我們掙脫了昔日全部繫於一極的依賴（例如，把化石能源和化學投入當成農業收成的必要條件）。

現代這種「獨立」與「依賴」的對立塑造了我們的政治想像，在過去為社會進步的時代賦予了方向：在這樣的一個時代，人類征服、獲取了兩種雙管齊下的獨立，其一，人類從被認為拘束了我們自由的自然裡獨立了出來，其二，人類從被詮釋為束縛了個體的社會歸屬中獨立了出來。人類對這兩種獨立的征服被詮釋為一種解放，讓人類從少數轉變為多數。而在相互依存關係的生態政治思維裡，問題不再在於運用獨立來對抗依賴，而在於如何掌握區辨「帶來解放的連結」與「導致束縛的連結」的藝術。在這樣的世界裡，問題變成如何去勾勒圖景，把帶來奴役、宰制的連結與賦予行動力量的連結區分開來，把帶來脆弱的脫離與賦予生命力的脫離區分開來。問題在於，如何去加強那些把作為社會的我們與作為個人的我們推往正確方向的，與生物形成的隸屬關係：變革我們的土地使用方式，邁向種種更為永續、更適合相互依存關係棲居的形式。

聽在一個現代人的耳朵裡，這種結合了另一種「自我」概念的生物政治，或許看似與奠定了現代性的政治計畫背道而馳，後者立基於一項觀念：人類戰勝了自然，集體從（被認為是束縛的）自然環境中抽身而出，從此自己統治自己，不必再忍受「自然」發號施令。儘管如此，我們並不應該認為：在相互依存關係裡蘊含著從外部對政治施加規範的幽靈，而透過這種從外部施加的規範，生態系強加牠們的統治於人類的民主集體頭上[41]。因為，生態危機迫使我們思考的，並不是像現代民主宣稱早已擺脫的現代迷思所說的那樣，有一個對人類發號施令的大自然正在強勢回歸。生態危機迫使我們思索的，完全是另一回事：它是相互依存關係的召喚，這些相互依存關係為人類民主集體得以探索的可能性範圍指出極限。生態的種種極限並不是人類政治外在的束縛，而是內在的安全繩，勾勒出我們身為編織其中者（tissé）的人類處境：我們與構成環境的其他種種生命形式交織在一起，形成一個生物的*ubuntu*。如果人類集體只不過是與他所居住的環境維持著種種關係的一個節點，使用這個環境的限制就不再是由一個我們必須擺脫的自然所強加的外來束縛，而是我們臉孔本身的輪廓。我們的這張臉孔並不是幻想出來的，它真真實實：它是一張生物的臉孔，這個生物由千辛萬苦支持著他的生物群集注入生命的氣息。

結語：隨時制宜的顧念敬重

ÉPILOGUE

LES ÉGARDS AJUSTÉS

我們這個系統性生態危機的時代，是我們與動物、植物、環境的關係備受挑戰的一個時代。我們必須重新發明創造這些關係。為此，既然泛靈論傳統與異於我們的各種生物的關係，比我們與牠們的關係還豐富，我們不妨允許自己受這些傳統影響。不過我也很懷疑，在某種對泛靈論的集體改信裡，盲目擁抱美洲原住民諸族的整個宇宙觀，會是適合我們情況的解方。

那麼，我們這些自然主義現代性——這樣的宇宙論將「自然」與人類對立起來——的承繼者，大概可以讓泛靈論的哪些具體面向影響我們？在我看來，就此浮現出來的，是泛靈論者與動物、植物與河流維持的關係，這些關係能讓我們與非人類產生接觸，以此與牠們永續「來往」（commerce），這邊取的是commerce這個字的古義*——來往交流，用來描述在五湖四海交會的偶然中，彼此協調出的互動，這樣的互動盡可能和平、盡可能對彼此都有益，但也總是有可能發生爭執、衝突。如果我們審視，好比說，菲利普·德思寇拉提及阿舒亞族（Achuar）與他們獵捕的絨毛猴（singe laineux）、他們栽培的玉米之間的「政治」關係時，所描述的泛靈論，我們會發現，泛靈論與其他生物維持的這些關係有一個共同點：它們必須能夠建立互動，協商出一種各方都接受的模式，這牽涉到種種相互關係而非平等關係，因為不管是法律面還是實際面，平等都是不可能的。（您與充斥您消化系統那幾百萬細菌的其中一隻，有何平等可言？）在各個泛靈論文化裡，這些關係的共同特點並非抽象的平等主義，而是：它們都要求人類必須懷抱顧念敬重（égards），就算是為了殺死然後吃掉一隻猴子而狩獵，就算是面對所謂的「有害」動物、面對一株覆盆子或對我們沒有用處的一叢野生樹木，都要有顧念敬重。這就是我們受晚期現代二元論影響而丟失、否定的東西。

其他生物，以及環境本身，都是我們有義務顧念敬重、有義務禮尚往來的實體，箇中緣由首先是：牠們創造了創造我們的世界。泛靈論與其他生命形式的關係，亦即與其他生命形式所維持的非現代關係，其本質正是顧念敬重。相反地，發明「自然」這個晚近概念的人所發明的與其他生命形式所維持的現代關係，其本質乃是：對生物與非人類之顧念敬重的無用性——的缺乏理性。這就是現代人眼中「自然」的本質：「自然」是自身缺乏感受性與意義的物質，是可供汲取的資源庫，對自然展現顧念敬重是不理性的、是幼稚的。這在那些統治世界、衣冠楚楚的所謂「嚴肅」「大人」的言說裡昭然若揭。據他們所言，對動物或者植物、河流、環境展現尊重或同情是「感情用事、荒謬、落後、迷信的」。還有更糟的：我們必須支配宰制這個「自然」，組織它，讓它工作，降服它，以防它吞沒我們。這就是為什麼普通的現代人對任何的環境保護主義（écologisme）都展現出怡然自得卻又無比真實的輕蔑：這個普通的現代人看

*（譯注）法文commerce這個字古義為「來往交流」，今義為「商業貿易」。

著那些「環保份子」要求大家對他認為只是「物質」的東西要有顧念敬重時所展現的不理性，心中充滿鄙夷。自然主義這個西方世界晚近出現的概念透過發明「自然」所創造出的東西，真是非同小可：它創造了第一批不含顧念敬重的，人類與世界的關係。在我看來，人類以前可從來沒發明過這種瘋狂的想法。

而這種對比可以擴展到其他人類集體、其他文化、其他宇宙論，來突顯現代人的二元論形上學的怪異之處。如果我們從這個角度重新審視人類學所稱的「異教」（religions païennes），包括古希臘時代對河流與樹叢的小神之崇拜、古羅馬對家庭守護神（pénates）與精靈（nymphe）之崇拜、高盧人對職司田園豐饒的神祇之崇拜、日本神道信仰對棲居森林泉澤的神祇（kami）之崇拜，就能在猶太—基督信仰的人類中心主義以外另闢蹊徑去理解這些「異教」。祂們並非神靈信仰意義上的神靈，而是承載顧念敬重的載體（porteurs d'égards）：祂們是內在的實體本身（這一泓泉水、那一座森林），而不是其上另外添加的神靈。這條河本身就召喚著顧念敬重。然後就由每個文化各自為如此的顧念敬重創造出性質與儀式形式。

這就是我們把注意力從「自然」或「文化」這壁壘分明的陣營上挪開，轉而關注我們與自然界生命的關係、我們與人類的關係時，會發現的東西。正是這方法論上的焦點轉移讓我們能夠有此奇異發現，並讓現代人的自然主義隱藏的本質顯現出來：現代宇宙論的偉大發明並不是二元論。自然主義的特殊性其實在於，它發明了第一種預設我們不必對創造我們的世界、對與我們共享地球的生物世界、對餵養我們的生態系、對生產我們喝的水、呼吸的氧氣的環境懷抱顧念敬重的宇宙論。我們的這樁故事是多麼奇怪啊。

為什麼我們必須對生物世界懷抱顧念敬重？哎呀，就是因為創造了我們能夠產生各種情緒、能夠擁有快樂、能夠進行感知的身體與精神的，正是這個生物世界。正是生物世界在與其他生命形式一起構成整體的編織中塑造了我們所有的能力，甚至包括了那些最能帶來解放的能力。正是生物世界歡愉地為我們點點滴滴持續挹注生命（這個行為最響亮的名稱是：呼吸），讓我們面對死亡仍能屹立不搖。儘管切斷這個與生物世界的連結吧，一切斷，就萬事皆休了。這就是所謂的生態演化。如此一來，問題就反過來了：我們怎麼會變得如此缺乏理性，瘋狂到去深信，對創造了我們並時時刻刻保障我們生命條件與可能的幸福的條件的生物世界懷抱顧念敬重，是一件缺乏理性的事？舉證責任是該換一邊扛了。應該由現代性的意識形態建構家來向我們證明，這樣子的顧念敬重是不理性的（讓我們為他們加加油）。

他們是怎麼在過去這四個世紀裡進行偷天換日的這一手的？是這樣的，他們只要將生物世界變成機器、只要不再將生物世界視為是有生命的、只要毀滅生物世界的魅力，就可以了。他們只要想像出一個身為造物主的上帝，然後將祂投射到可感知的世界之外，如此一來，這個可感知的世界就失去了宗教意味，換言之，成為了為我們的歡愉所打造的資源庫，負責生產經濟「價值」。但那是餽養我們的環境啊，因為，從過去直至如今，它給了我們一切，未來還將繼續這慷慨的饋贈。

如今的關鍵是，我們與生物的關係，與授粉蜜蜂的關係，與古老森林的關係，與農場動物的關係，與土壤微生動物的關係，都必須重新去創造發明：必須重新思量的，正是這顧念敬重。

不過，這並不是一種反現代的懷舊情懷，夢想著「自然」仍是神聖的，並受到崇敬的一個個古老時代：「顧念敬重」這個概念努力去做的，正是將問題的範圍移到「神聖」與「非神聖」、「崇拜景仰」與「開採利用」的對立之外。因為上述這種種始終是同一套二元論。順帶一提，從民族誌的觀點來看，「神聖化」（sacraliser）並不能合宜描述非現代的諸民族如何對待他們的環境（而這個環境不是「自然」）。神聖化是我們的傳統打造出的二元論概念，與「開採利用」（exploiter）形成二元對立：有非神聖的，可以不含顧念敬重地開採取用的物質，也有神聖的，完全不准碰的非物質（但其實，非現代的人類會殺、吃、耍弄、開採利用、採集他們的「神聖」，不過也會播種、採收如此的「神聖」）。二十世紀初的現代民族誌學者往往就只是把他們對「神聖」那侷限一地一隅的二元論概念投射到其他民族的儀式與實踐形式上；這些儀式與實踐形式卻並非絕對的敬仰崇拜、絕對的神聖化，而是從來不缺乏顧念敬重的種種關係。

這些顧念敬重開展於一張宇宙地圖上，這幅圖景與以二元論為宗旨的圖景迥然有別。這些顧念敬重並不反對利用、反對開採，正相反：您愈是利用一個環境，您就愈是必須對它懷抱顧念敬重，您取之於土地愈多，就應該歸還給土地愈多，但您投桃報李的對象是這片土地，不是一個外於世界的超驗的上帝，不是未受玷損的神聖樹叢，也不是自然公園。西方的保育主義（conservationniste）邏輯清晰展現了我們二元論的傳承：讓我們把我們國家幾個百分比的領土、幾塊紙屑般的小地皮澈底神聖化吧，這樣我們就可以問心無愧地將其餘土地當成有待壓榨、管理的物質來開採利用（因為歷史的一個怪異扭轉，約翰・洛克〔John Locke〕以降的現代人將上述行徑稱為「改良」土地，將土地「用作正途」，也就是說，以最大化生物量〔biomasse〕產能——主要是穀物和經濟動物〔bétail de rente〕——的農業組織方式，來讓土地工作，以餵養不斷成長的都市人口，同時狡獪地為資本累積〔accumulation de capital〕生產資本利得〔plus-value〕）。

讓更廣大的土地免遭開發利用、並讓這些土地自由演變（libre évolution）[1]，絕對是正確的。錯的，是對有人居住的其餘土地做出「我們可以不含顧念敬重地壓榨其餘這些土地」此一推論結果。並沒有神聖與非神聖兩種不同的空間，也沒有兩種不同的行為邏輯（開採利用或神聖化）。只有一個世界，對這個世界來說，也只有一種做法的風格是永續的：懷抱顧念敬重地以土地為生。我們必須構想一整套不同層級的顧念敬重，為了放任環境自由演變，有時甚至不惜禁止任何形式的利用；這些顧念敬重的形式，是光譜另一端那種種永續的、外交的生態農業。

此處的想法是，現代二元論將一切神聖的東西都吸納進「人」這個人物裡，因而讓人以外的世界失去了一切高等的價值、一切本體論的實質、一切倫理的要求。真是非同小可，自然主義創造了第一批不含顧念敬重的人類與世界的關係。此處的用字遣詞很重要：「顧念敬重」，看來沒什麼，其實卻是一個精心設計的概念，閃避迴旋起來可謂爐火純青；這個概念滑到了「對人所抱持的道德關係（終極目的〔les fins en soi〕）」與「對人以外的一切所抱持的工具關係（終極目的的手段）」兩者壁壘分明的現代二元論劃分之外，輕巧落腳。這項二元論劃分是康德以明晰的方式提出的；就許多方面來說，康德都是最重要的生態危機思想家，因為，他將上述的二元對立理論化，這個二元對立又成為了我們日常生活方式的基礎[2]。

把現代性想成遭到這明確的二元論所困囚，可以讓我們換個方式去理解最當代的運動及這些運動漫茫無緒的徘徊。例如，反物種主義（antispécisme）*的立場從根本上就困陷在現代的二元論裡，因為這些立場不是利用神聖性的前現代形式（神聖的自然）——因為現代性已拒斥了它——而是利用昔日的自然遭到去神聖化後唯一倖存下來的，神聖性的超現代形式，將之當作用來神聖化動物的神聖樣板，於焉重複搬演了「神聖」與「非神聖」、「開採利用」或「崇拜景仰」的二元論悲劇。上述的神聖性之超現代形式乃是：因為被賦予了尊嚴，而被認為是「終極目的」（與宇宙其餘部分相反，後者只是達成目的的手段，因此是非神聖的）的「人」這個人物。反物種主義將具備意識的動物轉而置入「人」（Personne）的範疇，重複搬演了、永恆了這項二元論，此二元論將其他的一切（植物、不具備意識的動物、環境）都打入「自然—資源」（nature-ressource）這萬劫不復的地位裡，注定只是（從此包含了人類與某些動物的）「人」所能動用的手段。反物種主義號稱革命了現代道德，實則讓現代道德最有害的結構

---

* （譯注）反物種主義思潮形成於一九七〇年代，旨在反對以種族歧視、性別歧視為概念藍本的物種歧視，讓物種不再是影響我們如何對待或看待一個個體的判斷標準。

恆久長存。

這項對我們來說顯而易見的二元論看似普世，其實是非常晚近才出現、非常侷限於一時一地的。從具體做法的觀點來看，人類三十多萬年來在地球各個文化裡，與世上的生物締結了種種繁花各異的關係，這些關係的真實範圍是介乎中庸的：既不是將生物澈底神聖化，也不是盲目利用生物（因為，這個真實的範圍位於另一幅形上學圖景中），而是對生物懷抱顧念敬重。世界各地的各個非二元論文化中，連面對人們殺的、吃的（也就是說，這些人們所殺、所吃的，並不屬於上述「人」〔Personne〕的範疇，也不是終極目的）、連面對我們開採利用的這些餵養我們的環境，都必須投以顧念敬重；尤其，因為我們開採利用了這些環境，我們更有必要顧念敬重它們。顧念敬重低調地落腳於道德與工具之間，是一種投桃報李的互相立場，不是平等主義，也不是把對方神聖化。這就是一切的關鍵。

這就是為什麼，在最後，我想要重新定義相互依存關係的跨物種外交為「隨時制宜的顧念敬重之理論與實踐」。這些有待我們發明創造的顧念敬重是「隨時制宜」（ajusté）的，而非「合宜」（juste）的，箇中緣由正是：我們其實並不知曉出現在我們眼前的生命蘊含了什麼樣的力量，我們並未掌握牠們確定的道德地位（「人」、尊嚴、終極目的、手段、純粹的物質）；我們必須依憑牠們給我們的回應，依照牠們如何應對、如何拗折我們的行動以另出機杼地將之奉還給我們，來隨時制宜，不斷調整我們對牠們的顧念敬重。就好像，對我們大規模施用農藥與各種相關化學投入的行徑，法國鄉野的授粉者以出乎意料的方式奉還，牠們對我們「說」：「要是你們繼續這樣，我們就進行授粉罷工（以死亡來罷工），你們就再也不會有水果、蔬菜、花朵、春天，什麼都不會有了。」調整顧念敬重是須要下工夫的，要逐步推進，與對方不斷共同調整，還須要協商；要做的並不只是發現怎麼做是合宜的，然後就結案了去忙別的，因為這樣的合宜做法並不存在，要做的是不斷、不斷重新努力，讓關係保持合宜，讓約定（accord）保持合宜，就像讓管弦樂團的和弦（accord）保持精準合宜一樣。這不是倫理道德，而是一種實地的手工藝，一種感受力，一種關於同理的品味，隨時制宜之人就是手工藝匠人，就像一名裁縫，敏於殊異，隨時準備重新剪裁。這就是為什麼這種對顧念敬重的持恆重塑並不是法律直接而專屬的目標，因為法律就其本質而言，必須為了長治久安的本旨，過度地將各種法律地位穩定下來。另一方面，這種重新創造也是、首先是所有與其他生命形式接觸的實踐者（農人、樸門農藝實踐者、森林護管員、國土整治人員、保育主義者、都市計畫師、建築師……等等）的重大挑戰，以變革我們使用土地的方式。

然而，怎麼去知道：要對誰展現什麼樣的顧念敬重？在這方面，當前的情勢非常有利：資訊與知識管道的革命讓我們能夠以擁有清晰掌握的方式，與生物重新連結。

這就是這些實踐者、這些當代的博物學家所展現給我們看的，他們整夜上網，瀏覽「業餘專家」的部落格，學習解讀各種行為，解讀他們的韭蔥（poireau）與樸門農藝園圃裡的蛞蝓的關係，解讀從水裡提取硝酸鹽與磷酸鹽，從而淨化了水質的野生濱岸林（ripisylve），解讀腸道菌群（microbiote intestinal），解讀森林的菌根（mycorhize）——然後，隔天，他們整天待在現場、手把泥土，為自己提出新問題，運用自己學到的知識。正是這實地的實踐與拜網路所賜的非凡資訊管道之間尤其以業餘形式進行的循環流轉，造就了一種哲學面益加豐富的追蹤，賦予我們前所未見的探索能力，以此教導我們去對每一種生命形式、每一面多重生物的編織，懷抱隨時制宜的顧念敬重。「與自然接觸這真金不換的現實」與「『虛擬』世界」這組老生常談的對立並沒辦法讓我們理解當代的情況：一旦我們把網路當成增進感受力、提高意識的操作裝置來使用，即時將使用網路的收穫轉而投入具體實踐，網路就是一具不可思議的機器，豐富了我們與生物的關係。這就是為什麼，捍衛一個充滿經驗分享與各式各樣易於取得的免費（也就是自由版權）知識分享的自由網路文化非常重要。豐富了我們與生物連結的這種資訊分享重新喚醒的，是一種「饋贈的文化」（culture du don），駭客（hacker）社群再次點燃了「饋贈的文化」這個人類學現象：請想像一個社會世界，在這個世界裡，您之所以受到看重，不是因為您獨占、擁有什麼，而是因為您自由地給予了什麼。

網路特有的饋贈文化讓我們能把上述智慧知識流轉的力量收為己用，以此讓「探索鑽研對生物展現的因時制宜的顧念敬重」普及開來。感受力在其中受到知識的滋養，變得更加強烈、更加精微震顫、更加有智慧。感受力自然而然出於本能繫連上了抗爭奮鬥：一個個公民由此成為了他們所居住的、為之抗爭奮鬥的土地上，與生物締結生態同盟的專家，對抗著由企業任命或為破壞土地的大而無用計畫服務的技術官僚所掌握的專門知識。網路有著水平的交流，每個人都能在其中追蹤各式各樣的知識，網路放大了對生物謎奧的感受力、放大了為攸關生命的同盟所開展的抗爭奮鬥；放眼人類歷史，我們從未擁有過如此的非凡工具。

由此，必須重新發明創造的，是一種世界主義式的禮儀（cosmopolitesse）：要做的，是去找回、去創造發明面對造就了世界的其他生命形式時，那隨時制宜的顧念敬重；要做的，是終於稍稍成為了擁抱世界主義式禮儀的人。

跋

◎阿蘭・達馬吉歐

（Alain Damasio）

為什麼這很重要？為什麼這個這麼重要？

誰啊，什麼？噢，就是這本書啊。說得再更廣泛一點，所有巴諦斯特．莫席左的書，都重要。

不只對我這個猝不及防就被推上前線寫這篇跋的小卒來說很重要；不只對受莫席左的著作深刻啟發的我的創作來說很重要；不只，這麼說吧，對所有賦予自己活著的美麗，把這樣的美麗當成發光的消失點（point de fuite）的旅程來說很重要。

而更是，對於把一切血肉都化為數字的這個社會來說，很重要。對於跟一顆沒了神經、只能填上鉛的臼齒一樣失去了生命力的這個西方世界來說，很重要。對於這個從來都不須要被拯救的地球來說，很重要：這個地球只須要我們放手讓它回歸自己力量的懷抱，讓它回歸它那讓樹汁再度豐盈、讓維管束重新生長的自由。以「自然」的方式。

所以啦，就讓我們試著簡單聊聊問題所在。

這短短三個世紀以來，我們的現代性是撕爛了的破布。被扯碎的是什麼？是我們的身體只要是活的，都由其編織而成的織物。我們是這個數位世紀一個個孤立隔絕的個體，星散在我們的科技之繭裡，是一塊塊布片、一顆顆布球——我們之所以破碎、零散成這樣，是因為一場全面攻擊摧毀了種種連結。哪些連結呢？我們與世界的連結，是不是還有我們與他者、與自己的連結？所有的連結都被嫻熟地解開了。尤其是，我們與生物的連結遭到隔絕斷斬。而生物卻是在我們之內、我們之外、透過我們，脈動著——生物真的是一個領域和一種節奏，也就是說，從字源上來看，生物是一種流湧的方式。生物是一種流體動力學（hydrodynamique），我們與最小的細胞、最簡單的細菌或最雄偉的無花果樹一樣，是生物這種流體動力學的幫浦與管路、間歇泉與泉水、湖泊、雨水或河流。

巴諦斯特・莫席左精彩萬端地指出：當今的生態危機首先是我們與生物關係的危機。因此也是一場感受力的危機。是我們對各種生命形式的關注模式、我們騰出資源為牠們所用的模式那悲慘的日漸貧乏。是種種經驗與做法的悄悄消失，這些經驗與做法無疑讓我們緊密渾融一體、感覺自己是地球共同的血肉，而非以藝術真空包裝的兩足動物肉品。「自然主義的特殊性其實在於，它發明了第一種預設我們不必對創造我們的世界、對與我們共享地球的生物世界、對餵養我們的生態系、對生產我們喝的水、呼吸的氧氣的環境懷抱顧念敬重的宇宙論。我們的這樁故事是多麼奇怪啊。」

面對深信我們可以像揉捏派皮麵糰一樣把地球改造得適宜人居的科技世（technocène）的海市蜃樓，面對大家移開眼神假裝沒看到的、靜靜發生的種種生態摧殘（écocide），面對大氣層愈來愈快的暖化腳步——這薄薄的一層空氣保護我們不受宇宙所危害，如今，我們七十億人身在其中，卻活像待在一個閥門已經關緊的壓力鍋裡——我們比以往任何時刻都更有必要成為哲學家。成為尼采學派的哲學家。也就是說，必須「損害」當前的「愚行」，與傳統主流道德、末日救主信仰、廉價的反物種主義、法律的鏡花水月這些反映現況的帝國做個了斷。還有，必須盡可能為一套生物的哲學提供裝備，這套生物的哲學既是一種生物的政治，也是一種受其理論滋養的實踐。這正是《生之奧義》這本書所做的——也是這本書之所以如此珍貴的原因。

在當代生態思想這個如今激烈而又在正面意義上充滿爭議的領域，巴諦斯特·莫席左是一扇門，通往未來。這並不是因為他預測得比任何人還精到，也不是因為他把目光投射得比別人更遠。恰恰相反：莫席左這扇門通往未來，正是因為太多人望向他方（我的意思是：跟近視的老鷹一樣，望著我們後面，望著我們之外，從太遠或太高的地方觀看），而他則身在此地。正是因為，莫席左棲居於我們種種關係的當下，他身在其中，站上了錯綜交纏裡的那個樞紐，讓我們接觸到，一旦我們超越了「被隔絕在世界外的世界」這樣的無邊荒謬，我們可以成為什麼，還有，如何共同生活。

我是一個小小的智人（Homo sapiens），跟其他許許多多的智人一樣，我是一塊在社會抗爭與生態戰鬥間扯碎了的破布，我想要從帶來汙染、掠奪和暗中破壞的資本主義中抽身而出，卻半個身子都陷入了崩潰學（collapsologie）雪崩般的大量噩耗之中，徒勞無功掙扎前行，拚命尋找一個羅盤、一把冰鎬、一個還算看得清楚的星座指引，來越過人類世（anthropocène）的隘口，抵達向陽的山坡——同時，這樣的一個智人，在他低沉鳴響的身體中，在他搏擊跳動的心臟裡，他清楚地感覺到，一切都已經存在，我們什麼都不缺，縈繞我們的欲望是力量與輝煌。對像我這樣的小小智人來說，莫席左寫的書就像嘴唇一樣：既能表達世界，又能親吻世界，此外，還能做到一件比較小、比較瑣細的事：餵養我們。

從莫席左的作品裡沛然莫之能禦升起的這個生物的政治，直擊了三大燙手挑戰的滾燙核心。在這邊，我暫且犧牲掉行文的優雅，把這三個大挑戰如此重述：

一、如何從身體的與認知的科技資本主義（technocapitalisme）中脫身離開，並藉由重新啟動我們遭到麻醉的生命力、重新開始我們與外界的直面交鋒、重新為我們編織的身體進行培力，來應對這種科技資本主義令人上癮的欲望經濟（個人主義、假定的獨立、衝動消費、對積累的狂熱、數位自我奴化……等），從而終於能動身抵抗這種欲望經濟？

二、如何透過一種素樸、強韌、快樂的生態智慧（écosophie）——如此的生態智慧解構了末日的恐慌與迷魅，並讓我們在我們的想像與親身經驗裡瞥見我們已經可以開始建設的這個人類不再傲慢（*hybris*）的未來——重新與生物連結？

三、如何集體建構一種將關係的寬廣與複雜納入考量，掛心、照料著關係的政治取徑，作為種種實踐的核心？換句話說，無論是在我們與人類的關係、還是在我們與生物的關係中，如何擊敗新石器時代以來，我們就不斷經歷的控制與馴化的衝動，以此進入這個以邂逅和款待為風尚的精神，進入對非我族類如此的殷勤好客，進入這些我們以為會摧殘我們、其實卻寬廣了我們的，循環流轉、交織遭逢的同理心？總而言之，如何進入這靈活又精確的隨時制宜的顧念敬重裡，將之展現於一切活著而又與我們不同的生物，來在其中重新結合牠們的力量與我們自己的能力（順此一提，更多的時候，我們與牠們共享這些能力）？

在這裡，讓我們大膽採取「示威口號」的模式：要做的，不是讓月底沒錢（fin du mois）和世界末日（fin du monde）匯集在一起。要做的，是加快自我的終結（fin du moi）來啟動邪惡的終結（fin de l'immonde），並因此激起一種對世界的饑渴，一種想以同夥、編織者、席上同歡者之姿，成為世界一部分的渴求。所以，各位同志，是時候換個標語布條，在上面塗鴉這幾個字了：

終結自我—渴望世界：一兼二顧！

就我看來，莫席左的工作成果可以用一項鮮明的獨創性與三樣對生態智慧思想的重大貢獻來定義。

這項獨創性是什麼？就是他以田野為出發點。他是一位蹲點現場、置身實地的哲學家。非常具體。與居高臨下夸夸其談的人剛好相反。這就是為什麼莫席左這麼精確，傳講起知識又這麼誠實無欺。不賣弄沒必要的炫技。沒有含糊不清的概念。在他的每個想法裡，我們都感受到能夠激發的潛力。閱讀莫席左，就是面對一套誕生於與生物日常親身經歷的關係裡的，充滿驅動力的思想。

三樣重大貢獻是什麼？在我看來，

一、莫席左為生物恢復了自由。

二、莫席左對生物進行了最美好的政治化。

三、莫席左將人類重新放上合宜的「泛動物」位置，以此祛除現代人的詛咒，非常細膩地將我們與生物一針一線重新縫在一起。

讓我們說得更詳細些[1]。

自由生活

所以，現在來談剛剛講的，一、莫席左為生物恢復了創造性的自由。這與長久以來貧瘠了、扭曲了生物的各種機械論（mécanisme）與決定論（déterminisme）完全不一樣。他對功能與用途的區分，還有他對展現了某器官「原本預計」的功能可以被超越、挪用於其他實踐的「擴展適應」概念的化用，煥然一新了我們看待演化的目光。

我此處提出「功能」與「用途」在概念上的細微差異，是為了開闢出通往一套生物的哲學之路，這套生物的哲學接受生物遺傳但並不將之轉化為決定論：相反地，這些生物遺傳構成了創造性、新事物以及自由的條件。

莫席左分辨「源頭」（origine）與「範本」（modèle）的概念，為變異（variation）、「恆河沙數的變體」（flux de variantes）、不同遺傳能力的微妙組合賦予重要性，以此在共同源頭與趨同演化的背景下，讓差異與偏離更獲看重。他援引西蒙東（Gilbert Simondon）來為各物種恢復一種先於個體化（préindividuel）的動能，這動能比各物種採取有結構的形式還早，領域性就是一個例子，他指出領域性的特殊性，如此的特殊性為許多物種共有，是一種將空間作為地緣政治場所的體驗。

關於我們所研究的動物，莫席左提醒我們：「我們永遠不該解讀，而應該一直翻譯。」一直、一直翻譯，「來公正對待所發生之事、公正對待牠們的本質、公正對待關係。」必須了解：沒有任何生物可以簡化為一具自動裝置或一個程式。每個生物都是自由且身處某時某地的生靈，在限制裡運作，創造發明自己的解放。我們以為如此的自由只屬於人類固有，其實，這種自由的特定、具體形式隨處可見——因此，這些生命形式需要我們的顧念敬重。還有詮釋。謹慎、智慧、周密的詮釋。

這也是為什麼維威洛斯・德卡斯特羅的觀點主義會如此受到重視。莫席左將這位巴西人類學家的觀點主義消化了、引為己用，好比說，分析狼糞的地緣政治時，他談道：「操縱觀點主義動物行為學的類比可以讓我們同時從失之過簡的擬人主義（『糞便是紋章』）、使人愚笨的人類自然化（『人類的紋章只不過是糞便』）、動物行為學的簡化論（『糞便只不過是操作性條件反射觸發的刺激』）裡解放出來。」

這是因為，在一個自由的生物世界裡，我們必須懂得透過關係的相似性來思考、感受我們所面對的生物，而不是把對方硬塞進我們自己的習慣裡，讓對方變得蒼白扁平。牠「跟我們一樣」自由，同時卻也是一具異於我們的身體，我們必須透過這具身體的種種潛力來試圖了解牠的行為選擇。「每種動物都不是從頭腦來看見、建置世界，而是從身體：奠定其觀看世界的視角的，是牠的身體與其種種感知及行動能力。這就是觀點主義的偉大思想。」

像狼一樣思考，像羊一樣感受，像庇里牛斯山犬一樣覺察——是的，只是我們必須意識到：彼此類似的，是與世界關係的結構，而不是直接的關係，後者一向殊異無雙。

重新眾志化

二、莫席左以最崇高、最深刻的方式，對生物進行了政治化。對我來說，這一點太關鍵了。如果想要走出夾在開採主義與對自然的神聖化之間的死路困局，或者想要換個方式思考地球，不把地球想成一顆我們必須紆尊降貴去「拯救」的水晶球，這一點尤其是重中之重。

首先，正如我們剛才所見到的，他重新塑造了生物，恢復了生物往往受到否認的自由，所以才說莫席左政治化了生物。這麼做與其說是為了使生物成為人類暗中操縱的傀儡民主裡的合格「法律主體」（sujet de droit），不如說是為了讓生物重返「來往」（commerce）——commerce 這個字在此取古義——的核心，在如此的往來交流裡，所有生物都是行動者。

尤其，政治化就是：事先懂得將關係重新置於一切的核心。從關係出發，無論是共生關係還是獵食關係、互利共生關係還是寄生關係，都為其恢復關係的節點與關係的緊張，透過關係來增強生態系的力量，展現出：只有關係是真正造就一個個世界的力量。並且，圍繞著關係、為了關係而開展一系列的概念——「邂逅」、「共居」、「相互依存」、「外交的藝術」，這些概念成就了莫席左思想那可塑性十足的力量。將動物行為學設想為一種動物行為政治（éthopolitique），甚至更細緻地將動物行為學設想為一種關係的藝術，以一種全新的細膩提出了在這繞著太陽旋轉的藍綠雙色宇宙小碎片上共同生活的問題。

在本書結語，巴蒂斯特・莫席左走得又更遠了。他在概念的吧臺上擺出了一項工具（還是說，一樣武器？），在我看來，這項工具能夠激盪出極度豐饒多產的發揮。莫席左將這工具命名為「隨時制宜的顧念敬重」。單單是「隨時制宜」（ajusté）與「顧念敬重」（égard）這兩個字組合在一起，就體現了這個等著我們去找出來的關係。這種關係就跟一把多功能的鉗子一樣發揮著作用，同時傳達了存在的方式、慣習、對待生物的倫理（égard這個字來自古法文的

esgarder，也就是照看、關心的意思，esgarder這個字又源於印歐語系的字根°wer，「注意」的意思）以及我們應該要做的動物行為學行為：隨時調整這些顧念敬重、這些彼此的關注，留心照看關係的活力，尊重相互依存關係，以及再更進一步，（重新）布置安排這些相互依存關係，協助它們重新流暢起來，讓它們在不健康的衝突裡取得自主的時候，能夠同居共處、共同運作。

〔……〕重新定義相互依存關係的跨物種外交為「隨時制宜的顧念敬重之理論與實踐」。這些有待我們發明創造的顧念敬重是「隨時制宜」（ajusté）的，而非「合宜」（juste）的，箇中緣由正是：我們其實並不知曉出現在我們眼前的生命蘊含了什麼樣的力量。〔……〕要做的是不斷、不斷重新努力，讓關係保持合宜，讓約定（accord）保持合宜，就像讓管弦樂團的和弦（accord）保持精準合宜一樣。這不是倫理道德，而是一種實地的手工藝，一種感受力，一種關於同理的品味，隨時制宜之人就是手工藝匠人，就像一名裁縫，敏於殊異，隨時準備重新剪裁。這就是為什麼這種對顧念敬重的持恆重塑並不是法律直接而專屬的目標，因為法律就其本質而言，必須為了長治久安的本旨，過度地將各種法律地位穩定下來。另一方面，這種重新創造也是、首先是所有與其他生命形式接觸的實踐者（農人、樸門農藝實踐者、森林護管員、國土整治人員、保育主義者、都市計畫師、建築師……等等）的重大挑戰，以變革我們使用土地的方式。

所以，在這些方面，莫席左提供了多種可能的校準（ajustage）、調整（ajustement）、準確（justesse）以及從脈絡衍生的內在之公正（justice）。莫席左還鬆動、活化了那些我們以為是僵化的、早已決定的關係，同時也提出了「一整套不同層級的顧念敬重，為了放任環境自由演變，有時甚至不惜禁止任何形式的利用；這些顧念敬重的形式，是光譜另一端那種種永續的、外交的生態農業」。

在我們的交流中，我身為寫作者的執著偶爾也曾責怪莫席左使用了「外交家」（diplomate）或「外交」（diplomatie）的用詞，我曾覺得這些詞有時候稍嫌無味，有時候不夠兼容並包（diplo-的意思是「二」，但關係總是多重的），有時候又太過讓人想起這些詞建立在「委任一個人來捍衛某個陣營」之上的語義框架。我曾認為，「外交家」或「外交」沒辦法恰如其分表達莫席左打造出來的這個非常深刻的複調、或者說多視角的取徑。但這想必是因為，單單一個詞是說不盡一種關係的複雜性的。而他透過結合一個名詞（égard）與一個動詞的過去分詞（ajusté），終於給了自己「他政治的手段」，或者不如這麼說：他眾志

（polytique）[*]的手段。眾志的意思是，超越陣營對壘的二元性，布置安排著必然多重的關係的一種政治。因為，說到底，莫席左召喚的這位外交家，不正是一個眾志人物[†]嗎？也就是說，這位外交家接受自己來自某一個陣營，同時卻持續投身為關係服務，一直身為相互依存關係的顧念敬重者（égardien）[‡]，而不是某些身分、某個物種和某個陣營的兇惡捍衛者（gardien）。

動物拜超臉孔之賜，就像阿道夫．波特曼所說的一樣，「個體生命的最高級、表露內在狀態的可能性，都是為了相遇而服務」，眾志人物則動身接觸親密的外星人，擔任這些親密外星人的喉舌，並從陌生中製造馴服。他勇敢承擔翻譯的工作，詮釋著足跡、表達與徵兆，而這個多重生命，這個他勉力而為，不確定地解讀、不帶超越性地表述的多重生命則鑿穿了他，劈裂了他，貫穿了他。

像我們這樣的一代人，受的是沙特和卡謬的教育，瘋狂酗飲「荒謬」（Absurde）與本體論的割裂，塞進我們嘴裡餵飽我們的是「宇宙是緘默的」這個「現代」了這麼久的發黴長蟲的迷思，「面對沉默的荒野與大海，憂鬱傷感的蛞蝓」這種預設的孤獨為我們灌了沉沉的鉛。像我們這樣的一代人再怎麼感謝莫席左和他的同行都不為過，因為他們為我們恢復了對一個世界的靈敏震動著的感知，這個世界那流瀲變幻的塔夫綢在我們裡面窸窣響動——而這個世界的每一個動作，都讓這張由我們曾以為早已丟失的連結所組成的親密之網再起波瀾。拜莫席左和他的同行之賜，我們已經成為了嶄新的眾志化之子。

從不在其前，而是身在其中

現在，我要談談《生之奧義》的第三項重大貢獻。本書讓我們重新置身生物之中。它縫合了我們的共同歸屬。它恢復了我們的一席之地、我們的一線生機。它打破了這座「人文主義是一切的中心」劇場的第四面牆，讓我們（幾乎是以一個全新物種之姿）重新進入這帶來解放的種種連結的核心。它揚棄了自由主義所神聖化的獨立（indépendance），讓相互依存（interdépendance）不僅僅是一種事實，更是一種力量。他提醒我們，如此的相互依存關係並不是重重鎖鏈般的束縛，而是為我們帶來解放的錯綜纏結。於此，我必須全文引用莫席左這段

*（譯注）阿蘭．達馬吉歐於此玩的是一個小小的文字遊戲：把politique的第一個i換成y，結合了poly-（多、複、眾）與「政治」，強調政治安排布置多邊關係的面向，茲保留文字遊戲的趣味並兼顧語義，譯為「眾志」。

†（譯注）承前注，此處的「眾志人物」，為達馬吉歐對「政治人物」進行的文字遊戲。

‡（譯注）égardien是達馬吉歐自鑄之詞，法文裡原本沒有。

非凡的文字：

生物的組織是時間的織錦，但我們從不在其前，而是身在其中，沉浸其內。我們注定要從內部觀看、了解，無法抽身而出。

這就是一種生物無可分割的取徑所彰顯的：一種同時涵括生態、演化、動物行為學的哲學，也就是說，這種哲學敏感於與周遭生物群集形成的水平交織（非「自然」化的生態學）、與年代古遠的祖先傳承之珍寶形成的垂直交織（非機械化的演化），關注生物開闢存在次元的力量：創造性的種種存在形式的空間（哲學上經過豐富的動物行為學）。

非「自然」化的生態學向跨物種關係的政治面向開放；非機械化的演化在「可供使用的祖先傳承之沉積」以及「讓新關係成為可能的擴展適應庫」上下工夫；經過豐富的動物行為學是一種「將之看成」（voir comme）的動物行為學，建基於觀點主義的類比這種方法。它容納了生物溝通交流、約定、協議、習性、風俗的生命符號學面向。

〔……〕動物的祖先傳承就像幽靈，浮現到可見的「現在」，縈繞在您身邊。這些善心好意的幽靈在您有需要時前來幫助您，讓您成為一頭泛動物（panimal），也就是動物的完全體（animal total），牧神潘（Pan）也似的隱喻，來為生活的問題發明前所未見的解決辦法。

當然，當代許多的思想家與行動者也都懷抱並鼓勵這種與生物的重新連結。但巴蒂斯特帶來的不僅是概念。他將與生物的這種重新連結引入他的實踐裡，透過他種種感知、領會的模式，啟動它、讓它活躍起來。他將它體現於他追蹤動物的經驗裡，並透過他敘事的才華與風格，映射出其中的情感。

經過豐富的追蹤是生物無可分割的哲學取徑那感性的、實際的一面，它是一種注意力的風格。一種保持警覺的方式：這樣的警覺關注厚實著時光，由種種親密的外星人編織而成的身體那豐富的訊號。這樣的警覺是沉浸式的，總是從裡面、絕非從前面關注。

哲學裡的風格

「偉大的哲學家都擁有非凡的風格。哲學裡的風格，就是概念的運動。」有誰說得比德勒茲更精到？

當我們像莫席左一樣，置身生物的中心而書寫，一道艱鉅的寫作問題就浮現了。或者不如說，浮現的是一連串艱鉅的寫作問題！從這些問題開始：如何將動物的情感悄悄流淌進字裡行間？如何不書寫關係，而是書寫關係那低鳴著、蘊釀著的肚腹，就好像，要講述太陽的光芒，就從太陽開始？尤其，如何透過書寫，抵達對某種生命形式的同理的極點？好比說狼吧，當我們抵達如此的同理極點時，我們會忽然不再去描述狼的行為，而開始「以狼書寫」（écrire-loup），結結巴巴試著像狼一樣表達，凶猛地折磨自己的句法，企圖悄悄以此用文字的籠子捉住一匹正在成形的狼（devenir-loup），從其下挖深、挖深，深刻鑽研這大名鼎鼎的「語言裡的外語」——前所未見的種種情感將有望從其中升起。

巴諦斯特並未迴避挑戰，剛好相反，他正面迎戰，有時候更揮灑得非常精彩，好比說，第三章〈在生物家過上一季〉的結尾，他讓單單一聲狼嚎放射、噴湧出眾多意義：

> 「我在這，來吧，不要來，來找我，快逃，回答我，我是你的兄弟，戀人，陌生人，我是死亡，我害怕，我迷路了，你們在哪裡？我該向哪個方向，往哪面山脊，朝哪座峰頂奔跑？是晚上了。用一顆洪亮的星星突破迷霧吧，讓我一路跟隨星星！那你們之中有誰聽見我了？朋友？（輕聲。）敵人？讓我們成為狼群！我們是狼群。快點快點！愛我的話就跟我來！你在嗎？我不完整，我屬於你，我等著誰來安慰。（快板。）有個聚會要舉行，我們即將動身，儀

式快要完成，我已支離破碎。有誰在嗎？我等不及了。快樂！噢，快樂啊！」（有個誰回應了。）

就只是一聲狼嚎。

因為，書寫者若要從另一具身體的觀點來書寫，以此體現、啟動其他的生命方式，就必須挖掘內在，尋找他自己埋藏著的、由一層層動物祖先傳承所組成的身體，並喚醒這具身體的力量。這沒有什麼不可能的。根據馬拉美（Stéphane Mallarmé）無與倫比的建議：「依附著自然充滿韻律的對應，並以相似的對應將它們搬移到語言中」，我們只需要才華，還有某種潛水的稟賦——潛水這種溼淋淋的狀態為我們鑿開了許多孔隙，讓我們能接觸到種種我們即將搬移的、與我們自身的存在狀態接近的存在狀態。在聲音的運籌、句法的扭曲中找到能夠鏡射出關係的運籌、現實的扭曲的東西。

換句話說，如果我們內在體驗到了這種狼群成群結夥的情感，體驗到了牠們感到自己既受著保護，又無比強大的朦朧感受，就得去找到一種方法表達「成為獠牙的純粹河流，綿延不絕」如此的尖利狼嘴的成群出動。如果我們忽然感受到離群的狼那追求新奇事物的快樂漫遊，就得為如此感受賦予韻律十足的句法運動，如此的句法流動首先是跳躍、輕快的，逗點一個個輕巧灑落；接著，再用俯視視角的句段（syntagme）來錨定如此感受，以此透過一次次揮扇般的小動作，將如此感受拉伸到一個又一個縈繞心頭的欲望：「品嘗一切，嘗試一切，無所事事，漫遊，百無聊賴，接著，太陽在遠方沉落，我們感到內心升起了小小的孤寂，升起了舔舐某張狼臉的欲望，我們渴求共處時的興奮，渴求那煙霧般沐浴我們的其他個體的溫熱氣味，渴求其他個體」。

或還有，針對風景裡模糊難辨的動物發動的狩獵，這頭動物簡直像從群山的山體裡冒出來的，如此的圖景於是讓「冒煙的山丘野豬」（sangliers-collines fumantes）湧現出來，這個「冒煙的山丘野豬」組合了兩個名詞，讓人體驗到世界漸漸渾融於一，再難分辨。

在莫席左的散文裡，上述種種只是些微不足道的例子，彷彿哲學的要求主動戒除了詩意；然而，只有詩才會有感官的手段能帶我們翻越到夜的彼端，在那一頭，動物總算混融到我們的血液裡，在我們的步調裡重現，由文字那繭一般的力量召喚到我們共同的本體論基礎中。

如果就像德勒茲暗示的那樣，若缺少了那平衡了概念、最終讓概念展翅翱翔的情感與感知之翼，概念就永遠無法完整，那麼，又如何能在號稱透過生物所有的延伸來談論生物的同時，沒有去塑造這樣的一種風格？——這種風格正是一個個句段所網羅、所勾勒的這條生命，牠由野獸的聲音咆哮而成，由微細的頭韻（allitération）啁啾而出，最後則由跟乾燥莽原上大象的捶擊一樣沉重的類韻（assonance）低鳴而成。我們不能說巴諦斯特對此一點意識也沒有：

隨時制宜的顧念敬重始於理解其他生命形式，如此的理解試圖公正對待這些生命形式的相異性：這樣的理解因此意味著剪裁一套適切的風格來談論牠們、來將牠們的生命模樣形諸語言文字——這是牠們自己不會做的。在某種意義上，這總會失敗的，我們永遠無法做到公正無失，但這就是為什麼我們必須無休無止談論切磋，必須翻譯、重譯種種不可譯之物，必須一試再試。我們必須能夠用我們談論我們自己時用的措詞言語來談論牠們，以此表明牠們不是物理的物質，不是「大自然」（Nature）；而與此同時，我們也要拗折上述的措詞言語，以顯現牠們的奇異之處。

由此將開展出——願這個夢想為巴諦斯特未來的著作提供養分——一種與不可或缺的詩意重新繫連起來的哲學，因為我們在書寫生物時，比書寫其他所有概念，都更需要、更是如此需要包羅萬象的種種音色、爆發、齊發、感覺、呼吸與萌發，總之，書寫生物時，需要一種風格極致的生命力，沒有這種生命力，書寫就只不過規規矩矩排列著的泥塑木雕罷了。生物並不描述自己、再現自己，而是「編舞」自己。生物要的是流動。生物疾風暴雨似地，召喚著自己的語法。

熾熱的融合

您可能已經猜想到了，您手中的這本《生之奧義》完全不是一部坐在書桌前構思、概念由上而下層層嚴謹推衍的傳統哲學書。世上存在多少種為思想賦予生命的書寫方式，這本書就展現了多少種：有科學的大量田野觀察（〈來到夜的彼端〉），有按時序講述追蹤狼的行動的段落所給出的，幾近動物行為學驚悚文本的冒險敘事（〈在生物家過上一季〉），有對大思想家的精到讀解（〈與自己的野獸共居〉），還有一項超棒假設的試驗與一項儀式的虛構文本（〈一株海綿的前程〉）。

以至於，《生之奧義》這部文集（recueil）喚醒、燃起了一種款待（accueil），一種來自外部、走進我們腦海的款待，而不是為已然冰冷的思想封上棺材（cercueil）。如果我是加拿大人，我甚至會再更進一步，說這本書是「海冰的漂移流轉」（bouscueil）*，是風、潮汐或海流所導致的這種海冰的運動，彷彿需要一整個春天來讓冰消融，好讓困住我們的帶有等差階序的二元論終於能融解掉。

在我眼中，巴諦斯特・莫席左是個混種。這是他的力量所在。他是一位失敗的小說家†，筆下功夫卻是非凡；他是一位足蹬止滑皮的獵手，在雪裡繞來轉去，忽然又搖身一變成為野獸的野蠻人。他是一位追蹤者，鑽研糞便，探索洞窟，追捕抓痕，他是一位不含神祕主義的薩滿，一位半是樂迷的偏癖者（monomaniaque），與狼齊聲嚎叫。他是一位奔赴現代人病榻前的心理學家，是一位代理民族學家，為我們折射出美洲原住民，他穿過枝椏下，忽然活回了神話時代。在某些夜裡，他輪番成為牧羊人、庇里牛斯山犬、羊、狼、星星、草地、軍事間諜、零散的群體——然而與此同時，他始終是哲學家、是事實上的動物行為學家，是既審慎、又嚴謹地詮釋那魅惑他的動物世界的翻譯者。

因此，如果我們從《生之奧義》這一部研究人與動物行為的哲學家（éthosophe）的輯子裡，讀出了游移飄乎的思想，而我們則成為了這思想一次次幸福漫遊的見證人，那恐怕就錯了。因為，是沒錯，我們閱讀《生之奧義》的時候，會漸次遇上大自然裡激發的一個個靈光

＊（譯注）達馬吉歐這一段玩的是文集（recueil）、款待（accueil）、棺材（cercueil）、「海冰的漂移流轉」（bouscueil）的文字遊戲。他之所以說「如果我是加拿大人」，是因為bouscueil是魁北克法文詞彙。

†（譯注）這一句應非達馬吉歐對莫席左的「小說」的評價，畢竟後者並沒有出版過小說。莫席左曾於訪談中提到早年曾有成為小說家之志，之後自覺無此稟賦，便轉而另闢哲學寫作之蹊徑，本句或應從此角度理解。

（épiphanie）、一路到種種雷電般的直覺，但我們永遠不會丟失那基本的實質。思想移動、開展，不像群島，而像森林，這座森林生長著，大樹群漸次密集，森林漸漸蔓生上了荒地。

巴諦斯特．莫席左是一位偉大的哲學家，之所以會這麼說，箇中有個（以非常美麗的方式）非常美麗的緣由：他將生命置入了思想之中。誰的生命呢？如果「這裡所說的生命是誰的」這樣的瑣碎討論在這塊橫貫一切、橫跨所有個體的領域裡有任何一點意義，那麼答案是：既是他的生命，也是我們的生命。

與其說是身為思想的生命，不如說是身為毒液、可以感知的印痕、豐富的足跡、萌芽的假設的生命，這些假設已有開花的預感，將轉變為論點，結出果實。

而既然生物就在我們體內，在我們的淋巴與充滿微生物的肚腹中，以動物的祖先傳承之姿存在，在無數的認知行為與流轉不絕的感知裡蘊釀、接著乍然閃現，只要生物是我們共同的奇蹟與共同的經驗，生物就會一直存在我們之內，那麼，牠在我們體內攔截了思想、劈啪作響，又有什麼奇怪？思想因生物而激動，沿著神經元傳遞，與我們的道路交叉——並劃破我們的常規。

巴諦斯特的思想穿越、拆解了石灰岩一般的自然主義。他的思想攀上了一片片鬆脆的自然主義石灰岩地，真正的生物哲學就該攀登這石灰岩地，儘管往往才剛爬，就打滑。巴諦斯特的思想是敏銳的妖精，以一隻淘氣的箭，刺破了這些跟廣告氣球一樣又大又空的概念：自然、文化、崩潰……

他像追蹤動物一般思考，在岩薔薇叢中跳舞，他的精神背包塞滿了讀物，肩膀碰觸著黃楊，耳朵時時待命竊聽。他的概念之所以如此豐富，在我看來，他應該歸功於這些概念孵化的地方，歸功於他這樣的能力：他站在山脊上，脖子因為長久追蹤柔軟的雪地裡消失復又顯現的某條路而幾乎扭傷，他對著一個腳印彎下腰，反復思索。是個屬於實地、屬於田野的哲學家，對吧？沒錯，他屬於地球，渾身泥土，必要時更是腳踏實地、不打高空，不過下一分鐘卻又抬眼望天，欣賞胡兀鷲的手姿，然後溯語法之流而上，吻部嗅嗅聞聞，狼就在視野的盡頭。然而，莫席左之所以是哲學家，尤其因為他知道、感受到了，如果沒有縈繞著他的情感與感知，如果沒有從各種感覺（或甚至最幼稚的情緒）出發，不間斷地、曲折地、順流而下地、近近遠遠地來回渡越，直到抵達一種明晰的理念，純粹的概念會是多麼一無是處，根本什麼都不是。在每次如此的來回渡越中，都必須以好幾種關注模式多管齊下，勾勒現實，框住現實，挑掉渣滓以分離出金塊。

巴諦斯特為這種將與世界的三重關係——情感—感知—概念——聯合起來、融合起來，讓它們一起精微震顫的做法與能力，取了一個非凡的名字：熾熱的融合（alliage incandescent）。我在我的小說《稍縱即逝者》（*Les Furtifs*）裡用比較平淡無味的方式，將之稱為「開放的紅」（rouge ouvert）。而在音樂專輯*中，我則試著用一個受梵谷啟發的說法——梵谷發現了普羅旺斯光線的暴烈，並以某種令人懼駭的方式接近這些光線——來翻譯巴諦斯特的「熾熱的融合」：進入顏色裡（entrer dans la couleur）。一種「生之奧義」，以澈底、多重的方式，活著：活在思想中，活在肌膚表面，手伸入燼火裡，眼睛就是手掌，抵達了這毫無宗教意味的熾熱之點，於此，「現在」是一把鍛製的劍，我們握它在手，卻不會灼傷。

人類的生命方式身為諸般謎奧之一，只有與我們周遭的動物、植物、細菌、生態系所擁有的成千上萬種其他生命方式交織在一起時才有意義。

願這本《生之奧義》能給予您身體與頭腦的強烈快樂，一如它給予我的那樣。如此的快樂，來自於感覺到自己寬闊了、提升了、深邃了。

來自於感覺到，閱畢此書時，自己又成長了一點。就只是這麼簡單。

夫復何求？

阿蘭・達馬吉歐
二〇一九年十月

*（譯注）達馬吉歐的小說《稍縱即逝者》初版附有由達馬吉歐與吉他手揚・佩襄（Yan Péchin）合作的一張題為《進入顏色裡》（*Entrer Dans La Couleur*）的音樂專輯。

謝啟

〈在生物家過上一季〉的節選最初以〈一聲嚎叫的形式〉（"La forme d'un cri"）為題，發表於《自由搜尋》（*Billebaude*）期刊, no 14, 2019.

〈一株海綿的前程〉的簡短版本發表於《自由搜尋》期刊, no 13, 2018.

〈與自己的野獸共居〉的草稿發表於《哲學雜誌》（*Philosophie magazine*）, no 101, 2016.

〈來到夜的彼端〉的節選發表於《田野：人類學與人文科學》（*Terrain. Anthropologie & sciences humaines*）期刊, no 72, 2020.

第一六八頁插圖：丹・皮拉羅，〈轉移〉（*Devolution*），30 Dec. 2007。© Dan Piraro.

39 Pierre Hadot, *La Philosophie comme éducation des adultes*, Vrin, Paris, 2019, p. 280.

40 同前注，p. 261.

41 當代民主國家難以接受成長、生產、消費都有其極限，就反映了這種無路可走的疑難。如今，現代社會將「尊重這些極限」這項必要的要求視為對民主的否定。自由主義理論家將這項要求視作進步主義計畫（人人自由、物質富裕）的倒退，換言之，架構起現代性的政治綱領與生物世界並不相容，但民主政體的基礎，卻正是生物世界。我們必須重新構思政治綱領，接受上述極限，不把這些極限看作從外部凌駕民主主權的「自然」所強加的外來束縛，而將它們視為從一個個人類集體本身內部誕生出來的條件：一個人類集體的獨立永遠不可能是它對締造它的生物世界的脫離或解放。

・結語：隨時制宜的顧念敬重

1 自由演變不是把土地隔絕、保護起來，而是在土地自身與周圍保存種種演化潛力、韌性與不可或缺的自發生態動能。

2 根據康德在《道德形上學基礎》（*Fondements de la métaphysique des mœurs*）（1785, trad. Victor Delbos, Delagrave, Paris, 1971, p. 148）中所言，唯有人類具有絕對的價值：「依賴自然而存在的存有者只有相對的價值、作為手段的價值，這就是為什麼我們稱他們為物；相反地，理性的存有者（êtres raisonnables）被稱為人，因為他們的性質決定了他們是終極目的，換言之，他們是不能只作為手段來利用的，因此他們是必須尊重的對象。」

34 我在〈與土地的新盟約：一種與生物的外交共居〉（"Nouvelles alliances avec la terre. Une cohabitation diplomatique avec le vivant"）一文中，粗略勾勒了旨在思考這種抗爭同盟、戰鬥同盟的一些概念。安端．秀博（Antoine Chopot）與樂娜．芭婁（Lena Balaud）在他們「森林同盟」（alliances sylvestres）的表述裡，挪用了這個「同盟」概念，將之置入與馬克思及洪席耶（Jacques Rancière）相近的理論脈絡中。他們這種做法非常值得稱道之處在於，他們使用基進左派的概念術語，更為明確地啟動了「同盟」這個概念往基進左派鬥爭的轉譯。然而，這麼做有個弱點：他們有時候談到與生物的同盟，會把它當作隱喻，而這種論述上的危險卻正是「跨物種同盟」的概念試圖消除的。之所以試圖消解把與生物的同盟當成隱喻的這種危險，乃是意在避免落入如此境地：以詩意的戰鬥之姿，召喚了只是口頭上說說的同盟，而為了人類彼此之間的政治目的，非人類生物在其中又一次遭到工具化、遭到隱形。讓我們為他們緩頰：在這項概念的打造裡，要避開所有的隱喻極其困難；這項我嘗試探索的概念打造是這樣的，它為「同盟」概念重新賦予意義，來描述一個個並不簽訂契約、也不說話的實體之間締結的共同陣線。聽在我們現代人的耳朵裡，任何生態學與動物倫理學上的不精準在這裡都像一種隱喻，因為這是一條遭到抱持人類中心主義的現代性所禁止、所嘲笑的理論之路，人類中心主義現代僅僅有辦法將這條理論探索之道理解為一個個伊索寓言。參見樂娜．芭婁、安端．秀博，〈我們並不孤單：森林同盟與政治分裂〉（"Nous ne sommes pas seuls. Les alliances sylvestres et la division politique"），這篇文章源於二零一七年八月在拉修（Lachaud）農場的一場介入行動，全文見此：ladivisionpolitique.toile-libre.org/nous-ne-sommes-pas-seuls-rencontres-greffer-de-louvert/.

35 在這一點上，參見Raj Patel et Jason W. Moore, *Comment notre monde est devenu cheap*, trad. Pierre Vesperini, Flammarion, Paris, 2018.（譯按：本書臺灣譯本為林琬淳譯，《廉價的真相：看穿資本主義生態邏輯的七樣事物》（臺北：本事，2018）。）

36 同前注，p. 63.

37 我在這邊想到的是由另類林業選項支持網（Réseau pour les alternatives forestières，RAF），或者在其他方面，由森林支持協會（Pro Silva）所捍衛的做法。

38 有人可能會對此表示反對，認為相互依存關係的跨物種外交計畫就其配合生物而轉變的政治哲學面向來看，純粹是烏托邦的幻夢。在我看來，這計畫是烏托邦沒錯，但卻是「現實的」。之所以說它是「現實的」烏托邦，是在一個非常特別的意義上說的，這個意義由約翰．羅爾斯（John Rawls）提出：「當政治哲學將尋常的思考所設想出的政治實踐可能性之極限再向外推，這政治哲學就是現實的烏托邦」(John Rawls, *Paix et démocratie. Le droit des peuples et la raison publique*, trad. B. Guillarme, La Découverte, Paris, 2006, p. 18). 換言之，相互依存關係跨物種外交計畫唯一的潛在價值，就在於其解放參與者的理論及實踐想像力，使之邁向嶄新的關係形式、動員形式的務實能力。

的安全需求必然會重新被擺到優先順序首位的如此情勢裡，為了不要忽略、遺忘了生物，我在此提出的解方是：讓儘可能多的生命形式登上相互依存的方舟，這艘相互依存的方舟將我們呈現為與牠們交織在一起，將我們號稱自成一格的人類利益轉變為多重物種的重要性共同體。這是一種從現在起調整生態思維，以此適應即將衝擊二十一世紀的景況的方式。如此的未來情勢中，我們無法再那麼奢侈地去，好比說，投入能量與資金保護小鴇（outarde canepetière），僅僅因為牠美得令人屏息、因為某種環境倫理學規定每個物種都擁有神聖的生存權。不過，這個解方還要再更進一步：事實上，我們永遠不會真正知曉，在相互依存的關係中，誰發揮什麼作用；正因如此，我們必須為生態系儘可能多的活生生成員騰出空間，以尊重牠們的演化、生態與人類歷史。

29 感謝夏爾．思特帕諾夫在這點上的批判。此處我這個想法是曲折地受到思特帕諾夫對階級制薩滿信仰（chamanisme hiérarchique）與非階級制薩滿信仰（chamanisme hétérarchique）的區分所啟發。（譯按：在階級制薩滿信仰中，唯有薩滿能與神靈溝通；在非階級制薩滿信仰中，人人皆能與神靈溝通。）

30 對某些人來說，相互依存外交家沒有正式委任者這一點或會使稱其為「外交家」的決定失效，因為他們認為，一個委任者和一種嚴格制度形式的存在賦予了外交家種種特權與義務，屬於外交家這個角色的本質。我不認為如此的反對意見是決定性的（我也不認為詞語具有本質）：立基於類比的概念創造總是牽涉到突顯與省略。突顯原本角色的某些特徵、省略另一些特徵，以此從舊的創造出新的。在這裡，我突顯了原本外交家角色的某些明顯特質，省略了制度化的正式委任者的存在（委任者可以以較不正式的方式存在，它根本不是個必要條件）。

31 不過，這裡有必要澄清，對外交的如此理解並不意味著妥協（妥協，是「激進派」對一切外交的慣常詮釋）。「外交就是妥協」這項隱含的指涉屬於過時的宇宙論，於此宇宙論裡，彼此分開的每一方是首要且固定不變的：只有在孤立的每一方他們的純粹利益之間，才會有所謂的妥協。一旦相互依存的觀點顯現了，一整張政治與道德層面的利益圖景都將隨之改變。這邊所說的外交是寸步不讓的：它不會在關係的利益上做出妥協。

32 這些對抗化學投入的戰鬥，有一些由養蜂業行會（如法國養蜂業公會，Interapi）或聯合會（如法國職業蜂農聯合會，FFAP）輪番接力進行，但這些帶頭從事戰鬥的樞紐不該令我們忽略了在法國遍地開花的那些可見度較低、較為草根的動員形式。

33 永續生態農業的捍衛者也開展了同樣的戰鬥。當他們心心念念思量著身為相互依存關係節點的土壤生命觀點，他們也成為了土壤生命的外交家。在這方面，我們必須提到，克勞德．步吉農（Claude Bourguignon）與黎蒂雅．步吉農（Lydia Bourguignon）夫婦透過土壤微生物學的知識，不懈地為我們敲響警鐘，他們伉儷是土壤生命的偉大外交家。參見Claude et Lydia Bourguignon, *Le Sol, la terre et les champs. Pour retrouver une agriculture saine*, Sang de la Terre, Paris, 2015.

險，並做出合宜應對。要做的，是隨時調整警戒模式，來因應不斷變化的情況，既是要在愈發嚴峻的情況下提升保護程度，也是要知道什麼時候降低保護強度、恢復平靜，以免被持續不斷、小題大作的警覺搞得精疲力竭。因此，我們的主意，是為放牧業人員提供一項面對「狼風險」的決策工具，類似於提供給山區活動從事者管理「雪崩風險」的決策工具。因此，這個方法的獨創性乃是結合「有關狼與羊群接觸的全新知識」與「以人類因素和相應的警戒模式為思考重心的風險處置取徑」，以此即時改進針對變化情況的應對，也就是說，以此在「正確的時刻施以正確的保護」。這項工具目前正透過與畜牧業者及牧羊人的對話及共同建設（coconstruction），實地進行測試。

28 有人可能會表示反對，認為這種取徑無法保護那些嚴格來說沒有構成相互依存關係的生物，好比說，生態系裡的冗餘物種，對我們對生態系的使用、或對生態系健康自主的運作來說，牠們都「一無是處」，生物中心主義的環境倫理學卻恰恰主張，每一種生命形式都必須捍衛，這種必要性是生命形式內在所固有的。我對此的回應是，這種取徑並不意在壟斷、成為唯一的論述，它是來補充其他論述的，尤其是，它是對一個特定情勢的回應。確實，讓我們的生活條件更加脆弱的氣候新情勢將會置人類於脆弱與危殆之中，以至於其他生物的利益在我們的決策與優先順序裡並不會太重要。用以已開發富國的哲學家提出的倫理擴大適用為基礎的普世生存權為名義來保護其他生物，是輝煌三十年（Trente Glorieuses）才有的奢侈。確實，在「對每種生命形式，我們都負有責任」的這種生物中心主義環境倫理學深處，是有一個無意識的政治經濟基礎的，它可以一言以蔽之為：一旦人類的富足與安全得到保障，我們就有了自由的時間、過剩的能量，還有金錢，來保護其他的物種——從最不顯眼的、到顯然對我們或對生態系最一無是處的物種，林林總總全部的物種，我們都保護起來。然而，這種奢侈已經結束了。在新的情勢裡，如果我們想為其他生物留一席之地，又不願去冒在人類社會系統性危機（氣候危機、移民危機、公衛危機、糧食危機……）的背景下，其他生物從優先事項的議程裡完全消失的風險，我們的思考就不得不改弦易轍。在已開發國家，我們都將進入一種「溫飽生態學」（écologie de subsistance），將豪華汽車、私人飛機、在天涯海角度過的假期、「一視同仁、鉅細靡遺」地保護自然的倫理生態學，全都束之高閣。後面這種「一個都不能少」的倫理生態學仰賴的是富裕國家過剩的卡路里，它的運作倚靠大量資金與非政府組織的支持。而在未來等著我們的溫飽生態學不外乎正是所有意識到自己與餵養自己的環境間構成關係的人民的生態學：經濟學家霍安．馬丁內茲．阿列爾（Joan Martinez Allier）稱之為「窮人的環境保護主義」（environnementalisme des pauvres）。更直截了當地說：那些最富裕的國家將在二十一世紀經歷一場氣候遷徙，邁向窮人的環境保護主義，邁向一種悉心照料那提供餵養的環境的生態學，如此的生態學不再割裂那些用於生產的環境（犧牲奉獻給市場）與那些遭到神聖化、任何人類活動都被視作「侵犯」的微細狹小的環境（傳統意義上的自然公園〔parc naturel〕）。在人類制度網路必須要先到位。現實中，狼或羊的代言人與拉圖的「代言人」這個概念性角色沒有什麼關聯，因為狼或羊的代言人仍承襲自既存的傳統代表機制。

24 好比說，在法國政府資助成立的國家狼隻團體（Groupe national Loup）裡，自然保護協會（associations de protection de la nature，APN）以狼的代言人之姿代表出席，這我認為有正當性；羊隻畜牧業工會代表則以畜牧業者的、同時也以羊的代言人之姿與會。然而，這種組織形式令人驚訝困惑的是，它延續了分裂，使分裂變得激進。也就是說，當狼的代表提出某項對關係有益的合理措施，畜牧業的代表會不由分說、不加查考就直接拒絕，他們這麼做的理由是：這項措施是狼的支持者在捍衛的，這些支持狼的人必定是捍衛自己陣營的利益、犧牲其他陣營的利益。這也會發生在反過來的狀況，雖然比較少見。

25 我們如今就目睹了這個現象。氣候變遷愈是威脅人類的利益，發自本能的道德就愈是緊縮在捍衛這些利益上：過去這五十年來環境倫理的進步（生物中心主義〔biocentrisme〕與生態中心主義〔écocentrisme〕）全都一筆勾銷，「生態政治學」（écologie politique）變成一種永續治理環境的論述，其首要宗旨為：面對一個「不穩定的自然」，唯獨將人類保護好。如果生物的捍衛者在一種利益彼此衝突的二元論邏輯裡遭定位為非人類的喉舌，這些非人類面對被呈現為「危機、困境或危險中的人類利益」的利益時，不會有任何機會獲得考量。這就是為什麼氣候變遷比較需要相互依存關係的代表，而不是遭刻畫為與人類利益衝突的非人類利益的代表。戰略觀點如此，哲學觀點亦如此：讓蜜蜂的、或狼的代表與畜牧業者的、或農民的代表上演對立，就是透過借代來上演人類／自然的二元對立，而這正是我們試圖離開的迷宮。

26 Baptiste Morizot, *Les Diplomates*..., 同前引書, p. 289.

27 CanOvis計畫清楚展現了這種創造性：這首先透過的是它接觸畜牧業者也接觸狼、為兩者服務的獨到立場。新的倡議行動自其中浮現。其中一項在我看來大有可為的行動是一項決策工具的創建，這項目前正在試驗的工具名為「獵食警戒」（Vigi-prédation）。尚—呂克．柏黑利是計畫的其中一位發起人，他有兩份工作齊頭並進：在CanOvis，他致力於觀察狼，同時，因為他冬天會擔任滑雪巡邏員（pisteur-secouriste），他致力於「雪崩風險」的管理。他有了將這兩個問題結合起來的想法。此處的創新直覺在於既不將狼襲擊羊群的風險設想為有可能澈底控制的不可接受的技術變數，也不將之設想為沒有任何辦法能夠掌握的命定災厄，而是將之設想為一種大自然風雲不測之偶然：既接受狼的襲擊這種意外，也保留了這類特殊風險所蘊含的積極操作空間。柏黑利觀察到，雪崩與獵食行為這兩種大自然的風雲不測深深相似，受此相似性指引，他設想著將美國與法國專家最創新的「雪崩風險」管理行動，搬移到狼的問題上。專家們非常明瞭，要限制住意外，最好的裝置措施是簡單、實用的決策工具，讓牽涉其中的行為者能夠即時形成最符合當下情勢的警覺，並小心不要掉進「無意識的陷阱」（pièges de l'inconscient）。決策工具能夠將當前情況的各項參數具體化，以更透澈掌握危相互依存關係的化身可以自然而然以沒有頭顱的形象現身，也可以由群體、由模糊混雜的成團事物、甚至由跨物種的團體來擔當。

16 Josiah Royce, *The Philosophy of Loyalty*, Vanderbilt University Press, Nashville, 1995.

17 此處，我遵循史考特・普拉特（Scott Pratt）對羅伊斯做出的精湛解釋，詳參 "Philosophy in the « Middle Ground »: A Reply to My Critics", *Transactions of the Charles S. Peirce Society*, Indiana University Press, 2003, vol. 39, no 4, p. 591-616. 在一場與實用主義學家查爾斯・桑德斯・皮爾士（Charles Sanders Peirce）的「關係邏輯」（logique des relations）的批判性對話中，羅伊斯做出了我們於此深感興趣的突破。他的論點在他政治哲學的核心概念下非常有意義：對羅伊斯來說，對某個共同體——它是歷史的、建構出的歸屬之地——的忠誠，是人類世界的構成力量。忠誠被思索為一個解釋群體共同經驗的框架，它讓我們能夠理解自己、理解世界。因此，我們總是出身自某個陣營。

然而，一旦提出了這個假設，羅伊斯就必須去思考，如何讓一個個忠於自身的共同體**彼此**產生關係：他將問題集中於「忠誠」之上，為自己添加了困難，於此困難之中，他終於能夠嚴肅看待與相異性的關係。因為，如果沒有了相異性，忠誠「在最好的狀況下也只不過是唯我論（solipsisme），最壞則完全失去了意義」。相異性是促使共同體與忠誠產生轉變的關鍵。因此，還有第二種力量，這種力量是離心的，羅伊斯稱之為「詮釋」（interprétation），這種力量聚焦於意義的浮現。「為了超越自我，並在群體的聚集中找到意義，就必須與他人建立詮釋性連繫網路，在這個連繫網中，行動與判斷可以被質疑、被建構」（同前注，本段話由我翻譯）。然而，對羅伊斯來說，這種互動應該要擁有一種特定的形式：如此互動往往需要一個中介者，而之所以如此，精確來說是因為沒有這個中介者的話，忠誠的邏輯會把相異性簡化為一個純粹的自我（例如，在愛的融合中）或簡化為一個純粹的他者（也就是絕對化的敵人）。二元（dyadique）關係是「不穩定且容易發生衝突的」。這種沒有外部的二元關係（dyade）是羅伊斯所說的「一個本質上相當危險的共同體」。由是觀之，關係必須透過一個詮釋的過程來協調斡旋、必須由一個中介者來捍衛。

18 Josiah Royce, *War and Insurance. An Address*, Macmillan Press, New York, 1914. 我們能察覺這個出版年份蘊藏的種種意義。

19 Scott Pratt, 同前引書, p. 606 (本段為我自行翻譯).

20 Josiah Royce, *War and Insurance...*, 同前引書, p. 52 (本段由我翻譯並畫重點).

21 普拉特充滿洞見地補充道，*從各陣營的角度看來*，中介者似乎活在矛盾裡，其判斷似乎游移不定，其目標則看來模糊混亂：然而，做出「游移不定」與「模糊混亂」這些判斷的，正是單一陣營內部的詮釋共同體。

22 Scott Pratt, 同前引書, p. 606 (本段由我翻譯並畫重點).

23 這裡說的代言人與布魯諾・拉圖所捍衛的代言人意義不同。後者若要存在，拉圖在《自然的政治》（*Politiques de la nature*）一書中描述的獨創性的組織、機構、

alliances avec la terre. Une cohabitation diplomatique avec le vivant"），*Tracés*, no 33, 2017, 全文見此：journals.openedition.org/traces/7001；《沿著動物的足跡》（*Sur la piste animale*）, Actes Sud, Arles, 2018.

9 撰畢本文後，我讀了唐娜·哈洛威（Donna Haraway）的書，意識到在某些方面，這邊這個想法與唐娜·哈洛威的美妙呼籲——「棲居煩擾中」（habiter le trouble）有共通之處。不過，此處我感興趣的，是另一個範疇的東西，也就是之後會出現的這個想法：倫理的煩擾與互相矛盾的同理心並非去政治化，而是以更好的方式政治化。此處，「棲居煩擾中」是一個時刻，是一個允許採取不同行動的蛻變的初始階段。參見唐娜·哈洛威，《棲居煩擾中》（*Habiter le trouble*）, Dehors, Bellevaux, 2019.

10 尼爾森·曼德拉在一九九五年提出真相與和解委員會時，對他的有色人種兄弟抱持類似、但更為偉大的感情。

11 根據這種道德哲學，卑劣者弔詭地並不一定是最沒同理心的人，而是從來不覺得自己缺乏同理心或慷慨的人。

12 這個說法由人類學家艾督瓦多·維威洛斯·德卡斯特羅提出，意在描述觀點主義本體論：在觀點主義本體論中，構成您最真實身分的，是您在您與他者維持的一眾關係裡，您占據的立場，而非您固有、獨立的「本質」。參見Eduardo Viveiros de Castro, *The Relative Native*, Hau, Chicago, 2016, p. 258.

13 我們也許會疑惑，狼與牧羊業之間有什麼樣相互依存的關係。首先，狼就算不在，牠的影子也因為幾百萬年來狼與羊共同演化（coévolution）而深深鐫刻進羊的血肉裡。確實，讓羊生氣蓬勃的活力、生命力與警覺心（雖說我們努力讓羊變得更容易操縱）是狼所給予的禮物。獵食的壓力協助創造了羊這種擁有種種優點與力量的動物，我們如今透過馴化享受其好處。建設性的關係至此明白無疑。相互依存的關係不僅在演化史、也在政治史中締結織就：法國牧羊業從來沒有像狼回歸法國後這樣，如此受到傾聽、受到重視、掌握前所未有的政治力量（這是一種客觀上的結盟）。牧羊人的生活條件——我們必須直面這個弔詭——在許多方面都因為狼回歸法國而獲得改善：山間牧場建起了一棟棟小屋，狗與圍欄獲得了資助，還有慷慨的補償金……某位研究者讓我注意到了狼與放牧業之間一種耐人尋味的潛在相互依存關係：因為狼回歸法國的緣故，牧羊人能夠獲得全額補助的助手。因為種種我們並不知曉的社會學緣由，這些牧羊人助手往往是女性。根據這名研究者所言（我沒有找到相關數據），這為愛在山間牧場誕生創造了條件。夏天的幾個月裡，是自己一人與狗、還是兩人成雙待在暴風雨中的小屋裡，那可天差地別。狼是不是也為讓愛重新充滿山林做出了貢獻？這是個有待探討的問題。

14 Aldo Leopold, *Almanach d'un comté des sables* (1948), trad. Anna Gibson, Flammarion, Paris, 2000, p. 168.

15 這邊說的體現並不是一種人格化，因為，就像我們之後會見到的那樣，這個體現

1987, IV, § 117.

38 Robert Musil, *Les Exaltés* (1921), trad. Philippe Jaccottet, Seuil, Paris, 1961.

39 彼得．斯洛特戴克，同前引書，p. 332。斯洛特戴克在《你該改變你的生活》（*Tu dois changer ta vie*）裡犯的謬誤是，他不加質疑就在他的制欲主義學（ascétologie，亦可譯為苦行學）裡挪用了種種關於「訓練」的隱喻，從而將所有的人類調控系統（anthropotechnique）與源於「積極的直接行動」式馴化的人類調控系統混為一談，將後者的馴化修辭應用在內心生活。斯洛特戴克並未開展的章節，是明確、務實的鍛鍊做法：如何不去鍛鍊著對抗自我，而是與自我共同鍛鍊。後者事實上為所有真正的制欲者（ascète）所實踐，這些真正的制欲者不去否定怨恨不滿的感覺。斯洛特戴克缺少的，是一幅與我們內在生物關係的圖景，這幅圖景將讓我們停止內化我們自新石器時代就與內在生物建立的種種關係。

40 Davi Kopenawa et Bruce Albert, *La Chute du ciel* (2010), Pocket, coll. "Terre humaine", Paris, 2014.

·來到夜的彼端

1 之所以說「同行者」，是因為這項合作引出了針對本計畫及其方法的持續對話。之所以說「義工」，是因為此處我所做的，是前往田野（terrain）與其他人一樣、和其他人一起「工作」，投入實踐之中，與手持筆記本從外面觀察實踐者的研究者形象截然不同；此外，義工的身分讓我能保持完全獨立。最後，之所以說「研究者」，是因為像這樣沉浸在實踐中，我們之後會看到，能夠讓我們在我們所成為的實驗室裡紀錄下種種哲學體驗。

2 這是尚—馬克．蘭得理的用詞。參見CanOvis的網站（CanOvis是一個混成詞（mot-valise），結合了Canis（犬屬）與Ovis（羊屬）兩個詞，讓本計畫所持立場清晰可見）：www.ipra-landry.com/nos-projets-de-recherche/ projet-CanOvis/。以熱影像儀拍攝的影片收藏於於網站選單列的「Ressources」下的「Vidéos CanOvis」裡供人閱覽。尤請參見題為《羊群就寢之地的意外事件》（*Evénement inattendu sur la couchade*）的影片。

3 同前注。

4 Dylan Thomas, "*Do not go gentle into that good night*" (1951).

5 埃及諺語。

6 Michael D. Wise, *Producing Predators. Wolves, work and conquest in the Northern Rockies*, University of Nebraska Press, 2016.

7 庫德（kurde）格言。

8 本概念於作者以下文本裡有所探討：《外交家：在另一幅生物圖景裡與狼共居》（*Les Diplomates. Cohabiter avec les loups sur une autre carte du vivant*），Wildproject, Marseille, 2016；〈與土地的新盟約：一種與生物的外交共居〉（"Nouvelles

26 同前注，p. 70.

27 同前注，p. 75.

28 Virginia Woolf, *La Traversée des apparences* (1948), trad. Ludmila Savitzky, Flammarion, Paris, 1999.

29 皮耶・阿多（Pierre Hadot）於其作品《內在堡壘》（*La Citadelle intérieure*）中引用普魯塔克（Plutarque）之言：「〔斯多噶學派〕認為激情與非理性的能力在本質上和理性的能力並沒有分別，它們是靈魂的同一部分，斯多噶學派將之確切稱為dianoia與hégémonikon（思維能力與圭臬）。在激情中，或者在這靈魂的同一部分所遭受的狀態或性情的改變中，這靈魂的同一部分會澈底改變，成為罪惡或美德；這項能力本身毫無不理性之處，惟當其因為變得太強而取得勝利的過度衝動而被領往與理性抉擇背道而馳的失當之舉，它就被稱為是不理性的。因此，激情就是理性，然而是惡的、墮落的理性，它在錯誤、墮落的判斷的作用之下，獲得力量而蓬勃茁壯。」參見Pierre Hadot, *La Citadelle intérieure*, Fayard, Paris, 1992, p. 154.

30 參見Ferhat Taylan, *Mésopolitique. Connaître, théoriser et gouverner les milieux de vie (1750-1900)*, Éditions de la Sorbonne, Paris, 2018.

31 「要做的，是不斷更新、重燃、喚醒隨時可能入眠、熄滅的內在狀態。要做的，是永不止息、歷久彌新地，重整在瑣屑日常間散亂、削弱了的內在話語。馬可・奧理略在書寫其思想時，因此實踐了斯多噶主義的精神鍛鍊；換句話說，他運用一項技巧、一種手段──書寫，來影響自己，透過默想斯多噶主義的教條與生活規則來改造他的內在話語。」皮耶・阿多，同前引書，p. 95.

32 Ryan Holiday, *The Daily Stoic. 366 Meditations on Wisdom, Perseverance and the Art of Living*, Portfolio, New York, 2016.（譯按：本書臺灣譯本為柯宗佑譯，《回到自己的內心，每天讀點斯多噶：放下不在自己控制範圍內的事物，先安頓好自己的心，才能把人生過好》（臺北：遠流，2018）。）

33 這類的行動模式由樸門農藝標舉：「傳統農業是勞動密集型的，工業化農業是能源密集型的，樸門農藝體系則是資訊與設計密集型的。」David Holmgren, *Permaculture, principes et voies pour revenir à une société soutenable*, trad. Agnès El Kaïm, Rue de l'Échiquier, Paris, 2014.

34 Ludwig Wittgenstein, *Remarques mêlées* (1914-1951), trad. Gérard Granel, Flammarion, Paris, 2002.

35 Spinoza, 同前引書, partie IV, prop. vii.（譯按：本句中譯引自斯賓諾莎著，賀麟譯，《倫理學》。）

36 我們於此受到巴樂塔札・多馬（Balthasar Thomass）於《與斯賓諾莎一同幸福》（*Être heureux avec Spinoza*）書中分析的啟發。參見Balthasar Thomass, *Être heureux avec Spinoza*, Eyrolles, Paris, 2008.

37 Friedrich Nietzsche, *Par-delà bien et mal* (1886), trad. Cornélius Heim, Gallimard, Paris,

Michel Soly, Paris, 1640, p. 4.

12 Nicolas Coëffeteau (1574-1623), théologien, *Tableau des passions humaines*, livre III, Sébastien Cramoisy, Paris, 1625, p. 69.

13 André-Georges Haudricourt, "Domestication des animaux, culture des plantes et traitement d'autrui", *L'Homme*, t. II, no 1, 1962, p. 40-50.

14 綿羊、山羊及其後的牛與馬的馴化是發生於一萬一千年至八千年前的新石器時代的特徵，與之共伴相隨的，是人類開始定居生活、發明了農業。參見Olivier Aurenche et Stefan Kozlowski, *La Naissance du Néolithique au Proche-Orient*, CNRS Éditions, Paris, 2015 ; Jacques Cauvin, *Naissance des divinités, naissance de l'agriculture*, CNRS Éditions, Paris, 2013.

15 「就好像這出於上帝之手、桀驁不馴的大自然，須要接受訓練來自我實現似的。」這一句是柯倍德（John Baird Callicott）於《地球的思索》（*Pensées de la terre*）裡，為了表述《希伯來聖經》的《創世紀》（Genèse）裡，猶太一基督信仰與自然的關係，而提出的。參見*Pensées de la terre*, trad. Pierre Madelin, Marseille, Wildproject, 2010, p. 47.

16 Charles Stépanoff, "Human-Animal « Joint Commitment » in a Reindeer Herding System", *Journal of Ethnographic Theory*, vol. 2, no 2, Hau, Chicago, 2012, p. 287-312.

17 Baruch Spinoza, 同前引書, partie III, "Définition des sentiments", i.

18 這是神經生物學家（neurobiologiste）安東尼歐・達馬吉歐（Antonio Damasio）在《斯賓諾莎是對的》（*Spinoza avait raison*, Odile Jacob, Paris, 2003）一書中重新發現的其中一點。

19 外交這個概念首先適用於與我們以外生物（大自然或生物多樣性）的關係：我在拙作《外交家：在另一幅生物圖景裡與狼共居》（*Les Diplomates. Cohabiter avec les loups sur une autre carte du vivant*, Wildproject, Marseille, 2016）中依據生態哲學的這個面向發展了這個「外交」的概念。

20 「*Hic sunt dracones*」（拉丁文，字面意義是「這裡有龍」）是出現於中世紀地圖學（cartographie）的語句，用來指稱仍然未知的土地，其借鑑自於地圖未知之處畫上海蛇與其他神話生物的風行作法。

21 在被馬車夫道德剝奪獨立自主前，我們內在的流湧（這些流湧被編碼為激情、衝動、情緒、感覺……）宛如過度馴化以前的野生動物：其行為更敏銳靈妙，其社會性更為均衡，其求偶儀式更為細緻。牠只有在為了可受控制而遭簡化、削弱後，才變得粗糙。

22 參見Philippe Descola, *Par-delà nature et culture*, Gallimard, Paris, 2005.

23 參見Gilles Deleuze, *Spinoza. Philosophie pratique* (1981), Éditions de Minuit, Paris, 2003, chap. ii.

24 Steve Peters, Le Paradoxe du chimpanzé, Marabout, Paris, 2013, p. 23.

25 同前注，p. 27.

11 參見Jennifer Ackerman, *Le Génie des oiseaux* (2016), Marabout, Paris, 2017.

12 參見Peter Godfrey-Smith, 同前引書.

13 參見S. A. Ramesh等, "GABA Signalling Modulates Plant Growth by Directly Regulating the Activity of Plant-Specific Anion Transporters", *Nature Communications*, vol. 6, 2015.

14 參見Frans de Waal, "Le comportement moral des animaux", conférence, TEDxPeachtree, novembre 2011 : www.ted.com/talks/frans_de_waal_do_animals_have_morals?language=fr#t-211873.

15 參見Pierre Legagneux等, "Our House Is Burning: Discrepancy in Climate Change vs Biodiversity Coverage in the Media as Compared to Scientific Literature", *Frontiers in Ecology and Evolution*, janvier 2018.

16 之所以說「局部」，是因為要表達它們、轉變它們，還需要細胞機制與環境；隨著使用的環境「編碼」不同，每樁奧祕可能有不一樣的表達方式。

17 參見Peter Singer, *Théorie du tube de dentifrice. Comment changer le monde selon Henry Spira* (1998), trad. Anatole Pons, Goutte d'Or, Paris, 2018.

·與自己的野獸共居

1 Ronald D. Laing, *Le Moi divisé* (1960), trad. Claude Elsen, Stock, Paris, 1993.

2 Sir Thomas Browne, cité par Jim Harrison dans *En marge* (2002), trad. Brice Matthieussent, Christian Bourgois, Paris, 2003.

3 Platon, *La République*, trad. Robert Baccou, Garnier-Flammarion, Paris, 1966, 430e-432b.

4 Peter Sloterdijk, *Tu dois changer ta vie*, trad. Olivier Mannoni, Libella-Maren Sell, Paris, 2009.

5 René Descartes, *Les Passions de l'âme* (1649), Garnier-Flammarion, Paris, 1998, partie I, article premier.（譯按：本條中譯引自笛卡兒著，賈江鴻譯，《論靈魂的激情》。）

6 Baruch Spinoza, *Éthique* (1677), trad. Bernard Pautrat, Seuil, Paris, 2010, partie III, prop. xi.（譯按：本句中譯引自斯賓諾莎著，賀麟譯，《倫理學》。）

7 根據香朵·雅奎（Chantal Jaquet）在《身心合一：斯賓諾莎學說裡的情感、行動與激情》（*L'Unité du corps et de l'esprit. Affects, actions et passions chez Spinoza*, PUF, Paris, 2004）裡所做的區分，這裡嚴格來講，應該說是平等性（égalité）。

8 快樂（joie）與愉悅（plaisir）的差別在於，愉悅是生命局部的快樂，快樂則涉及整個靈魂：參見斯賓諾莎，同前引書，partie III, scolie 11.

9 Yves de Paris (1588-1678), capucin, *Les Vaines Excuses du pécheur*, livre II, Veuve Thierry, Paris, 1662, p. 417.

10 Pierre Le Moyne (1602-1672), jésuite, *Les Peintures morales*, livre IV, Sébastien Cramoisy, Paris, 1645, p. 424.

11 René de Ceriziers (1603-1662), jésuite, *Les Consolations de la philosophie et de la théologie*,

29 Friedrich Nietzsche, *Ecce Homo*, trad. Henri Albert, dans *Le Mecure de France*, t. LXXVI, no 275, 1908, "Pourquoi je suis si malin", disponible en ligne sur Wikisource.

30 參見John Dewey, *Comment nous pensons* (1910), trad. Ovide Decroly, Les Empêcheurs de penser en rond, Paris, 2004.

31 Claude Lévi-Strauss et Didier Éribon, *De près et de loin* (1988), Odile Jacob, Paris, 2001, p. 193. 重點為筆者所加。

32 「文化與自然的對立既非原始的事實，亦非世界秩序的客觀面向。我們應當將如此對立視作文化的人為創造，是文化在其周圍掘出的防禦工事，因為文化覺得，唯有切斷一切得以證明它與其他種種生命表現形式擁有原初默契的管道，它才能肯定自身的存在及自身的原創性。」Claude Lévi-Strauss, *Les Structures élémentaires de la parenté* (1949), De Gruyter-Mouton, Berlin, 2002, p. xvii.

33 此處我挪用了布魯諾・拉圖（Bruno Latour）的強力意象：「登陸地球」（atterrir sur Terre）主要參見Bruno Latour, *Où atterrir ? Comment s'orienter en politique*, La Découverte, Paris, 2017.

・一株海綿的前程

1 參見Peter Godfrey-Smith, *Le Prince des profondeurs. L'intelligence exceptionnelle des poulpes* (2016), trad. Sophie Lem, Flammarion, Paris, 2018.

2 參見Jean Goedert等, "Euryhaline Ecology of Early Tetrapods Revealed by Stable Isotopes", *Nature*, vol. 558, 2018, p. 68-72.

3 要記得的是，體內代謝水分的鹽度與原始環境裡鹽水的鹽度不同，前者鹽度較低；即使是現今的真骨類（téléostéen）魚亦是如此。

4 參見Lori Marino等, "Neuroanatomy of the Killer Whale *(Orcinus orca)* from Magnetic Resonance Images", *Anatomical Record*, vol. 281A, no 2, décembre 2004, p. 1256-1263 ; Lori Marino *et al.*, "Cetaceans Have Complex Brains for Complex Cognition", plos/ *Biology*, mai 2007.

5 參見Richard G. Delisle, *Les Philosophies du néo-darwinisme*, PUF, Paris, 2009.

6 參見Joël Bockaert, *La Communication du vivant*, Odile Jacob, Paris, 2017.

7 參見Stephen Jay Gould, *La vie est belle. Les surprises de l'évolution* (1989), trad. Marcel Blanc, Seuil, Paris, 1998 ; Virginie Orgogozo, "Replaying the Tape of Life in the Twenty-First Century", Interface Focus, décembre 2015.

8 尤請參見Virginie Orgogozo, Baptiste Morizot et Arnaud Martin, "The Differential View of Genotype-Phenotype Relationships", *Frontiers in Genetics*, 2016, 6.

9 參見Stephen Jay Gould, 同前引書 ; Simon Conway Morris, *The Crucible of Creation. The Burgess Shale and the Rise of Animals*, Oxford University Press, Oxford, 1998.

10 參見Simon Conway Morris, *Life's Solution. Inevitable Humans in a Lonely Universe*, Cambridge University Press, Cambridge, 2003.

式各樣的邀請。

15 Pierre Hadot, *La Philosophie comme éducation des adultes*, Vrin, Paris, 2019, citant Edgar Wind, p. 273.

16 參見Cornelius Osgood, *Contributions to the Ethnology of the Kutchin*, Yale University Press, New Haven, 1936.

17 Eduardo Viveiros de Castro, *The Relative Native*, Hau, Chicago, 2016.

18 這裡我們連回了德勒茲關於差異的思想。參見吉爾·德勒茲（Gilles Deleuze），《差異與重複》（*Différence et répétition*），PUF, Paris 1968.

19 Maurice Merleau-Ponty, *La Nature, notes. Cours du Collège de France*, Seuil, Paris, 1995, p. 277.

20 過去確實告訴了我們我們是誰，但其中從未蘊含任何的本質或基礎：根據傅柯的講法，在一個東西的源頭，並沒有這個東西的真相或本質，只有「其他東西之紛歧不一」（le disparate des autres choses）。從概念的角度來看，這是一種應用於達爾文的傅柯式邏輯。這個變體，我們不妨借用吉爾貝·西蒙東（Gilbert Simondon，法國科學哲學家）的用語，稱之為「先於物種的特殊性」（singularité préspécifique）。這有點晦澀，我承認。這個概念意味著它沒有明確的、可確定的內容，它先於一個物種、每個物種的個體化，先於這物種對有結構的形式的採取。這就是，好比說，「有領域性」此一動物行為學的事實，但也僅止於此，「有領域性」僅僅意味著：繼承了擁有領域性的實踐、領域性的邏輯的一段過去。有領域性的物種擁有一種先於物種（先於個體化）的特殊性，這種特殊性是一種將空間作為地緣政治場所的體驗，這種特殊性平行存在於狼身上和我們身上，不管哪個都是它沒有範本的變體。

21 因此，差異顯現了，然而是在關係類比的背景下顯現的。我們可以讓決定性的差異浮現，來想像種種有進行控制的調查研究：我們與紋章的關係和狼與紋章的關係有什麼不同？一群狼進入其他狼群的領地時會暫停實施領地標記，如何理解這個現象？狼群在難以通行的山谷裡不會做領地標記，而一旦回到其他生物也使用的路徑上，狼群就會在所有交叉路口做標記，如何透過這個類比來了解此一現象？其他哪些生物會促使狼群豎立紋章與旗幟？標記的暫停變得耐人尋味。

22 Claude Lévi-Strauss, La Pensée sauvage (1962), Pocket, Paris, 1990, p. 289.

23 同前注，p. 291.

24 參見Friedrich Nietzsche, *Fragments posthumes* (1882-1884), Gallimard, Paris, 1997, X, 26.

25 謝謝阿蘭·達馬吉歐（Alain Damasio）與我共同拼湊修補出這一句的微妙。

26 謝謝尚一克里斯多夫·巴伊（Jean-Christophe Bailly）引我領略這一句的力量。

27 Adolf Portmann, *La Forme animale*, trad. Georges Rémy revue par Jacques Dewitte, La Bibliothèque, Paris, 2014, p. 246.

28 這是艾督瓦多·維威洛斯·德卡斯特羅針對「變形為動物」提出的泛靈論定義。參見《相對的土著》, 同前引書, p. 243（此處由我翻譯）.

universitaires de Laval, Laval, 2005, p. 131.

4 同前注，p. 132.

5 Barbara Cassin, Éloge de la traduction, Fayard, Paris, 2016, p. 10.

6 我所說的「生物特徵」泛指一種器官、一種行為模式、一種遺傳的組織性，無論它是什麼。此處，我接受古典動物行為學的基礎論點為前提，據此，行為模式（好比構成嚎叫的行動歷程）在某種程度上是可遺傳的，並與器官一樣受演化支配。

7 Karen Neander, "Functions as Selected Effects: The Conceptual Analyst's Defense", *Philosophy of Science*, vol. 58, no 2, juin 1991, p. 168-184.

8 比利時哲學家梵希安娜·德普雷（Vinciane Despret）將此一現象有力地分離出來單獨看待，她揭示了鳥類間存在許許多多種「領地」，這些領地並不僅是動物行為學家提出的種種不同的領地概念，而實際上類似於領地行為的種種不同用途，這些用途旨在勾勒出與空間以及共享的環境所維持的種種不同關係。藉此，德普雷透過收集演化積澱下來的種種行為模式作為基本材料，揭露了以往隱蔽不顯、行為生態學（écologie comportementale）的經濟主義（économisme）所不察的，廣袤豐繁的種種用途。參見*Habiter en oiseau*, Actes Sud, Arles, 2019.

9 正如康德（Emmanuel Kant）所闡述的藝術作品，狼嚎在我們聽見它時，似乎顯現了一種「無目的之合目的性」（finalité sans fin）。根據這種解讀，康德所謂的無目的之合目的性並不是一種現實，而是一種體驗：它是我們透過與工藝製品的關係作區分，來從藝術品汲取的體驗的名稱。我們面對一艘帆船，感到它的製作完美無瑕，也知曉人們製作它的目的為何，因此我們了解帆船的每個元素，從桅杆到船舵，從繫纜雙角鉤（taquet）到船首（étrave）為什麼是這種形狀。然而，面對狼嚎，我們體驗到了無目的之合目的性：我們感覺到，幾百萬年來，狼嚎某種意義上被塑造得無與倫比，但我們卻不可能曉得狼嚎是為了什麼而被塑造出來（因為遠古以來，功能與用途就持續累積、改變，而所有這一切的歷史都蘊藏在狼嚎的形態中）。

10 John R. Krebs, "The Significance of Song Repertoires: the *Beau Geste* hypothesis", *Animal Behaviour*, vol. 25, partie 2, mai 1977, p. 475-478.

11 「kin」這個詞在英語中既指家人也指親戚。

12 Roland Barthes, cité par Barbara Cassin dans *Quand dire, c'est vraiment faire*, Fayard, Paris, 2018, p. 15.

13 這是詹姆斯·吉布森（James Gibson）的《視知覺生態論》（*Approche écologique de la perception visuelle*, Dehors, Paris, 2014）裡的概念。吉布森將邀請（invite，亦可譯為勸誘、訴求）定義為環境中勸誘、促使某類行動的特性，好比門的把手邀請自身為了人體而轉動，懸崖的邊緣邀請禿鷲（vautour）起飛。

14 我們不妨在此援用一個擴大適用的實用主義格言：如果說一個詞的意義是它造成的各種實用效果，在這邊，狼嚎的意義，就是它對關係網內的所有對象發出的各

注釋

・導論：生態危機之為感受力危機

1　理察・鮑爾斯著、塞吉・肖凡（Serge Chauvin）譯，《樹冠上》（L'Arbre-Monde）, Le Cherche Midi, Paris, 2018, p. 338.（編按：此書於臺灣由時報文化所出版，施清真譯，2021。）

2　我感謝愛思蝶・鍾・孟夸樂（Estelle Zhong Mengual）提供我這項觀點，謝謝她與我豐富的討論與她對書稿紮實的閱讀提點，這都讓本書變得更好，就像有幸蒙她接觸的一切事物。

3　Robert Pyle, The Thunder Tree (1993), Oregon State University, Portland, 2011.

4　該研究於2014年由「發現森林」（Discover the Forest）運動、美國國家森林局以及廣告委員會（Ad Council）實施。

5　Richard K. Nelson, Make Prayers to the Raven. A Koyukon View of the Northern Forest, University of Chicago Press, Chicago, 1986.

6　參見巴諦斯特・莫席左、愛思蝶・鍾・孟夸樂，〈難解的地景：生態危機之為感受力危機〉（L'illisibilité du paysage. La crise écologique comme crise de la sensibilité），《新美學期刊》（Nouvelle Revue d'esthétique），2018-2, no 22.

7　Charles Stépanoff, "Human-Animal «Joint Commitment» in a Reindeer Herding System", Journal of Ethnographic Theory, vol. 2, no 2, Hau, 2012, p. 287-312 ; Eduardo Kohn, Comment pensent les forêts. Vers une anthropologie au-delà de l'humain (2013), trad. Grégory Delaplace, Zones sensibles, Paris, 2017.

8　理察・鮑爾斯的小說《樹冠上》裡有個角色如是說：「您研究著推動某些人認真看待生物世界的事物，可是對大多數人來講，唯一重要的，是其他人。您應該研究的，恐怕是所有認為只有其他人類才重要的人。……這個啊，真是病態。」同前引文，p. 342.

9　克勞德・李維史陀（Claude Lévi-Strauss）、迪迪耶・葉希邦（Didier Éribon），《咫尺天涯：李維史陀對話錄》（De près et de loin）(1988), Odile Jacob, Paris, 2001, p. 193.（編按：此書於臺灣由桂冠所出版，廖仁義譯，1994。）

・在生物家過上一季

1　Martyn Evans, "Wonder and the Clinical Encounter", *Theoretical Medicine and Bioethics*, février 2012, vol. 33, no 2, p. 123.

2　E. O. Wilson, *Biophilia*, trad. Guillaume Villeneuve, José Corti, Paris, 2012, p. 182.

3　Marie-Françoise Guédon, *Le Rêve et la forêt. Histoires de chamanes nabesna*, Presses

Beyond

29

世界的啟迪

生之奧義

Manières d'être vivant

作者	巴諦斯特・莫席左（Baptiste Morizot）
譯者	林佑軒
執行長	陳蕙慧
總編輯	張惠菁
責任編輯	盛浩偉
行銷總監	陳雅雯
行銷企劃	尹子麟、余一霞
封面	黃梵真－湯湯水水設計工作所
內頁排版	宸遠彩藝
社長	郭重興
發行人兼出版總監	曾大福
出版	衛城出版 / 遠足文化事業股份有限公司
發行	遠足文化事業股份有限公司
地址	231 新北市新店區民權路 108-2 號 9 樓
電話	02-22181417
傳真	02-22180727
客服專線	0800-221029
法律顧問	華洋法律事務所　蘇文生律師
印刷	呈靖彩藝有限公司
初版	2021 年 11 月
定價	420 元
ISBN	9786267052051（紙本） 9786267052075（EPUB） 9786267052068（PDF）

Cet ouvrage, publié dans le cadre du Programme d'Aide à la Publication « Hu Pinching », bénéficie du soutien du Bureau Français de Taipei.
本書獲法國在台協會《胡品清出版補助計劃》支持出版。

ACRO POLIS 衛城出版

Email acropolismde@gmail.com
Facebook www.facebook.com/acrolispublish

國家圖書館出版品預行編目(CIP)資料

生之奧義
巴諦斯特.莫席左(Baptiste Morizot)著；林佑軒譯. -- 初版. -- 新北市：衛城出版：遠足文化事業股份有限公司發行, 2021.11
面；公分. --（衛城Beyond；29）
譯自：Manières d'être vivant
ISBN 978-626-7052-05-1（平裝）

1. 哲學人類學

101.639　　110016739

● 親愛的讀者你好，非常感謝你購買衛城出版品。
我們非常需要你的意見，請於回函中告訴我們你對此書的意見，
我們會針對你的意見加強改進。

若不方便郵寄回函，歡迎傳真回函給我們。傳真電話 —— 02-2218-0727

或上網搜尋「衛城出版FACEBOOK」
http://www.facebook.com/acropolispublish

● 讀者資料

你的性別是 □ 男性 □ 女性 □ 其他

你的職業是 ______________________ 你的最高學歷是 ______________________

年齡 □ 20 歲以下 □ 21-30 歲 □ 31-40 歲 □ 41-50 歲 □ 51-60 歲 □ 61 歲以上

若你願意留下 e-mail，我們將優先寄送 ______________________ 衛城出版相關活動訊息與優惠活動

● 購書資料

● 請問你是從哪裡得知本書出版訊息？（可複選）
□ 實體書店 □ 網路書店 □ 報紙 □ 電視 □ 網路 □ 廣播 □ 雜誌 □ 朋友介紹
□ 參加講座活動 □ 其他 ________

● 是在哪裡購買的呢？（單選）
□ 實體連鎖書店 □ 網路書店 □ 獨立書店 □ 傳統書店 □ 團購 □ 其他 ________

● 讓你燃起購買慾的主要原因是？（可複選）
□ 對此類主題感興趣
□ 覺得書籍設計好美，看起來好有質感！
□ 議題好熱，好像很多人都在看，我也想知道裡面在寫什麼
□ 其他 ________
□ 參加講座後，覺得好像不賴
□ 價格優惠吸引我
□ 其實我沒有買書啦！這是送（借）的

● 如果你覺得這本書還不錯，那它的優點是？（可複選）
□ 內容主題具參考價值 □ 文筆流暢 □ 書籍整體設計優美 □ 價格實在 □ 其他 ________

● 如果你覺得這本書讓你好失望，請務必告訴我們它的缺點（可複選）
□ 內容與想像中不符 □ 文筆不流暢 □ 印刷品質差 □ 版面設計影響閱讀 □ 價格偏高 □ 其他 ________

● 大都經由哪些管道得到書籍出版訊息？（可複選）
□ 實體書店 □ 網路書店 □ 報紙 □ 電視 □ 網路 □ 廣播 □ 親友介紹 □ 圖書館 □ 其他 ________

● 習慣購書的地方是？（可複選）
□ 實體連鎖書店 □ 網路書店 □ 獨立書店 □ 傳統書店 □ 學校團購 □ 其他 ________

● 如果你發現書中錯字或是內文有任何需要改進之處，請不吝給我們指教，我們將於再版時更正錯誤

____

____

____

____

____

請沿虛線剪下

23141
新北市新店區民權路108-2號9樓

衛城出版 收

● 請沿虛線對折裝訂後寄回，謝謝！

ACRO 衛城
POLIS 出版

Beyond

29

世界的啟迪